Robert T. Kiyosaki

Rich Dad's
Steigern Sie Ihren finanziellen IQ

Robert T. Kiyosaki

Rich Dad's Steigern Sie Ihren finanziellen IQ

Wie Sie intelligenter mit Ihrem Geld umgehen

FBV

Bibliografische Information der Deutschen Nationalbibliothek
Die Deutsche Nationalbibliothek verzeichnet diese Publikation in der Deutschen Nationalbibliografie.
Detaillierte bibliografische Daten sind im Internet über http://dnb.d-nb.de abrufbar.

Für Fragen und Anregungen:
info@m-vg.de

5. Auflage Dezember 2023
5th Edition, December 2023

Die englische Originalausgabe erschien 2013 bei Business Plus, ein Imprint von Grand Central Publishing unter dem Titel *Increase your financial IQ: Get Smarter with Your Money*.

Übersetzung: Monika Lubitz
Redaktion: Manuela Kahle
Korrektorat: Dunja Reulein
Umschlaggestaltung: Pamela Machleidt in Anlehnung an das Cover der Originalausgabe
Satz: inpunkt[w]o, Haiger (www.inpunktwo.de)
Druck: GGP Media GmbH, Pößneck
Printed in Germany

ISBN Print 978-3-95972-179-0
ISBN E-Book (PDF) 978-3-96092-328-2
ISBN E-Book (EPUB, Mobi) 978-3-96092-329-9

Inhalt

Vorwort 7
Anmerkungen des Autors 9

Einführung
Macht Geld Sie reich? 13

Kapitel 1
Was ist finanzielle Intelligenz? 17

Kapitel 2
Die fünf Aspekte des finanziellen IQs 37

Kapitel 3
Der 1. Aspekt des finanziellen IQ:
Mehr Geld verdienen 49

Kapitel 4
Der 2. Aspekt des finanziellen IQs:
Ihr Geld schützen 69

Kapitel 5
Der 3. Aspekt des finanziellen IQs:
Budgetierung Ihres Geldes 93

Kapitel 6
Der 4. Aspekt des finanziellen IQs:
Nutzen Sie die Hebelwirkung 117

Kapitel 7
Der 5. Aspekt des finanziellen IQs:
Verbesserte Informationsverarbeitung 151

Kapitel 8
Die Integrität des Geldes 175

Kapitel 9
Die Entwicklung Ihres finanziellen Talents 187

Kapitel 10
Entwicklung Ihres finanziellen IQs 217

Über den Autor 227

Vorwort

2004 traf ich Robert T. Kiyosaki zum ersten Mal. Unser gemeinsames Bestsellerbuch erschien im Jahr 2006. Anfang 2008 wurde es für mich umso deutlicher, dass das, worüber Robert spricht und lehrt, wichtiger ist denn je. Finanzielle Bildung ist für unser Land von entscheidender Bedeutung, und Roberts Scharfsinn in diesem Bereich ist unbestritten.

Schauen Sie sich an, was in unserem Buch *Warum wir wollen, dass Sie reich werden* besprochen wurde, und werfen Sie dann einen Blick auf das, was seitdem passiert ist. Meiner Ansicht nach wussten wir, wovon wir sprachen. Robert geht mit *Steigern Sie Ihren finanziellen IQ* einen Schritt weiter, und ich habe allen Grund zu glauben, dass er genauso vorausschauend sein wird, wie wir es im Jahr 2006 waren. Ich rate Ihnen, seinen Worten Aufmerksamkeit zu schenken.

Robert und ich haben ähnliche Ansichten. Und wir sind als Lehrer und Geschäftsmänner ähnliche Wege gegangen. Wir hatten beide reiche Väter, die geholfen haben, unser Leben, unser Denken und unsere vielen Erfolge mitzugestalten. Wir sind sowohl Unternehmer als auch Immobilieninvestoren, und wir sind erfolgreich, weil wir über finanzielle Bildung verfügen. Wir wissen, wie wichtig diese ist, und meinen es ernst, wenn es um finanzielle Kompetenz geht. Robert sagte: »Es ist finanzielle Bildung, die es den Menschen ermöglicht, Informationen über finanzielle Angelegenheiten zu verarbeiten und in Wissen umzuwandeln. Leider haben die meisten Menschen nicht die nötige finanzielle Bildung, um Verantwortung für ihr Leben zu übernehmen.« Ich kann dem nur zustimmen.

Bei Robert ist mir sofort aufgefallen, dass er nicht selbstgefällig ist. Er ist bereits sehr erfolgreich, denn er liebt, was er tut. Eine weitere Sache, die wir gemeinsam haben. Das ist Ihr Glück, denn er hat viele sehr gute Ratschläge zu geben. Wie ich bereits in *Warum wir wollen, dass Sie reich werden* sagte, was nützt es, über großartiges Wissen zu verfügen und es für sich zu behalten? Robert beantwortet diese Frage mit jedem Buch, das er schreibt, und Sie können sich glücklich schätzen, dass er es mit Ihnen teilt.

Einer der ersten Schritte, um reicher zu werden, ist, intelligenter mit Ihrem Geld umzugehen sowie Möglichkeiten zu nutzen, wenn sich diese ergeben. In diesem Moment halten Sie eine großartige Gelegenheit in Ihren Händen. Mein Rat an Sie ist, das Buch *Steigern Sie Ihren finanziellen IQ* sehr bewusst und aufmerksam zu lesen. So werden Sie auf dem richtigen Weg zur finanziellen Freiheit und auf dem richtigen Weg zum großen Erfolg sein. Übrigens, vergessen Sie nicht, groß zu denken. Wir sehen uns im Kreis der Sieger.

Donald J. Trump

Anmerkungen des Autors

Geld ist nicht das Übel

Eines der größten Versäumnisse unseres Bildungssystems ist die Unterlassung, den Schülern und Studenten eine finanzielle Ausbildung zu ermöglichen. Lehrer scheinen zu denken, dass Geld eine Art religiöser oder sektenartiger Makel anhaftet, und sie glauben, dass *die Liebe zum Geld die Wurzel allen Übels ist.*

Wie die meisten von uns wissen, ist nicht die Liebe zum Geld das Übel, es ist der Mangel an Geld, der das Übel verursacht. Arbeiten in einem Beruf, den wir hassen, ist übel. Hart zu arbeiten und doch nicht genug zu verdienen, um für unsere Familien zu sorgen, ist übel. Für einige ist es übel, tief in Schulden zu stecken. Sich mit Menschen, die man liebt, über Geld zu streiten, ist übel. Gierig zu sein ist übel. Und kriminelle oder unmoralische Handlungen zu begehen, um an Geld zu gelangen, ist übel. Geld an sich ist kein Übel. Geld ist einfach nur Geld.

Ihr Haus ist kein Vermögenswert

Mangel an finanzieller Bildung führt ebenfalls dazu, dass Menschen dumme Dinge tun oder sich von finanziell ungebildeten Menschen irreführen lassen. 1997 zum Beispiel, als ich zum ersten Mal das Buch *Rich Dad Poor Dad* veröffentlichte und erklärte: »Ihr Haus ist kein Vermögenswert, sondern eine Verbindlichkeit«, war das Protestgeschrei groß. Mein Buch und ich wurden heftig kritisiert.

Viele selbsternannte Finanzexperten griffen mich in den Medien an. Zehn Jahre später, im Jahr 2007, als die Kreditmärkte zusammenbrachen und sich Millionen von Menschen, was ihre Finanzen betraf, im freien Fall befanden, verloren viele ihre Häuser, einige erklärten den Konkurs, andere hatten mehr Schulden, als ihr Haus wert war, weil Immobilien an Wert verloren hatten. Diese Menschen fanden auf schmerzhafte Weise heraus, dass ihre Häuser in Wirklichkeit Verbindlichkeiten und keine Vermögenswerte sind.

Zwei Männer, eine Botschaft

Im Jahr 2006 schrieben mein Freund Donald Trump und ich ein Buch mit dem Titel *Warum wir wollen, dass Sie reich werden*. Wir schrieben darüber, warum die Mittelschicht ins Hintertreffen geriet und worin wir die Ursachen dafür sahen. Aus unserer Sicht sind viele der Ursachen auf die Globalisierung, die Börse und die Finanzmärkte zurückzuführen. Auch dieses Buch wurde von den Finanzmedien angegriffen. Aber bis 2007 war das meiste von dem, was wir gesagt hatten, wahr geworden.

Unzeitgemäße Beratung

Viele Finanzexperten empfehlen weiterhin: »Arbeiten Sie hart, sparen Sie Geld, begleichen Sie Ihre Schulden, leben Sie im Rahmen Ihrer Möglichkeiten und investieren Sie in ein gut diversifiziertes Portfolio mit Investmentfonds.« Das Problem dieses Rats ist, dass es sich dabei um einen schlechten Rat handelt – da diese Strategie schlicht und einfach überholt ist. Die Regeln des Geldes haben sich geändert. Und zwar schon im Jahr 1971. Heute gibt es einen neuen Kapitalismus. Geld sparen, aus der Schuldenfalle herauskommen und diversifizieren funktionierte zu Zeiten des alten Kapitalismus. Diejenigen, die dem Mantra »hart arbeiten und Geld sparen«, dem *alten Kapitalismus* folgen, werden in der Ära des *neuen Kapitalismus* finanziell zu kämpfen haben.

Informationen versus Bildung

Meiner Meinung nach ist der Mangel an finanzieller Bildung in unseren Schulsystemen eine entsetzliche, schlimme Schande. In der heutigen Welt ist finanzielle Bildung eine entscheidende Voraussetzung für das Überleben, unabhängig davon, ob wir reich oder arm, klug oder nicht klug sind.

Wie die meisten von uns wissen, leben wir heute im Informationszeitalter. Das Problem mit dem Informationszeitalter ist die *Informationsüberflutung*. Heute gibt es zu viele Informationen.

Die folgende Gleichung erklärt, warum finanzielle Bildung von so großer Wichtigkeit ist.

Information + Bildung = Wissen

Ohne finanzielle Bildung können Menschen Informationen nicht zu nützlichem Wissen verarbeiten. Ohne finanzielle Bildung haben Menschen finanziell zu kämpfen. Ohne finanzielle Bildung kaufen Menschen Dinge wie zum Beispiel ein Haus und glauben, dass dieses ein Vermögenswert ist. Möglicherweise sparen sie Geld, ohne zu erkennen, dass ihr Geld seit 1971 nicht mehr Geld, sondern eine Währung ist. Oder sie kennen den Unterschied zwischen guten und schlechten Schulden nicht. Sie verstehen auch nicht, warum die Reichen mehr verdienen, jedoch weniger Steuern zahlen. Oder auch warum der reichste Investor der Welt, Warren Buffett, nicht diversifiziert.

Wie die Lemminge

Ohne finanzielle Bildung suchen sich die Menschen jemanden, der ihnen sagt, was sie tun sollen. Und die meisten Finanzexperten empfehlen, hart zu arbeiten, Geld zu sparen, aus der Verschuldung herauszukommen, unter ihren Möglichkeiten zu leben und in ein gut diversifiziertes Portfolio mit Investmentfonds zu investieren. Wie Lemminge, die einfach nur ihrem Anführer folgen, rasen sie zur Klippe und springen in den Ozean der finanziellen Unsicherheit, in der Hoffnung, schwimmend das andere Ufer erreichen zu können.

In diesem Buch geht es nicht um Finanzberatung

Dieses Buch wird Ihnen nicht sagen, was Sie tun sollen. In diesem Buch geht es nicht um finanzielle Ratschläge. In diesem Buch geht es darum, dass Sie finanziell gesehen klüger werden, damit Sie Ihre eigenen finanziellen Informationen verarbeiten und Ihren eigenen Weg ins finanzielle Nirwana finden können.

Zusammengefasst geht es in diesem Buch darum, reicher zu werden, indem Sie klüger werden. In diesem Buch geht es darum, Ihren finanziellen IQ zu steigern.

Einführung
Macht Geld Sie reich?

Die Antwort ist *Nein.* Geld allein macht Sie nicht reich. Wir alle kennen Menschen, die jeden Tag zur Arbeit gehen, für Geld arbeiten, mehr Geld verdienen, aber nicht reicher werden. Ironischerweise sinken viele mit jedem Dollar, den sie verdienen, tiefer in die Schulden. Wir alle haben Geschichten von Lottogewinnern gehört, Menschen, die über Nacht zu Millionären wurden, und gleich wieder verarmt sind. Wir haben auch Geschichten über Immobilien gehört, die zwangsvollstreckt wurden. Anstatt die Hausbesitzer reicher zu machen und finanziell abzusichern, treibt die Immobilie sie aus ihren Häusern und ins Armenhaus. Viele von uns kennen Menschen, die Geld verloren haben, indem sie an der Börse investiert haben. Vielleicht ist Ihnen das auch passiert. Selbst die Investition in Gold, das weltweit einzige echte Geld, kann den Anleger sein gutes Geld kosten.

Meine erste echte Investition als junger Erwachsener war in Gold. Ich begann, in Gold zu investieren, bevor ich anfing, in Immobilien zu investieren. 1972, im Alter von 25 Jahren, begann ich mit dem Kauf von Goldmünzen, als Gold etwa 70 Dollar* pro Unze kostete. Bis 1980 näherte sich der Goldpreis 800 Dollar pro Unze. Der Rausch war in vollem Gange. Gier wurde größer als Vorsicht. Gerüchte besagten, dass der Goldpreis 2.500 Dollar pro Unze erreichen würde. Immer mehr gierige Investoren begannen, Gold zu kaufen, obwohl sie es zuvor noch nie getan hatten.

Aber anstatt einige meiner Goldmünzen zu verkaufen und einen kleinen Gewinn zu erzielen, hielt ich daran fest und hoffte ebenfalls, dass der Goldpreis weiter ansteigen würde. Ungefähr ein Jahr später, als Gold unter 500 Dollar pro Unze fiel, verkaufte ich schließlich meine letzte Münze. Von 1980 an beobachtete ich, wie der Goldpreis immer tiefer und tiefer sank, bis er schließlich im Jahr 1999 bei 250 Dollar die Talsohle erreichte.

Obwohl ich dabei nicht viel Geld verdient habe, lehrte mich Gold viele unbezahlbare Lektionen über Geld. Als ich erkannte, dass ich Geld verlieren

---

* Ist von Dollar die Rede, bezieht sich dies ausschließlich auf US-Dollar.

konnte, indem ich in echtes Geld, nämlich Gold, investierte, wurde mir klar, dass es nicht Gold, also der Vermögenswert, war, der wertvoll war. Es waren die mit dem Vermögenswert verbundenen *Informationen*, die den Menschen letztendlich reich oder arm machten. Mit anderen Worten, *es sind nicht Immobilien, Aktien, Investmentfonds, Unternehmen oder Geld, die den Menschen reich machen. Es sind Informationen, Wissensvorsprung, Weisheit und Knowhow, die man zusammengenommen als finanzielle Intelligenz bezeichnen kann, die einen wohlhabend machen.*

Golfunterricht oder Golfschläger

Ein Freund von mir ist ein Golffanatiker. Er gibt Tausende von Dollar im Jahr für die neuesten Golfschläger und Golfausrüstung aus, die auf den Markt kommen. Das Problem hierbei ist, dass er sich weigert, auch nur einen Cent für Golfunterricht auszugeben. Folglich bleibt sein Golfspiel dasselbe, obwohl er die neueste und tollste Golfausrüstung besitzt. Wenn er sein Geld in Golfunterricht investieren und die Schläger des letzten Jahres benutzen würde, wäre er vielleicht ein viel besserer Golfer.

Das gleiche verrückte Phänomen tritt im Spiel um Geld auf. Milliarden von Menschen investieren ihr hart verdientes Geld in Vermögenswerte wie Aktien und Immobilien, aber fast nichts in Informationen. Daher bleibt ihr Kontostand in etwa gleich.

Keine magische Formel

Dies ist kein Buch, das beschreibt, wie Sie schnell reich werden, oder das Ihnen eine Zauberformel an die Hand gibt. In diesem Buch geht es um die Steigerung Ihrer finanziellen Intelligenz, Ihres finanziellen IQs. Es geht darum, reicher zu werden, indem Sie klüger werden. Es geht um die *fünf grundlegenden Aspekte finanzieller Intelligenz,* die erforderlich sind, um reicher zu werden, unabhängig davon, wie sich die Wirtschafts-, Aktien- oder Immobilienmärkte bewegen.

Die neuen Regeln des Geldes

In diesem Buch geht es auch um die neuen Regeln des Geldes, die sich 1971 änderten. Wegen dieser Regeländerungen sind die alten Regeln überholt. Viele Menschen haben finanziell zu kämpfen, weil sie weiterhin nach den alten Regeln des Geldes handeln. Alte Regeln wie *hart arbeiten, Geld sparen, Schulden begleichen und langfristig in ein gut diversifiziertes Portfolio mit Aktien, Anleihen und Investmentfonds zu investieren.* In diesem Buch geht es darum, nach den *neuen Regeln* des Geldes zu spielen, aber um das zu tun, müssen Sie Ihre finanzielle Intelligenz und Ihren finanziellen IQ erhöhen.

Nachdem Sie dieses Buch gelesen haben, werden Sie genauer feststellen können, ob es für Sie besser ist, nach den *alten Regeln* oder den *neuen Regeln* des Geldes zu spielen.

Finden Sie Ihr finanzielles Talent

In *Kapitel 9: Die Entwicklung Ihres finanziellen Talents* dieses Buches geht es darum, Ihr finanzielles Talent zu entdecken, indem Sie alle drei Teile Ihres Gehirns nutzen. Wie die meisten von uns wissen, sind die drei Teile unseres Gehirns die linke Hemisphäre, die rechte Hemisphäre und das Unterbewusstsein.

Die meisten Menschen werden nicht reich, weil das Unterbewusstsein der mächtigste der drei Teile des Gehirns ist. Zum Beispiel können Menschen sich im Bereich Immobilien fortbilden und anhand der linken und rechten Gehirnhälften genau wissen, was sie tun sollen, aber der mächtige unterbewusste Teil ihres Gehirns kann die Kontrolle übernehmen und sagen: »Oh, das ist zu riskant. Was ist, wenn du dein Geld verlierst? Was ist, wenn du einen Fehler machst?« In diesem Beispiel verursacht das Gefühl der Angst, dass das Unterbewusstsein des Gehirns gegen die Wünsche der linken und rechten Gehirnhälfte arbeitet. Einfach gesagt, um Ihr finanzielles Talent zu entwickeln, ist es wichtig, dass Sie zuerst wissen, wie man alle drei Teile seines Gehirns dazu bringt, in Harmonie und nicht gegeneinander zu arbeiten. Dieses Buch wird Ihnen erklären, wie Sie das machen können.

Kurz zusammengefasst

Viele Menschen glauben, dass sie Geld brauchen, um Geld zu erwirtschaften. Das ist nicht wahr. Erinnern Sie sich stets daran, dass wenn es möglich ist, Geld durch eine Investition in Gold zu verlieren, Sie Geld immer und überall verlieren können. Letztendlich ist es nicht Gold, Aktien, Immobilien, harte Arbeit oder Geld, das Sie reich macht, sondern das, was Sie über Gold, Aktien, Immobilien, harte Arbeit und Geld *wissen*. Letzten Endes ist es Ihre finanzielle Intelligenz, Ihr finanzieller IQ, der Sie reich macht.

Bitte lesen Sie weiter und werden Sie reicher, indem Sie finanziell intelligenter werden.

Kapitel 1

Was ist finanzielle Intelligenz?

Als ich fünf Jahre alt war, wurde ich eiligst ins Krankenhaus gebracht und dort notoperiert. So wie ich es verstehe, hatte ich eine schwere Ohreninfektion, eine Komplikation meiner Erkrankung an Windpocken. Obwohl es eine beängstigende Erfahrung war, bewahre ich auch die kostbare Erinnerung an die Liebe meines Vaters, meines jüngeren Bruders und meiner beiden Schwestern, die auf dem Rasen vor dem Krankenhausfenster standen und mir winkten, wie ich dort im Bett lag. Meine Mutter war nicht dabei. Sie war zu Hause, selbst krank im Bett und hatte mit einem schwachen Herzen zu kämpfen.

Im selben Jahr wurde auch mein jüngerer Bruder ins Krankenhaus gebracht, nachdem er in der Garage gestürzt war und sich den Kopf angeschlagen hatte. Meine jüngere Schwester war die nächste. Sie brauchte eine Operation am Knie. Und die Jüngste, meine Schwester Beth, ein Neugeborenes, hatte eine schwere Hauterkrankung, die die Ärzte immer wieder vor ein Rätsel stellte.

Es war ein hartes Jahr für meinen Vater, und er war der Einzige von uns sechs, der keine medizinische Hilfe brauchte. Die gute Nachricht ist, dass wir uns alle erholt haben und danach ein gesundes Leben führten. Die schlechte Nachricht waren die Arztrechnungen, die sich nach und nach stapelten.

Mein Vater mag in diesem Jahr nicht krank geworden sein, aber er wurde mit einer lähmenden Bürde belastet – einem Berg an Schulden für die medizinische Versorgung seiner Familie.

Damals war mein Vater Doktorand an der Universität von Hawaii. Er war ein brillanter Student, erhielt seinen Bachelor-Abschluss nach nur zwei Jahren und träumte davon, eines Tages Hochschullehrer zu werden. Jetzt, mit einer sechsköpfigen Familie, einer Hypothek und hohen Arztrechnungen, gab er seinen Traum auf und nahm eine Stelle als stellvertretender Schulleiter in der kleinen Stadt Hilo auf der Big Island von Hawaii an. Damit er es sich leisten konnte, unsere Familie von einer Insel auf eine andere zu transportieren, musste er einen Kredit bei seinem eigenen Vater aufnehmen. Es war eine schwere Zeit für ihn und unsere Familie.

Obwohl er im Beruf enormen Erfolg hatte und schließlich seinen Doktortitel verliehen bekam, vermute ich, dass es meinen Vater bis ans Ende seines Lebens schmerzte, dass er nie seinen Traum verwirklichen konnte, Hochschullehrer zu werden. Er sagte oft: »Wenn ihr Kinder nicht mehr zu Hause seid, gehe ich zurück an die Schule und mache das, was ich liebe: unterrichten.«

Anstatt zu unterrichten, wurde er schließlich Leiter des Bildungsressorts des Staates Hawaii, arbeitete also in der Verwaltung, kandidierte dann als stellvertretender Gouverneur und verlor. Im Alter von 50 Jahren war er plötzlich arbeitslos. Bald nach der Wahl starb meine Mutter plötzlich im Alter von 48 Jahren an ihrem schwachen Herzen. Von diesem Verlust erholte sich mein Vater nie.

Wieder einmal häuften sich Geldprobleme. Jetzt, da er keine Arbeit mehr hatte, entschied er sich, die für seine Altersvorsorge gedachten Ersparnisse aufzulösen, und investierte in ein überregionales Eis-Franchise. Damit verlor er sein ganzes Geld.

Je älter er wurde, umso mehr fühlte sich mein Vater von seinen Altersgenossen im Stich gelassen; seine Karriere war vorbei. Ohne seine Stelle als Ressortleiter im Bildungsministerium hatte er seine Identität verloren. Er wurde immer wütender auf seine reichen Klassenkameraden, die ins Geschäftsleben gegangen waren und nicht wie er auf eine formelle Ausbildung gesetzt hatten. Verbittert beklagte er sich oft: »Ich habe mein Leben der Bildung der Kinder auf Hawaii gewidmet, und was bekomme ich? Nichts. Meine zu Bonzen mutierten Klassenkameraden werden reicher, und was bekomme ich? Nichts.«

Ich werde nie erfahren, warum er nicht zurück an die Universität gegangen ist, um zu unterrichten. Ich glaube, es war, weil er sich sehr bemüht hatte, schnell reich zu werden und die verlorene Zeit aufzuholen. Er jagte zweifelhaften Geschäften nach und umgab sich mit redegewandten Betrügern. Keine seiner Unternehmungen, die ihn schnell reich machen sollten, ging auf.

Wären da nicht die paar Gelegenheitsjobs und die Sozialversicherung gewesen, hätte er vielleicht bei einem seiner Kinder einziehen müssen. Ein paar Monate bevor er im Alter von 72 Jahren an Krebs starb, bat mich mein Vater zu sich ans Bett und entschuldigte sich dafür, dass er uns Kinder mit so wenig zurückließ. Ich hielt seine Hand, legte meinen Kopf auf diese, und wir weinten zusammen.

Nicht genug Geld

Mein armer Vater hatte sein ganzes Leben lang Geldprobleme. Egal, wie viel Geld er verdiente, sein Problem war, *nicht genug Geld* zu haben. Seine Unfähigkeit, dieses Problem zu lösen, verursachte ihm bis zu seinem Tod große Schmerzen. Tragischerweise fühlte er sich sowohl in beruflicher Hinsicht als auch als Vater als Versager.

Typisch für Akademiker, schob er seine finanziellen Probleme, so weit möglich, beiseite und widmete sein Leben einer höheren Sache als dem Geld. Er behauptete standhaft, dass Geld keine Rolle spiele, auch wenn es das tat. Er war ein großer Mann, ein großartiger Ehemann und Vater und ein brillanter Lehrer; doch es war diese Sache namens Geld, die oft den Ton angab, ihn im Stillen quälte und leider gegen Ende das Maß war, anhand dessen er sein Leben beurteilte. So klug er auch war, er hatte seine Geldprobleme nie gelöst.

Zu viel Geld

Mein reicher Vater, der begann, mir etwas über Geld beizubringen, als ich neun Jahre alt war, hatte auch Geldprobleme. Er löste seine Geldprobleme anders als mein armer Vater. Er erkannte an, dass Geld eine Rolle spielt, und deshalb bemühte er sich, seine finanzielle Intelligenz bei jeder Gelegenheit zu steigern. Für ihn bedeutete das, seine Geldprobleme direkt anzugehen und aus diesem Prozess zu lernen. Mein reicher Vater war akademisch gesehen nicht annähernd so klug wie mein armer Vater, aber weil er seine Geldprobleme anders löste und seine finanzielle Intelligenz steigerte, war das Geldproblem meines reichen Vaters, *zu viel Geld* zu besitzen.

Mit zwei Vätern, einem reichen und einem armen, lernte ich, dass wir alle Geldprobleme haben.

Die Geldprobleme der Armen sind:

1. Nicht genug Geld zu haben.
2. Kredite bei finanziellen Engpässen zu Hilfe zu nehmen.
3. Die steigenden Lebenshaltungskosten.
4. Je mehr sie verdienen, desto mehr Steuern zahlen sie.
5. Angst vor Notfällen.
6. Schlechte Finanzberatung.
7. Nicht genug Rente.

Die Geldprobleme der Reichen sind:

1. Zu viel Geld zu haben.
2. Es sicher und gut angelegt aufzubewahren.
3. Nicht zu wissen, ob die Leute sie mögen oder ihr Geld.
4. Klügere Finanzberater zu brauchen.
5. Verwöhnte Kinder großzuziehen.
6. Nachlass- und Erbschaftsplanung.
7. Zu hohe Steuern.

Mein armer Vater hatte sein ganzes Leben lang Geldprobleme. Egal, wie viel Geld er verdiente, sein Problem war, *nicht genug Geld* zu haben. Mein reicher Vater hatte auch Geldprobleme. Sein Problem war, *zu viel Geld* zu besitzen. Welches Geldproblem wollen Sie?

Schlechte Lösungen für Geldprobleme

Früh zu lernen, dass wir alle Geldprobleme haben, egal, wie reich oder wie arm wir sind, war für mich eine sehr wichtige Lektion. Viele Menschen glauben, dass wenn sie viel Geld hätten, ihre Geldprobleme vorbei wären. Sie wissen nicht, dass viel Geld noch mehr Geldprobleme verursacht.

Eine meiner Lieblingswerbungen ist die für ein Finanzdienstleistungsunternehmen, und sie beginnt mit dem Rapper MC Hammer, der mit schönen Frauen tanzt, mit einem Bentley und einem Ferrari und einer extrem überdimensionalen Villa hinter ihm. Im Hintergrund werden Luxusartikel in die Villa gebracht. Zu alldem wird MC Hammers One-Hit-Wonder »U Can't Touch This« gespielt. Dann wird der Bildschirm schwarz, und die Worte »15 Minuten später« werden angezeigt. In der nächsten Szene sieht man MC Hammer, wie er auf einem Bordstein sitzt, den Kopf in die Hände gestützt, vor derselben tollen Villa, neben einem Schild mit der Aufschrift »ZWANGSVERSTEIGERT«. Der Sprecher sagt: »Das Leben holt dich schnell ein. Wir sind da, um zu helfen.« Die Welt ist voller Leute wie MC Hammer. Wir alle haben von Lotteriegewinnern gehört, die Millionen gewinnen und dann ein paar Jahre später tief verschuldet sind. Oder von dem jungen Profisportler, der, solange er spielt, in einer Villa lebt, und wenn seine aktive Zeit vorbei ist, unter einer Brücke. Oder der junge Rockstar, der in seinen Zwanzigern Multimillionär ist und in seinen Dreißigern eine

Stelle sucht. (Oder der Rapper, der mit Finanzdienstleistungen hausiert, die er wahrscheinlich schon längst genutzt hatte, als er sein Geld verlor.)

Geld allein löst Ihre Geldprobleme nicht. Deshalb können die Geldprobleme armer Menschen nicht gelöst werden, indem man ihnen Geld gibt. In vielen Fällen bleibt dadurch das Problem nur länger bestehen und schafft mehr arme Menschen. Nehmen Sie zum Beispiel die Idee der Sozialhilfe. Von der Zeit der Weltwirtschaftskrise bis 1996 garantierte die Regierung der Vereinigten Staaten den Armen der Nation Geld unabhängig von persönlichen Umständen. Alles, was man tun musste, war, die Anforderungen für die Klassifikation für Armut zu erfüllen, um regelmäßige Zahlungen von der Regierung zu erhalten. Wenn man Initiative zeigte, eine Stelle fand und genug verdiente, um über der Armutsgrenze zu kommen, kürzte die Regierung die Leistungen. Natürlich hatten die Armen dann andere Kosten im Zusammenhang mit der Arbeit, die sie vorher nicht hatten, wie Uniformen, Kinderbetreuung, Transport et cetera. In vielen Fällen hatten sie weniger Geld als zuvor und weniger Zeit. Das System kam denen zugute, die faul waren, und bestrafte diejenigen, die Initiative zeigten. Das System schuf mehr arme Menschen.

Harte Arbeit löst keine Geldprobleme. Die Welt ist voller hart arbeitender Menschen, die kein Geld haben; hart arbeitende Menschen, die Geld verdienen und trotzdem immer tiefer in die Verschuldung geraten und noch härter für noch mehr Geld arbeiten müssen.

Bildung löst keine Geldprobleme. Die Welt ist voll von hochgebildeten armen Menschen. Man nennt sie Sozialisten.

Eine Stelle löst keine Geldprobleme. Für viele Menschen stehen die Buchstaben J.O.B. für *just over broke* – knapp vor der Pleite. Es gibt Millionen von Menschen, die gerade genug verdienen, um zu überleben, aber sich nicht leisten können zu leben. Viele Menschen mit Arbeit können sich ihr eigenes Haus, eine angemessene Gesundheitsversorgung oder Bildung nicht leisten, geschweige denn genügend Geld für den Ruhestand zur Seite legen.

Wie löst man Geldprobleme?

Mit finanzieller Intelligenz löst man Geldprobleme. Einfach ausgedrückt, ist finanzielle Intelligenz der Teil unserer gesamten Intelligenz, den wir zur Lösung finanzieller Probleme verwenden. Einige Beispiele für sehr häufige Geldprobleme sind:

1. »Ich verdiene nicht genug Geld.«
2. »Ich stecke tief in den Schulden.«
3. »Ich kann es mir nicht leisten, ein Haus zu kaufen.«
4. »Mein Auto ist kaputt. Woher bekomme ich das Geld, um es zu reparieren?«
5. »Ich habe 10.000 Dollar. Worin soll ich investieren?«
6. »Mein Kind will studieren, aber wir haben kein Geld.«
7. »Ich habe nicht genug Geld für den Ruhestand.«
8. »Ich mag meine Arbeit nicht, aber ich kann es mir nicht leisten zu kündigen.«
9. »Ich bin im Ruhestand, und mir geht das Geld aus.«
10. »Ich kann mir die Operation nicht leisten.«

Diese und andere Geldprobleme können mit finanzieller Intelligenz gelöst werden. Wenn unsere finanzielle Intelligenz nicht ausreichend entwickelt ist, um unsere Probleme zu lösen, bleiben die Probleme leider bestehen. Sie verschwinden nicht einfach so. Oftmals werden sie schlimmer und ziehen mehr Geldprobleme nach sich. Zum Beispiel gibt es Millionen von Menschen, die nicht genügend Geld für den Ruhestand zur Verfügung haben. Wenn Sie dieses Problem nicht lösen, wird sich das Problem verschärfen, wenn Sie älter werden und mehr Geld für medizinische Versorgung benötigen. Ob es Ihnen gefällt oder nicht, Geld beeinflusst den Lebensstil und die Lebensqualität – und ermöglicht gleichzeitig Komfort und mühelose Entscheidungen. Die Wahlfreiheit, die Geld bietet, kann den Unterschied zwischen Trampen, Busfahren oder Reisen mit dem Privatjet ausmachen.

Das Lösen von Geldproblemen macht Sie schlauer.

In meiner Kindheit sagte mein reicher Vater zu mir: »Geldprobleme machen dich schlauer ... wenn du das Problem löst.« Er sagte auch: »Wenn du dein Geldproblem löst, wächst deine finanzielle Intelligenz. Wenn deine finanzielle Intelligenz wächst, wirst du reicher. Wenn du dein Geldproblem *nicht* löst, wirst du ärmer. Wenn du dein Geldproblem nicht löst, führt dieses Problem oft zu noch mehr Problemen.« Wenn Sie Ihre finanzielle Intelligenz steigern wollen, müssen Sie lösungsorientiert sein. Wenn Sie Ihre Geldprobleme nicht lösen, werden Sie nie reich. Tatsächlich werden Sie umso ärmer, je länger das Problem anhält.

Mein reicher Vater nutzte Zahnschmerzen als Beispiel, um zu veranschaulichen, was er mit einem Problem meinte, das zu anderen Problemen führte. Er sagte: »Ein Geldproblem zu haben ist wie Zahnschmerzen. Wenn du nichts gegen die Zahnschmerzen tust, fühlst du dich durch die Zahnschmerzen schlecht. Wenn du dich schlecht fühlst, kannst du nicht gut arbeiten, weil du gereizt bist. Die Zahnschmerzen nicht zu beheben kann zu medizinischen Komplikationen führen, da sich Keime leicht vermehren und vom Mund aus ausbreiten können. Eines Tages verlierst du deine Stelle, weil du wegen deiner chronischen Krankheit zu viel bei der Arbeit gefehlt hast. Ohne Arbeit kannst du deine Miete nicht bezahlen. Wenn du das Problem der Miete nicht löst, bist du auf der Straße, obdachlos, in schlechtem Gesundheitszustand, holst dir dein Essen aus Mülltonnen, und du hast immer noch Zahnschmerzen.«

Auch wenn das ein extremes Beispiel ist, behielt ich diese Geschichte im Kopf. Ich erkannte in jungen Jahren die Bedeutung der Problemlösung und den Dominoeffekt, der dadurch ausgelöst wird, wenn ich ein Problem nicht löse.

Viele Menschen lösen ihre finanziellen Probleme nicht, solange sie klein sind und sich in der Zahnschmerzphase befinden. Anstatt das Problem zu lösen, machen sie es schlimmer, indem sie es ignorieren oder die Ursache des Problems nicht beheben. Zum Beispiel benutzen viele Menschen, wenn es an Geld mangelt, ihre Kreditkarten, um den Fehlbetrag zu decken. Bald stapeln sich die Kreditkartenrechnungen, und Gläubiger fordern Zahlungen. Um das Problem zu lösen, nehmen sie eine Hypothek auf ihr Haus auf, um damit ihre Kreditkartenrechnungen zu bezahlen. Das Problem ist, dass sie weiterhin die Kreditkarten benutzen. Jetzt haben sie eine Hypothek abzuzahlen und zusätzlich Kreditkartenschulden.

Um dieses Kreditproblem zu lösen, legen sie sich neue Kreditkarten zu, um die alten Kreditkartenschulden zu bezahlen. Sie fühlen sich deprimiert wegen der zunehmenden Geldprobleme und nutzen die neuen Kreditkarten, um Urlaub zu machen. Bald können Sie weder ihre Hypothek noch ihre Kreditkartenrechnungen mehr bezahlen und beschließen, Insolvenz anzumelden. Das Problem bei der Insolvenzerklärung ist, dass die Wurzel des Problems noch da ist, genau wie die Zahnschmerzen. Die Ursache des Problems ist ein Mangel an finanzieller Intelligenz, und das Problem, das durch einen Mangel an finanzieller Intelligenz verursacht wird, ist die Unfähigkeit, einfache finanzielle Probleme zu lösen. Anstatt die Wurzel des Problems anzugehen – in diesem Fall ihre Ausgabegewohnheiten –, ignorieren viele das Problem. Wenn man Unkraut nicht mitsamt der Wurzel herauszieht, sondern nur die Triebe abschneidet, wächst es nur schneller und größer nach. Das Gleiche gilt für Ihre finanziellen Probleme.

Obwohl diese Beispiele extrem erscheinen mögen, sind sie nicht ungewöhnlich. Tatsache ist, dass finanzielle Probleme ein *Problem* sind, aber sie sind genauso eine *Lösung*. Wenn Menschen Probleme lösen, werden sie klüger. Ihr finanzieller IQ steigt. Wenn sie intelligenter geworden sind, können sie größere Probleme lösen. Wenn sie größere finanzielle Probleme lösen können, werden sie reicher.

Ich benutze gerne Mathematik als Beispiel. Viele Leute hassen Mathematik. Wie Sie wissen, können Sie Ihre Matheprobleme nicht lösen, wenn Sie Ihre Hausaufgaben nicht machen (nicht üben, Matheprobleme zu lösen). Wenn Sie mathematische Probleme nicht lösen können, können Sie den Mathetest nicht bestehen. Wenn Sie den Mathetest nicht bestehen, bekommen Sie eine Sechs in Mathematik. Eine Sechs in Mathematik zu haben bedeutet, dass Sie die Highschool nicht abschließen können. Damit können Sie keine andere Arbeit bekommen als bei McDonald's, wo Sie den Mindestlohn verdienen. Dies ist ein Beispiel dafür, wie aus einem kleinen Problem ein großes Problem werden kann.

Andererseits, wenn Sie fleißig üben, Matheprobleme zu lösen, werden Sie immer intelligenter und können komplexere Gleichungen lösen. Nach Jahren harter Arbeit sind Sie ein Mathegenie, und Dinge, die vorher schwierig schienen, sind jetzt einfach. Wir alle müssen bei den Grundrechenarten anfangen. Die Erfolgreichen hören dort jedoch nicht auf.

Die Ursache der Armut

Armut bedeutet einfach, mehr *Probleme* als *Lösungen* zu haben. Armut wird dadurch verursacht, dass eine Person von Problemen überwältigt wird, die sie nicht lösen kann. Nicht alle Ursachen der Armut sind finanzielle Probleme. Das können Probleme sein wie Drogensucht, die falsche Person geheiratet zu haben, in einer kriminellen Umgebung zu leben, keine berufliche Ausbildung zu haben, kein Transportmittel zur Arbeit zu haben oder nicht in der Lage zu sein, sich die Gesundheitsversorgung zu leisten.

Einige der heutigen finanziellen Probleme, wie übermäßige Verschuldung und niedrige Löhne, werden durch Umstände verursacht, deren Lösung über die Fähigkeit eines Einzelnen hinausgehen, Probleme, die mehr mit unserer Regierung und einer Wirtschaft zu tun haben, die nur Blendwerk ist.

Eine der Ursachen für niedrige Löhne ist beispielsweise die Verlagerung von hochbezahlten Stellen in der Produktion ins Ausland. Heute gibt es viele Stellen, die jedoch im Dienstleistungssektor angesiedelt sind, nicht in der Produktion. In meiner Kindheit war General Motors der größte Arbeitgeber der USA, heute ist das Walmart. Wir alle wissen, dass Walmart nicht für seine hoch bezahlten Stellen – oder seine großzügigen Renten – bekannt ist.

Vor 50 Jahren war es für einen Menschen ohne viel Bildung möglich, finanziell gut zurechtzukommen. Selbst wenn er nur einen Highschool-Abschluss hatte, konnte ein junger Mensch einen relativ gut bezahlten Job in der Auto- oder Stahlproduktion bekommen. Heute müsste er Burger produzieren.

Vor 50 Jahren boten die produzierenden Unternehmen Gesundheits- und Altersvorsorgeleistungen an. Heute verdienen Millionen von Arbeitnehmern weniger, benötigen aber gleichzeitig mehr Geld, um ihre eigenen medizinischen Ausgaben zu decken und genug für den Ruhestand zu sparen. Jeden Tag, an dem diese finanziellen Probleme nicht gelöst werden, werden sie größer. Und sie stammen aus einem größeren Problem der Regierung, das zu lösen oder zu ändern außerhalb der Macht des Einzelnen liegt. Sie stammen aus schlechter Wirtschaftspolitik und Vetternwirtschaft.

Die Regeln des Geldes haben sich geändert

1971 entkoppelte Präsident Nixon den Dollar vom Goldstandard. Das war eine schlechte wirtschaftliche Maßnahme, mit der die Regeln des Geldes verändert wurden. Es ist eine der größten finanziellen Veränderungen in der Weltgeschichte, aber nur wenige Menschen sind sich dieser Veränderung und deren Auswirkungen auf die heutige Weltwirtschaft bewusst. Dieser Beschluss Nixons ist einer der Gründe, warum so viele Menschen heutzutage finanzielle Probleme haben.

1971 starb der Dollar, weil er kein Geld mehr war – er wurde zur Währung. Es gibt einen großen Unterschied zwischen Geld und Währung.

Das englische Wort für »Währung«, *currency*, kommt von *current*, dem Wort für »Strom«, wie »elektrischer Strom« oder »Meeresströmung«. Das Wort impliziert *Bewegung*. Stark vereinfacht ausgedrückt, muss eine Währung in Bewegung bleiben. Wenn sie sich nicht mehr bewegt, verliert sie schnell an Wert. Wenn der Wertverlust zu groß ist, wird sie nicht mehr akzeptiert. Wenn die Leute aufhören, sie zu akzeptieren, sinkt der Wert der Währung auf null. Nach 1971 bewegte sich der Wert des Dollars kontinuierlich gegen null.

Historisch gesehen sinkt der Wert aller Währungen schließlich in Richtung null. Die gesamte Geschichte hindurch haben Regierungen Währungen gedruckt. Während des Revolutionskrieges druckte die US-Regierung eine Währung, die als Continental bekannt ist. Es dauerte nicht lange, bis der Wert dieser Währung auf null sank.

Nach dem Ersten Weltkrieg druckte die deutsche Regierung eine Währung, in der Hoffnung, ihre Rechnungen bezahlen zu können. Die Inflation stieg rapide an, und die Ersparnisse der deutschen Mittelschicht wurden vernichtet. Im Jahr 1933 wählte das deutsche Volk, frustriert und bankrott, Adolf Hitler an die Macht, in der Hoffnung, dass er ihre finanziellen Probleme lösen würde. Ebenfalls im Jahr 1933 gründete Franklin Roosevelt die Sozialversicherung, um die Geldprobleme des amerikanischen Volkes zu lösen. Obwohl sehr beliebt, sind die Sozialversicherung und staatliche Krankenversicherung finanzielle Katastrophen, die kurz davorstehen, zu massiven finanziellen Problemen auszuarten. Wenn die US-Regierung mehr dieses »komischen« Geldes (*funny money*), das heißt Währung, druckt, um diese beiden massiven finanziellen Probleme zu lösen, wird der Wert des Dollars noch schneller sinken, und das finanzielle Problem wird größer. Das ist kein Problem der fernen Zukunft. Es passiert jetzt. Laut einem aktuellen Bericht von Bloomberg hat der Dollar seit dem Amtsantritt von George W. Bush im Januar 2001 13,2 Prozent seiner Kaufkraft verloren.

Nixons Veränderung am Dollar ist einer der Gründe, warum so viele Menschen verschuldet sind, genauso, wie die US-Regierung verschuldet ist. Als sich 1971 die Regeln des Geldes änderten, wurden die Sparer zu Verlierern und die Schuldner zu Gewinnern. Eine neue Form des Kapitalismus entstand. Wenn ich heute Leute sagen höre: »Du musst mehr Geld sparen« oder »spare für den Ruhestand«, frage ich mich, ob die Person gemerkt hat, dass sich die Regeln des Geldes geändert haben.

Nach den alten Regeln des Kapitalismus war es finanziell klug, *Geld* zu sparen. Aber im neuen Kapitalismus ist es finanzieller Wahnsinn, eine *Währung* anzusparen. Es macht keinen Sinn, Ihre Währung zu parken. Im neuen Kapitalismus muss die Währung in Bewegung bleiben. Wenn eine Währung nicht mehr fließt, sinkt ihr Wert immer mehr. Eine Währung muss wie ein elektrischer Strom so schnell wie möglich von Anlage zu Anlage wechseln. Der Zweck einer Währung ist es, Vermögenswerte zu erwerben. Vermögenswerte, die entweder an Wert gewinnen oder Cashflow erzeugen. Eine Währung muss sich schnell bewegen, um damit reale Vermögenswerte mit realem Wert zu erwerben, da die Währung selbst schnell an Wert verliert. Die Preise von Sachwerten wie Gold, Öl, Silber, Wohnimmobilien und Aktien steigen, weil der Wert der Währung sinkt. Der ihnen beigemessene Wert ändert sich nicht, nur die Höhe der Währung, die benötigt wird, um sie zu erwerben.

Greshams Gesetz besagt: »Wenn schlechtes Geld in Umlauf kommt, versteckt sich gutes Geld.« 1971 begannen die USA, die Welt mit schlechtem Geld zu überschwemmen. Im neuen Kapitalismus macht es eigentlich mehr Sinn, sich heute Geld zu leihen und es morgen mit billigerem Dollar zurückzuzahlen. Die US-Regierung tut es. Warum sollten wir es nicht auch tun? Die US-Regierung ist verschuldet. Warum sollten wir nicht in Schulden stecken? Wenn man ein System nicht ändern kann, ist der einzige Weg zum Erfolg, es zum eigenen Vorteil zu nutzen.

Weil sich 1971 die Regeln des Geldes verändert haben, schnellten die Immobilienpreise in die Höhe, da die Kaufkraft des Dollars sank. Die Aktienkurse stiegen, weil Investoren nach sicheren Häfen für ihr Geld suchten. Während Ökonomen das *Inflation* nennen, ist es in Wirklichkeit eine Abwertung, *Deflation*. Es gibt Hausbesitzern ein Gefühl der Sicherheit, denn der Wert ihres Hauses scheint zu steigen. In Wirklichkeit sinkt die Kaufkraft des Dollars, da der Nettowert der Häuser der Eigentümer zu steigen scheint. Höhere Hauspreise und niedrigere Löhne erschweren es jungen Menschen jedoch, ihr erstes Haus zu kaufen. Wenn junge Menschen nicht erkennen, dass sich die Regeln des Geldes geändert haben, werden sie weitaus schlechter dran sein als ihre Eltern, da die US-Währung weiter an Wert verliert.

Eine weitere Änderung bei den Regeln des Geldes

Die Regeln des Geldes änderten sich vor allem in den Vereinigten Staaten 1974 erneut. Vor 1974 kümmerten sich die Betriebe um die finanzielle Absicherung des Ruhestands ihrer Mitarbeiter. Sie garantierten dem Rentner ein Gehalt auf Lebenszeit. Wie Sie wahrscheinlich schon wissen, ist das heute nicht mehr der Fall.

Altersvorsorgepläne, die einen Mitarbeiter auf Lebenszeit bezahlen, werden in den USA als Altersvorsorgepläne mit Leistungszusage oder

DB-Pensionspläne bezeichnet. Heute bieten nur noch sehr wenige Unternehmen diese Pläne an. Sie sind einfach zu teuer. Nach 1974 entstand eine neue Art von Altersvorsorgeplan, der beitragsorientierte (DC, *defined contribution*) Plan, eine Art Altersvorsorgeplan, bei dem der Arbeitgeber, der Arbeitnehmer oder beide regelmäßig Beiträge leisten. Heute sind solche Pläne als 401(k)s, betrieblicher steuerbegünstigter Rentenplan, IRAs (*Individual Retirement Account* – Darunter versteht man ein individuelles Alterskonto, welches wiederum eine Form der individuellen Altersvorsorge darstellt, die von vielen Finanzinstituten angeboten wird und Steuervorteile für das Altersguthaben in den Vereinigten Staaten bietet.), Keoghs (eine Art Pensionsplan für Selbstständige und kleine Unternehmen in den Staaten) et cetera bekannt. Einfach ausgedrückt, ist ein DC-Plan keine Garantie für ein Gehalt auf Lebenszeit. Sie bekommen nur zurück, was Sie und Ihr Arbeitgeber eingezahlt haben, falls Sie und Ihr Arbeitgeber überhaupt etwas einzahlen.

Die Zeitung *USA Today* fand in einer Umfrage heraus, dass die größte Angst der Amerikaner heutzutage nicht dem Terrorismus gilt, sie dreht sich darum, dass ihnen im Ruhestand das Geld ausgehen könnte. Diese allgegenwärtige Angst ist unter anderem auf die Änderung der Regeln des Geldes von 1974 zurückzuführen. Und sie ist berechtigt. Das Bildungssystem der USA stattet seine Bürger nicht mit dem finanziellen Wissen aus, das notwendig wäre, um erfolgreich für den Ruhestand zu investieren. Wenn Schulen etwas über Geld lehren, lehren sie den Kindern, ihre Girokonten nicht zu überziehen, ein paar Investmentfonds auszuwählen und Rechnungen pünktlich zu bezahlen – kaum genug finanzielle Bildung, um die finanziellen Probleme zu lösen, mit denen wir konfrontiert sind. Darüber hinaus wissen die meisten Menschen nicht, dass sich die Regeln des Geldes geändert haben und dass sie als Sparer die Verlierer sind. Die unterfinanzierte Altersvorsorge wird die nächste große US-Wirtschaftskrise hervorrufen.

Staatliche Sicherheitsnetze?

Dieser Mangel an einer sicheren finanziellen Zukunft führte zum Sozial- und Krankenversicherungssystem, staatlichen Sicherheitsnetzen, die geschaffen wurden, um finanzielle Probleme für Menschen zu lösen, die nicht wissen, wie sie ihre eigenen Probleme lösen sollen. Beide Systeme sind bankrott. Die Krankenversicherung schreibt bereits rote Zahlen. Die Sozialversicherung wird bald rote Zahlen schreiben. Im Jahr 2008 beginnen die ersten von 78 Millionen Babyboomern in den USA, in den Ruhestand zu gehen, und die meisten von ihnen haben eine zu niedrige Rente, um davon leben zu können. Nach Angaben der US-Regierung liegen die Verpflichtungen für die Sozialversicherung bei circa 10 Billionen Dollar und die Verpflichtung für die Krankenversicherung bei 64 Billionen Dollar. Wenn diese Zahlen stimmen, bedeutet das, dass die 74 Billionen Dollar, die die US-Regierung den Rentnern schuldet, mehr sind als das gesamte Geld, das an allen Aktienmärkten der Welt verfügbar ist. Dies ist ein großes Problem, das nur durch finanzielle Intelligenz gelöst werden kann. Mehr Geld in das Problem zu stecken wird es nur noch schlimmer machen. Es kann sogar das gesamte System des »komischen« Geldes zum Einsturz bringen und den Wert des Dollars näher an null treiben.

Warum die Reichen reicher werden

Dass sich die Regeln des Geldes geändert haben, dass diese Änderungen Sie ärmer machen und dass sie außerhalb Ihrer Kontrolle liegen, mag ungerecht erscheinen. Und das ist es auch. Der Schlüssel zum Reichtum ist zu erkennen, dass das System ungerecht ist, ferner die Regeln zu lernen und diese zu Ihrem Vorteil zu nutzen. Dies erfordert finanzielle Intelligenz, und finanzielle Intelligenz kann *nur* durch die Lösung finanzieller Probleme erreicht werden.

Mein reicher Vater sagte: »Die Reichen werden reicher, weil sie lernen, finanzielle Probleme zu lösen. Die Reichen sehen finanzielle Probleme als Chance zu lernen, zu wachsen, intelligenter und reicher zu werden. Die Reichen wissen, je höher ihr finanzieller IQ ist, desto größere Probleme können sie bewältigen, und desto mehr Geld verdienen sie schließlich. Anstatt davonzulaufen, sie zu meiden oder so zu tun, als gäbe es sie nicht, begrüßen die Reichen finanzielle Probleme, weil sie wissen, dass Probleme Möglichkeiten sind, klüger zu werden. Deshalb werden sie reicher.«

Wie die Armen mit Geldproblemen umgehen

Als er die Armen beschrieb, sagte mein reicher Vater: »Die Armen sehen Geldprobleme nur als Probleme. Viele fühlen sich als *Opfer des Geldes*. Viele glauben, dass sie die *Einzigen* mit Geldproblemen sind. Sie denken, wenn sie mehr Geld hätten, wären ihre Geldprobleme gelöst. Sie ahnen nicht, dass ihre Einstellung zu Geldproblemen das eigentliche Problem ist. Ihre Einstellung schafft ihre Geldprobleme. Ihre Unfähigkeit, sie zu lösen oder die Geldprobleme zu vermeiden, streckt nur ihre Geldprobleme über einen längeren Zeitraum hinweg und verstärkt sie. Anstatt reicher zu werden, werden sie ärmer. Anstatt ihren finanziellen IQ zu steigern, verschärfen die Armen nur ihre finanziellen Probleme.«

Wie die Mittelschicht mit Geldproblemen umgeht

Während die Armen Opfer von Geld sind, ist die Mittelschicht Gefangene des Geldes. Die Angehörigen der Mittelschicht beschrieb mein reicher Vater mit folgenden Worten: »Die Mittelschicht geht ihre Geldprobleme anders an. Anstatt das Geldproblem zu lösen, denken sie, dass sie ihre *Geldprobleme überlisten* können.« Die Mittelschicht gibt Geld für ihre Ausbildung aus, und um eine sichere Stelle zu bekommen. Die meisten sind klug genug, um Geld zu verdienen und eine Firewall, eine Pufferzone, zwischen ihnen und ihren Geldproblemen einzurichten. Sie kaufen ein Haus, pendeln zur Arbeit, gehen auf Nummer sicher, klettern die Karriereleiter hinauf und sparen für den Ruhestand, indem sie Aktien, Anleihen und Investmentfonds kaufen. Sie glauben, dass ihre akademische oder berufliche Ausbildung ausreicht, um sie vor der grausamen, harten Welt des Geldes zu schützen.

»Im Alter von 50 Jahren«, sagte mein reicher Vater, »entdecken viele dieser Menschen, dass sie in ihrem eigenen Büro gefangen sind. Viele sind geschätzte Mitarbeiter. Sie haben Erfahrung. Sie verdienen genug Geld und haben genügend Arbeitsplatzsicherheit. Doch tief im Inneren wissen sie, dass sie finanziell gefangen sind, und ihnen fehlt die finanzielle Intelligenz, ihrem Bürogefängnis zu entfliehen. Sie freuen sich darauf, weitere 15 Jahre zu überleben, und darauf, im Alter von 65 Jahren in den Ruhestand zu gehen und mit dem Leben anfangen zu können – mit einem schlankeren Budget natürlich.«

Mein reicher Vater meinte auch: »Die Mittelschicht denkt, dass sie ihre Geldprobleme überlistet, indem sie akademisch und professionell klug agiert. Den meisten fehlt es jedoch an finanzieller Bildung, weshalb sie dazu neigen, die finanzielle Sicherheit zu schätzen, anstatt sich finanziellen Herausforderungen zu stellen. Anstatt Unternehmer zu werden, arbeiten sie für Unternehmer. Anstatt zu investieren, übergeben sie ihr Geld an

Finanzexperten, die es verwalten sollen. Anstatt ihren finanziellen IQ zu steigern, bleiben sie beschäftigt und verstecken sich in ihren Büros.«

Wie die Reichen mit Geldproblemen umgehen

Wenn man die finanzielle Intelligenz näher betrachtet, kann man leicht erkennen, dass es *fünf Schlüsselaspekte* gibt, die ein Individuum entwickeln muss, um reich zu werden. Dieses Buch handelt von diesen fünf Aspekten der finanziellen Intelligenz.

In diesem Buch geht es auch um Integrität. Wenn die meisten Menschen an das Wort »Integrität« denken, betrachten sie es als ein ethisches Konzept. Das meine ich nicht, wenn ich das Wort verwende. Integrität ist Ganzheit. Laut dem *Webster's* (das englische Äquivalent unseres *Dudens*) ist es »die Qualität oder der Zustand der Vollständigkeit oder Unteilbarkeit«. Ein Mensch, der die fünf Aspekte der finanziellen Intelligenz gemeistert hat, über die ich in diesem Buch schreibe, hat finanzielle Integrität erreicht.

Wenn die Reichen Geldprobleme haben, nutzen sie ihre finanzielle Integrität, die sie durch jahrelange Auseinandersetzung und Lösung von Problemen mit den fünf Aspekten der finanziellen Intelligenz entwickelt haben, um diese Probleme zu lösen. Wenn die Reichen die Antwort auf ihre Geldprobleme nicht kennen, geben sie nicht auf und werfen das Handtuch. Sie suchen Experten auf, die ihnen bei der Lösung ihrer Probleme helfen können. Dabei werden sie finanziell intelligenter und sind viel besser gerüstet, um das nächste Problem zu lösen, das auftaucht. Die Reichen geben nicht auf. Sie lernen. Und durch das Lernen werden sie reicher.

Die finanziellen Probleme anderer Menschen lösen

Mein reicher Vater erklärte auch: »Viele Menschen arbeiten für reiche Menschen und lösen die Geldprobleme dieser reichen Menschen.« Ein Buchhalter zum Beispiel arbeitet, um Buch über das Geld eines reichen Menschen zu führen. Der Verkäufer verkauft die Produkte eines reichen Menschen. Der Geschäftsführer leitet das Geschäft eines reichen Menschen. Die Sekretärin geht für den Reichen ans Telefon und geht respektvoll mit den Kunden dieses Menschen um. Der Hausmeister sorgt dafür, dass die Gebäude und Maschinen der reichen Person reibungslos funktionieren. Ein Anwalt schützt die reiche Person vor anderen Anwälten und Gerichtsverfahren. Ein Steuerberater schützt das Geld der reichen Person vor Steuern. Und der Banker bewahrt das Geld der reichen Person auf.

Worauf mein reicher Vater hinauswollte, war, dass die meisten Leute daran arbeiten, die Geldprobleme anderer Leute zu lösen. Aber wer löst die Geldprobleme des Angestellten? Die meisten Menschen gehen nach Hause und stehen vor vielen Problemen, von denen Geld nur eines ist. Wenn man seine Geldprobleme zu Hause nicht löst, führt das Problem, wie Zahnschmerzen, zu weiteren Problemen.

Viele der Armen und Angehörigen der Mittelschicht arbeiten für die Reichen und scheitern dann an ihren eigenen Geldproblemen im eigenen Heim. Anstatt finanzielle Probleme als Chance zu betrachten, klüger zu werden, gehen sie nach Hause, entspannen sich im Gartenstuhl, genehmigen sich einen Drink, legen ein Steak auf den Grill und schauen fern. Am nächsten Morgen gehen sie wieder zur Arbeit, um die Probleme eines anderen zu lösen und jemand anderen reicher zu machen.

Die Lösung meines armen Vaters

Mein armer Vater versuchte, seine Geldprobleme zu lösen, indem er wieder an die Universität zurückging. Er liebte das Studium. Er war im akademischen Bereich gut und fühlte sich dort sicher. Er machte höhere Abschlüsse und erwarb sogar den Doktorgrad. Mit höheren Abschlüssen suchte er eine höher bezahlte Stelle. Er versuchte, seine Geldprobleme zu überlisten, indem er akademisch und beruflich gesehen klüger wurde, aber er schaffte es nicht, finanziell intelligenter zu werden. Er war ein gut ausgebildeter, fleißiger Mann. Leider hatte er es nicht geschafft, seine Geldprobleme zu lösen. Seine Geldprobleme wurden nur immer größer, je mehr sein Einkommen stieg, weil er finanziellen Problemen aus dem Weg ging. Er versuchte, seinen finanziellen Problemen mit akademischen und professionellen Lösungen beizukommen.

Die Lösung meines reichen Vaters

Mein reicher Vater suchte geradezu finanzielle Herausforderungen. Deshalb gründete er Unternehmen und investierte aktiv. Viele Leute dachten, er täte all dies, nur um mehr Geld zu verdienen. In Wirklichkeit tat er das alles, weil er finanzielle Herausforderungen liebte. Er suchte finanzielle Probleme, die er lösen konnte, nicht nur wegen des Geldes, sondern auch, um dadurch schlauer zu werden und seinen finanziellen IQ zu steigern. Mein reicher Vater benutzte oft das Golfspiel als Metapher, um seine Geldphilosophie zu erklären. Er sagte: »Geld ist meine Punktzahl. Mein Jahresabschluss ist meine Punktekarte. Das Geld und mein Jahresabschluss zeigen mir, wie klug ich bin und wie gut ich das Spiel spiele.«

Einfach ausgedrückt, wurde mein reicher Vater immer reicher, weil er das Geldspiel spielte – und er wollte in diesem Spiel so gut wie möglich sein. Je älter er wurde, desto besser spielte er das Spiel. Sein finanzieller IQ stieg, und das Geld strömte herein.

Das Spiel spielen

In den folgenden Kapiteln werde ich auf die fünf Aspekte der finanziellen Intelligenz eingehen, die Menschen entwickeln müssen, wenn sie ihren finanziellen IQ steigern und finanzielle Integrität erreichen wollen. Auch wenn es möglicherweise nicht einfach ist, diese fünf Aspekte der finanziellen Intelligenz zu entwickeln, und das ein Leben lang dauern kann, lautet die gute Nachricht für Sie, dass nur sehr wenige Menschen von den fünf Aspekten der finanziellen Intelligenz wissen, geschweige denn die Motivation haben, ihren finanziellen IQ zu entwickeln und ihre Punktzahl im Spiel zu verbessern. Allein durch das Wissen um diese Aspekte sind Sie besser gerüstet, Ihre Geldprobleme zu lösen, als 95 Prozent der Gesellschaft.

Ich persönlich widme meine Tage der Steigerung meiner Fähigkeiten in den fünf Aspekten der finanziellen Intelligenz. Für mich hört meine finanzielle Ausbildung nie auf. Am Anfang machte ich sehr unbeholfene Schritte bei der Steigerung meines finanziellen IQs, und es war schwierig – genau wie es mir beim Golfspiel erging. Es gab eine Menge Misserfolge, ich verlor viel Geld, war häufig frustriert und zweifelte oft an meinen Fähigkeiten.

Zuerst verdienten meine Klassenkameraden mehr Geld als ich. Heute verdiene ich viel mehr Geld als die meisten meiner Klassenkameraden. Zwar genieße ich das Geld, doch ich arbeite hauptsächlich wegen der Herausforderung. Ich liebe es zu lernen. Ich arbeite, weil ich das Spiel des Geldes liebe, und ich will in diesem Spiel so gut wie möglich sein. Ich hätte schon vor langer Zeit in den Ruhestand gehen können. Ich habe mehr als genug Geld. Aber was würde ich tun, wenn ich mich zur Ruhe setzen würde? Golf spielen? Golf ist nicht mein Spiel. Golf ist für mich ein Zeitvertreib. Geschäfte, Geld investieren und Geld verdienen sind mein Spiel. Ich liebe mein Spiel. Ich spiele mit Leidenschaft. Wenn ich mich also zurückziehen würde, würde ich meine Leidenschaft verlieren, und was ist das Leben ohne Leidenschaft?

Wer sollte das Spiel des Geldes spielen?

Denke ich, dass jeder dieses Geldspiel spielen sollte? Meine Antwort ist: *Ob es Ihnen gefällt oder nicht, jeder spielt bereits bei diesem Spiel des Geldes mit.* Ob reich oder arm, wir alle sind in das Geldspiel verwickelt. Der Unterschied ist, dass sich einige Leute bei diesem Spiel mehr Mühe geben, die Regeln kennen und sie mehr als andere zu ihrem Vorteil nutzen. Einige Menschen sind engagierter, leidenschaftlicher und haben sich stärker dem Lernen und Gewinnen verschrieben. Bei diesem Geldspiel spielen die meisten Menschen – wenn sie überhaupt merken, dass sie spielen –, um nicht zu verlieren, anstatt um zu gewinnen.

Da wir sowieso alle in das Geldspiel verwickelt sind, sollten wir uns besser folgende Fragen stellen:

- Studieren Sie das Geldspiel?
- Sind Sie entschlossen, das Spiel zu gewinnen?
- Sind Sie leidenschaftlich am Lernen interessiert?
- Sind Sie bereit, Ihr Bestes zu geben?
- Wollen Sie so reich wie möglich werden?

Wenn Sie diese Fragen mit Ja beantwortet haben, dann lesen Sie weiter. Dieses Buch ist für Sie. Wenn nicht, gibt es einfachere Bücher zum Lesen und einfachere Spiele zum Spielen. Denn genau wie im Golfspiel gibt es viele professionelle Golfer, aber nur wenige *reiche* professionelle Golfer.

Zusammenfassung

In den Jahren 1971 und 1974 änderten sich die Regeln des Geldes. Diese Veränderungen haben weltweit massive finanzielle Probleme verursacht, deren Lösung eine höhere finanzielle Intelligenz erfordert. Leider haben sich unsere Regierung und unsere Schulen diesen Veränderungen und Problemen nicht angenommen. Die finanziellen Probleme sind also heute monströs. Im Laufe meines Lebens wandelte sich Amerika vom reichsten Land der Welt zur größten Schuldnernation.

Viele Menschen hoffen, dass die Regierung ihre finanziellen Probleme lösen wird. Ich weiß nicht, wie die Regierung Ihre Probleme lösen können soll, wenn sie ihre eigenen Geldprobleme nicht lösen kann. Meiner Meinung nach liegt es an jedem Einzelnen, seine eigenen Probleme zu lösen. Die gute Nachricht ist, dass Sie, wenn Sie Ihre eigenen Probleme lösen, intelligenter und reicher werden.

Die Lektion, die man sich aus diesem Kapitel merken sollte, lautet, dass wir alle, ob reich oder arm, Geldprobleme haben. Der einzige Weg, reich zu werden und Ihre finanzielle Intelligenz zu steigern, ist die aktive Beteiligung an der Lösung Ihrer Geldprobleme.

Die Unter- und Mittelschicht neigen dazu, Geldprobleme zu vermeiden oder so zu tun, als hätten sie keine.

Das Problem mit dieser Einstellung ist, dass ihre Geldprobleme bestehen bleiben und ihre finanzielle Intelligenz nur langsam wächst, wenn überhaupt.

Die Reichen stellen sich ihren finanziellen Problemen. Sie wissen, dass diese Strategie sie intelligenter macht und ihren finanziellen IQ steigert, mit dessen Hilfe sie ihre finanziellen Probleme lösen können. Die Reichen wissen, dass es die finanzielle Intelligenz ist, nicht das Geld, die einen letztendlich reich macht.

Das Problem der Unter- und Mittelschicht ist, dass sie nicht genug Geld haben. Die Reichen haben das Problem, zu viel Geld zu haben. Beides sind echte und legitime Probleme. Die Frage ist, welches Problem wollen Sie? Wenn Sie das Problem haben wollen, zu viel Geld zu haben, lesen Sie weiter.

Kapitel 2

Die fünf Aspekte des finanziellen IQs

Es gibt fünf grundlegende Aspekte des finanziellen IQs. Diese sind:

1. Aspekt des finanziellen IQs: Mehr Geld verdienen.
2. Aspekt des finanziellen IQs: Ihr Geld schützen.
3. Aspekt des finanziellen IQs: Budgetierung Ihres Geldes.
4. Aspekt des finanziellen IQs: Nutzen Sie die Hebelwirkung.
5. Aspekt des finanziellen IQs: Verbesserte Informationsverarbeitung.

Was ist der Unterschied zwischen finanzieller Intelligenz und dem finanziellen IQ?

Die meisten von uns wissen, dass eine Person mit einem geistigen IQ von 130 angeblich klüger ist als eine Person mit einem IQ von 95. Die gleichen Parallelen lassen sich auch mit dem finanziellen IQ ziehen. Sie können geradezu ein Genie sein, wenn es um akademische Intelligenz geht, aber so gut wie ein Volltrottel, wenn es um finanzielle Intelligenz geht.

Oft werde ich gefragt: »Worin besteht der Unterschied zwischen finanzieller Intelligenz und dem finanziellen IQ?« Meine Antwort lautet: »Finanzielle Intelligenz ist der Teil unserer geistigen Intelligenz, den wir zur Lösung unserer finanziellen Probleme nutzen. Der finanzielle IQ ist das Maß für diese Intelligenz. Auf diese Art drücken wir unseren finanziellen Wissensstand in Zahlen aus. Wenn ich zum Beispiel 100.000 Dollar verdiene und 20 Prozent an Steuern zahle, habe ich einen höheren finanziellen IQ als jemand, der 100.000 Dollar verdient und 50 Prozent Steuern dafür bezahlt.« In diesem Beispiel hat jemand, der netto nach Abzug der Steuern 80.000 Dollar verdient, einen höheren finanziellen IQ als jemand anderes, der netto nach Abzug der Steuern 50.000 Dollar übrig hat. Beide haben finanzielle Intelligenz. Wer mehr Geld behält, hat einen höheren finanziellen IQ.

Das Maß von finanzieller Intelligenz

1. Aspekt des finanziellen IQs: Mehr Geld verdienen. Die meisten von uns haben genug finanzielle Intelligenz, um Geld zu verdienen. Je mehr Geld Sie verdienen, desto höher ist der erste Aspekt Ihres finanziellen IQs zu bewerten. Mit anderen Worten, jemand, der 1 Million Dollar pro Jahr verdient, hat einen messbar höheren ersten Aspekt des finanziellen IQs als jemand, der 30.000 Dollar pro Jahr verdient. Und wenn zwei Menschen jeweils 1 Million Dollar im Jahr verdienen und einer weniger Steuern zahlt als der andere, hat dieser Mensch einen höheren finanziellen IQ, weil er näher am Ziel der finanziellen Integrität ist, da er auch den zweiten Aspekt des finanziellen IQs einsetzt: Ihr Geld schützen.

Wir alle wissen, dass jemand einen hohen akademischen IQ haben und im Klassenzimmer ein Genie sein kann, aber nicht in der Lage, viel Geld in der realen Welt zu verdienen. Mein armer Vater, ein großartiger Lehrer und ein fleißiger Mann, hatte einen hohen akademischen IQ, aber einen niedrigen finanziellen IQ. Er erbrachte hervorragende Leistungen in der wissenschaftlichen Welt, schnitt aber in der Geschäftswelt schlecht ab.

2. Aspekt des finanziellen IQs: Ihr Geld schützen. Eine einfache Wahrheit ist, dass die Welt darauf aus ist, Ihnen Ihr Geld wegzunehmen. Aber nicht alle, die Ihnen Ihr Geld wegnehmen, sind Gauner oder Verbrecher. Einer der größten finanziellen Räuber unseres Geldes sind Steuern. Die Regierungen nehmen sich unser Geld auf legalem Weg.

Wenn jemand einen niedrigen Wert im Bereich des zweiten Aspekts des finanziellen IQs hat, zahlt er mehr Steuern. Ein Beispiel für den zweiten Aspekt des finanziellen IQs ist jemand, der 20 Prozent Steuern bezahlt, im Vergleich zu jemandem, der 35 Prozent Steuern bezahlt. Wer weniger Steuern zahlt, hat einen messbar höheren finanziellen IQ.

3. Aspekt des finanziellen IQs: Budgetierung Ihres Geldes. Ihr Geld zu budgetieren erfordert jede Menge finanzielle Intelligenz. Viele Menschen gehen mit Geld um wie ein armer Mensch und nicht wie ein reicher. Viele Menschen verdienen viel Geld, aber es gelingt ihnen nicht, viel Geld zu behalten, einfach weil sie schlecht damit haushalten. Wenn zum Beispiel jemand jährlich 70.000 Dollar verdient und dieses Geld auch ausgibt, hat er damit einen niedrigeren Wert im Bereich des dritten Aspekts des finanziellen IQs als jemand, der 30.000 Dollar verdient und in der Lage ist, mit 25.000 Dollar gut zu leben und 5.000 Dollar zu investieren. Es erfordert ein hohes Maß an finanzieller Intelligenz, gut zu leben und trotzdem investieren zu können, egal, wie viel man verdient. Dieser Überschuss muss aktiv geplant werden. Darauf werden wir uns später im Detail konzentrieren.

4. Aspekt des finanziellen IQs: Nutzen Sie die Hebelwirkung. Nachdem Sie einen Überschuss eingeplant haben, besteht die nächste finanzielle Herausforderung darin, Ihr überschüssiges Geld gewinnbringend einzusetzen. Die meisten Menschen bewahren ihren finanziellen Überschuss bei einer Bank auf. Das war bis zum Jahre 1971 eine kluge Idee – bis der Dollar zur Leitwährung wurde. Nach 1974 mussten die Arbeitnehmer für ihren eigenen Ruhestand sparen. Millionen von Arbeitnehmern wussten nicht, in was sie investieren sollten, und so investierten sie ihren finanziellen Überschuss in ein gut diversifiziertes Portfolio mit Investmentfonds, in der Hoffnung, dass ihr Geld auf diese Weise gewinnbringend eingesetzt würde.

Nun sind Sparen und ein diversifiziertes Investmentfondsportfolio eine Art Hebelwirkung für das Geld, aber es gibt bessere Möglichkeiten, Ihr Geld gewinnbringend einzusetzen. Wenn man ehrlich ist, muss man zugeben, dass es nicht besonders viel finanzielle Intelligenz braucht, um Geld zu sparen und in Investmentfonds zu investieren. Sie können einen Affen trainieren, Geld zu sparen und in Investmentfonds zu investieren. Aus diesem Grund sind die Renditen für diese Anlageinstrumente historisch niedrig.

Der vierte Aspekt des finanziellen IQs wird als *Return on Investment* gemessen. Zum Beispiel hat jemand, der 50 Prozent Rendite mit seinem Geld erwirtschaftet, einen höheren Wert beim vierten Aspekt des finanziellen IQs als jemand, der 5 Prozent damit erwirtschaftet. Und jemand, der 50 Prozent Rendite steuerfrei mit seinem Geld erwirtschaftet, hat einen höheren finanziellen IQ als eine Person, die 5 Prozent erwirtschaftet und 35 Prozent Steuern auf diese 5 Prozent Rendite zahlt.

Noch eine Sache. Viele Menschen sind der Meinung, dass höhere Investmentrenditen ein höheres Maß an Risiko erfordern. Das ist nicht wahr. Später in diesem Buch werde ich erklären, wie ich außergewöhnliche Renditen erziele und sehr wenig, wenn überhaupt, Steuern zahle, und das alles mit sehr geringem Risiko. Es ist aus meiner Sicht viel riskanter, ein gut diversifiziertes Investmentfondsportfolio und Ersparnisse bei der Bank zu haben, als das, was ich mache. Es ist alles eine Sache der finanziellen Intelligenz.

5. Aspekt des finanziellen IQs: Verbesserte Informationsverarbeitung. Es gibt ein geflügeltes Wort, das besagt: »Du musst lernen zu gehen, bevor du rennen kannst.« Das trifft auch auf finanzielle Intelligenz zu. Bevor Menschen lernen können, wie sie mit ihrem Geld außergewöhnlich hohe Renditen erzielen können (vierter Aspekt des finanziellen IQs: Nutzen Sie die Hebelwirkung), müssen sie gehen lernen, das heißt sich die Grundlagen und die Grundbegriffe finanzieller Intelligenz aneignen.

So viele Menschen haben mit dem vierten Aspekt des finanziellen IQs: Ihr Geld gewinnbringend einsetzen, Schwierigkeiten, weil ihnen beigebracht wird, ihr Geld an Finanz-»Experten« wie ihren Banker oder Fondsmanager zu übergeben. Wenn Sie Ihr Geld Finanzexperten überlassen, haben Sie jedoch das Problem, dass Sie dabei weder etwas lernen noch Ihre finanzielle Intelligenz steigern und erst recht nicht Ihr eigener Finanzexperte werden. Wenn jemand anderes Ihr Geld verwaltet und Ihre finanziellen Probleme löst, haben Sie praktisch keine Chance, in Sachen Finanzen intelligenter zu werden. In Wirklichkeit belohnen Sie stattdessen andere Menschen für ihre finanzielle Intelligenz, und zwar mit Ihrem Geld!

Es ist einfach, Ihre finanzielle Intelligenz zu steigern, wenn Sie über eine solide Grundlage an finanziellem Know-how verfügen. Aber wenn Ihr finanzieller IQ niedrig ist, dann können neue Informationen aus dem Gebiet der Finanzen verwirrend sein und scheinbar wenig Wert haben. Erinnern Sie sich an mein Beispiel mit den Mathegenies, die trotzdem bei 2 + 2 anfangen müssen? Kontinuierlich an Ihrer finanziellen Bildung zu arbeiten hat den Vorteil, dass Sie im Laufe der Zeit immer besser in der Lage sein werden, komplexere finanzielle Zusammenhänge zu erfassen. Genau wie Mathematiker nach jahrelangem Lösen von mathematischen Problemen in der Lage sind, komplexe Gleichungen zu erstellen. Aber auch hier müssen Sie zuerst laufen lernen, bevor Sie rennen können.

Die meisten von uns waren schon mal in einem Kurs, einem Vortrag oder Gespräch, in dem die Informationen unseren Horizont überstiegen. Oder wir waren in einem Kurs, in dem die Inhalte so kompliziert waren, dass der Versuch, das Gesagte zu begreifen, uns Kopfschmerzen bereitete. Das bedeutet, dass entweder der Lehrer grottenschlecht ist oder der Schüler etwas mehr grundlegende Informationen benötigt.

Ich für meinen Teil schneide ziemlich gut ab, was finanzielles Know-how angeht. Nach jahrelangem Studium kann ich in einem Raum sitzen und die meisten Finanzkonzepte verstehen. Doch wenn es um Technologie geht, bin ich ein Technosaurus Rex. Ich bin ein Dinosaurier. Ich kann gerade so ein Handy benutzen oder einen Computer einschalten. Fast alles, was mit Technologie zu tun hat, übersteigt meinen Horizont. Wenn es um den technologischen IQ geht, ist meiner auf dem niedrigsten Level. Der Punkt ist, dass wir alle irgendwo anfangen müssen. Wenn ich versuchen würde, einen Kurs über Webseitengestaltung zu besuchen, wäre ich in ernsthaften Schwierigkeiten. Sie müssen lernen, wie man den Computer einschaltet, bevor Sie versuchen können, Webseiten zu gestalten! Das grundlegende Informationsniveau, das für den Erfolg in dem Kurs erforderlich ist, wäre zu hoch für mich.

Meine Aufgabe in diesem Buch ist es, finanzielle Information so einfach wie möglich darzubieten. Meine Aufgabe ist es, das finanzielle Verständnis für einige sehr komplexe finanzielle Strategien zu fördern. Ich verspreche Ihnen, dass ich in diesem Buch nur über Dinge schreibe, die ich getan habe oder gerade tue. Wie Sie wissen, gibt es viele Lehrer und Autoren, die Ihnen sagen, was Sie tun sollten, aber selbst nicht tun, was sie Ihnen raten. Viele Finanzexperten und Lehrer wissen nicht wirklich, ob das, worüber sie reden oder schreiben, tatsächlich funktioniert. Mit anderen Worten, viele Menschen versäumen es, *ihren Worten Taten* folgen zu lassen.

Zum Beispiel empfehlen viele Finanzexperten, Geld zu sparen und in ein gut diversifiziertes Portfolio von Investmentfonds zu investieren. Das Problem mit diesem Rat ist, dass die meisten Berater nicht wissen, ob ihre Empfehlung im Laufe der Zeit gewinnbringend sein wird. Es klingt gut. Es ist einfach umzusetzen. Es erfordert nicht viel finanzielle Intelligenz, dieser Empfehlung zu folgen. Meine Frage ist: »Wird die Empfehlung funktionieren?« Wird der Finanzberater Ihnen garantieren, dass diese Strategie Sie finanziell absichert? Was, wenn der Dollar auf null fällt und Ihre Ersparnisse ausradiert? Was wäre, wenn die Börse wie 1929 zusammenbricht? Wird ein gut diversifiziertes Investmentfondsportfolio eine Börsenpanik und einen Crash überstehen? Was, wenn die Inflation in die Höhe schießt, weil die Kaufkraft des Dollars sinkt und ein Liter Milch 100 Dollar kostet? Könnten Sie es sich leisten? Was wäre, wenn die US-Regierung die Sozial- und Krankenversicherungskosten ihrer älteren Menschen nicht übernehmen könnte?

Ich schrecke jedes Mal zurück, wenn ich höre, wie ein Finanzexperte rät: »Sparen Sie Geld und investieren Sie in ein gut diversifiziertes Portfolio von Investmentfonds.« Ich möchte diesen Experten fragen: »Garantieren

Sie, dass diese Finanzstrategie funktionieren wird? Garantieren Sie, dass diese Finanzstrategie mich und meine Familie für den Rest unseres Lebens finanziell absichert?« Wenn der Finanzberater ehrlich ist, muss er sagen: »Nein. Ich kann nicht garantieren, dass das, was ich Ihnen rate, was Sie mit Ihrem Geld tun sollten, Sie finanziell absichern wird.«

Auch ich kann nicht garantieren, dass das, was ich empfehle, Ihnen und Ihrer Familie für die Zukunft finanzielle Sicherheit bietet. Es gibt einfach zu viele Veränderungen und Überraschungen. Die Welt verändert sich zu schnell. Die Regeln haben sich geändert und ändern sich ständig weiter. Die Ausweitung der Technologie verwandelt arme Nationen in finanzstarke Mächte, schafft mehr reiche Menschen und mehr arme sowie größere finanzielle Probleme und mehr Möglichkeiten.

Ich schreibe und erzeuge Finanzprodukte und hebe die Bedeutung der fünf Aspekte der finanziellen Intelligenz deshalb hervor, weil ich glaube, dass die USA und die ganze Welt vor einem wirtschaftlichen Umbruch stehen, wie wir ihn noch nie erlebt haben. Es gab zu viele finanzielle Probleme, die ungelöst blieben. Anstatt sie mithilfe von finanzieller Intelligenz zu lösen, haben wir »komisches« Geld hineingepumpt. Wir haben alte Ideen genutzt, um moderne Probleme zu lösen. Die Verwendung alter Ideen zur Lösung neuer Probleme schafft nur größere und neuere Probleme. Deshalb halte ich die fünf Aspekte der finanziellen Intelligenz für wichtig. Wenn Sie diese fünf Aspekte der finanziellen Intelligenz entwickeln, haben Sie bessere Chancen, in einer sich schnell verändernden Welt erfolgreich zu sein. Sie werden in der Lage sein, Ihre eigenen Probleme besser zu lösen und Ihre finanzielle Intelligenz zu steigern.

Meinen Worten Taten folgen lassen

Ich möchte Ihnen versichern, dass ich nur darüber schreibe, was ich tue oder getan habe. Deshalb ist ein Großteil dieses Buches in Form einer Geschichte geschrieben und nicht als Finanztheorie. Das bedeutet nicht, dass ich Ihnen empfehle, genau das zu tun, was ich tue, noch bedeutet es, dass das, was ich tue, für Sie funktionieren wird. Ich möchte Ihnen einfach meine Erfahrungen mitteilen, von einer Reise zur Lösung finanzieller Probleme erzählen, die bis heute andauert. Ich teile mit Ihnen, was ich gelernt habe, mit der Absicht, dass es Ihnen helfen wird, Ihren eigenen fünften Aspekt des finanziellen IQs zu steigern: Die Verbesserung Ihres finanziellen Know-hows.

Ich weiß auch, dass ich nicht alle Antworten habe. Ich weiß nicht, ob ich eine massive finanzielle Katastrophe überleben könnte. Was ich allerdings weiß, ist, dass, egal welche Probleme oder Herausforderungen die Zukunft mit sich bringt, ich sie einfach als Chance betrachten werde, schlauer zu werden und meinen finanziellen IQ zu steigern. Anstatt in Panik zu geraten, glaube ich, dass ich mich aufgrund meiner finanziellen Intelligenz anpassen und erfolgreich sein kann. Ich wünsche Ihnen dasselbe. Aus diesem Grund wurden die Rich Dad Company und ihre Produkte und Programme geschaffen. Es geht nicht darum, die richtigen finanziellen *Antworten* zu haben, es geht darum, die richtigen finanziellen *Fähigkeiten* zu entwickeln. Wie mein reicher Vater sagte: »*Antworten* stammen aus der Vergangenheit, und *Fähigkeiten* kreieren eine Zukunft.«

Wir haben unterschiedliche IQs

Wir sind alle verschieden. Wir haben unterschiedliche Interessen und Abneigungen. Wir haben unterschiedliche Stärken und Schwächen. Wir haben verschiedene Begabungen und Talente.

Ich sage das, weil ich nicht glaube, dass finanzielle Intelligenz die wichtigste oder die einzige Intelligenz ist. Finanzielle Intelligenz ist einfach eine Intelligenz, die wir alle brauchen, da wir in einer Welt des Geldes leben – genauer gesagt, in einer Welt der Währung. Wie mein reicher Vater sagte: »Reich oder arm, klug oder nicht klug, wir alle benutzen Geld.«

Es gibt viele wichtige Arten von Intelligenz, wie zum Beispiel die medizinische Intelligenz. Jedes Mal, wenn ich meinen Arzt aufsuche, bin ich dankbar, dass er sein Leben der Entwicklung seiner Intelligenz und seiner Gabe gewidmet hat. Ich bin auch froh, dass ich genug Geld und Versicherungen habe, um für die Lösung aller medizinischen Herausforderungen, denen ich gegenüberstehe, zu bezahlen. Dazu sagte mein reicher Vater: »Geld ist nicht das Wichtigste im Leben, aber Geld beeinflusst alles, was wichtig ist.« Wenn man darüber nachdenkt, beeinflusst Geld unseren Lebensstandard, unsere Gesundheit und unsere Bildung. Studien zeigen, dass arme Menschen eine schlechtere Gesundheit, eine schlechtere Bildung und eine kürzere Lebensdauer haben.

Bevor wir mit der Entwicklung der fünf Aspekte unserer finanziellen Intelligenz fortfahren, *möchte ich klarstellen, dass ich nicht glaube, dass finanzielle Intelligenz die wichtigste aller Intelligenzen ist.* Geld ist nicht das Wichtigste im Leben. Doch wenn Sie innehalten und darüber nachdenken, beeinflusst Ihre finanzielle Intelligenz viele Dinge, die für Sie und Ihr Leben wichtig sind.

Andere Arten von Intelligenz

Heute gibt es eine Reihe verschiedener Intelligenzen, die wir brauchen, um in der Gesellschaft zu überleben und Erfolg zu haben. Drei wichtige Intelligenzen sind:

1. **Akademische Intelligenz.** Akademische Intelligenz ist unsere Fähigkeit zu lesen, zu schreiben, zu rechnen und Daten zu berechnen. Das ist eine sehr wichtige Intelligenz. Wir nutzen diese Intelligenz, um Probleme zu lösen, wie zum Beispiel zu wissen, wo und wann ein Hurrikan auf die Küste treffen könnte und welche Art von Schaden zu erwarten ist.

2. **Berufliche Intelligenz.** Dies ist die Intelligenz, mit der wir eine Fertigkeit erwerben und Geld verdienen. Zum Beispiel wird ein Arzt Jahre damit verbringen, diese sehr wichtige Intelligenz zu entwickeln. Die Fähigkeiten eines Arztes bringen ihm ein beträchtliches Einkommen und lösen die Probleme vieler Menschen.

Einfach ausgedrückt, ist berufliche Intelligenz die Intelligenz, mit der wir die Probleme anderer Menschen lösen, und diese sind bereit, für unsere Lösungen Geld zu zahlen. Wenn mein Auto kaputt ist, bezahle ich sehr gern den Automechaniker, der mein Auto repariert. Ich bin auch sehr gern bereit, meiner Haushälterin Geld zu bezahlen. Sie löst ein sehr großes Problem für meine Frau und mich. Sie ist wichtig in unserem Leben.

In meinem Unternehmen habe ich verschiedene Mitarbeiter, die verschiedene Aspekte meiner Unternehmen managen. Diese Menschen verfügen in der Regel über eine hohe soziale und eine hohe technische Kompetenz. Sie und ihre unterschiedlichen Intelligenzen sind für meine Geschäfte von entscheidender Bedeutung. Eine wichtige Lektion meines reichen Vaters war, dass unterschiedliche Unternehmen unterschiedliche technische Intelligenzen erfordern. Zum Beispiel brauche ich in der Rich Dad Company Menschen mit exzellenten unternehmerischen und sozialen Kompetenzen. In meinen Immobilienunternehmen brauche ich Menschen mit technischen Fähigkeiten, wie zum Beispiel Sanitär- und Elektrofachleute.

3. **Gesundheitsintelligenz.** Gesundheit und Wohlstand sind miteinander verbunden. Die Gesundheitsversorgung und damit die Gesundheit entwickelt sich schnell zum größten Problem unserer gesamten Welt. Das amerikanische Sozialversicherungssystem ist allein auf 10 Billionen Dollar angewiesen. Die staatliche Krankenkasse hingegen benötigt *64 Billionen Dollar.* Wie Sie wissen, gibt es viele Menschen, die reich werden, indem sie andere Menschen krank machen. Die Branchen Junkfood, Erfrischungsgetränke, Zigaretten, Alkohol und Medikamente sind nur einige Beispiele dafür. Und die Kosten dieser gesundheitlichen Probleme werden in Form von Steuern an Sie und mich weitergegeben.

Vor ein paar Monaten war ich in einem Jugendverein, um mich dort am Finanz-Bildungs-Programm zu beteiligen. Es war eine aufschlussreiche Erfahrung. Im Gespräch mit dem dort beschäftigten Zahnarzt erfuhr ich, dass der Hauptgrund, warum Kinder in der Innenstadt in der Schule fehlen, Zahnschmerzen sind. Die Ursache der Zahnschmerzen sind zuckerhaltige Getränke und ein Mangel an Zahnärzten. Dies führt zu einer schlechten Gesundheit und Fettleibigkeit, die zu Diabetes führen kann. Ich persönlich finde es traurig, dass die USA Milliarden für Kriegsführung ausgeben, jedoch nicht für alle Kinder Aufklärung über die Gesundheit und Gesundheitsversorgung bieten.

Ich will hier herausstellen, dass wir verschiedene Arten von Bildung und Intelligenz brauchen, um in dieser schönen neuen Welt, in der wir leben, erfolgreich zu sein. Obwohl ich nicht glaube, dass finanzielle Intelligenz die wichtigste Intelligenz ist, beeinflusst sie doch alles, was uns tatsächlich wichtig ist.

Nicht jeder braucht finanzielle Intelligenz

Wenn Sie das Glück haben, ein Vermögen geerbt zu haben, brauchen Sie nicht viel finanzielle Intelligenz – solange Sie Leute einstellen, die diese besitzen. Wenn es Ihr Plan ist, des Geldes wegen zu heiraten, brauchen Sie ebenfalls keine große finanzielle Intelligenz. Oder wenn Sie mit einem besonderen Talent geboren wurden und die Welt Sie bereits in jungen Jahren mit Geld überschüttet, brauchen Sie auch nicht viel finanzielle Intelligenz – es sei denn, Sie heißen MC Hammer.

Darüber hinaus benötigen Sie keine große finanzielle Intelligenz, wenn Sie vorhaben, für die Regierung zu arbeiten und eine Rente auf Lebenszeit zu erhalten, oder wenn Sie für ein altes Unternehmen aus dem Industriezeitalter arbeiten, wie General Motors, das noch einen leistungsorientierten Pensionsplan hat, der Ihnen ein Gehalt auf Lebenszeit und medizinische Leistungen garantiert.

Wenn Sie wie die meisten Menschen sind, brauchen Sie finanzielle Intelligenz, um in der heutigen Welt zu überleben, auch wenn Sie vorhaben, vom Sozialversicherungssystem und der staatlichen Krankenversicherung zu leben. In der Tat brauchen Sie eine Menge finanzielles Know-how, wenn Sie vorhaben, von einem so kleinen Geldbetrag zu leben.

Wer braucht den größten IQ?

Wenn wir den unten abgebildeten CASHFLOW-Quadranten genauer betrachten, wird es einfacher zu verstehen sein, wer den größten finanziellen IQ benötigt.

Für diejenigen, die mein zweites Buch der Rich-Dad-Serie, *Rich Dads CASHFLOW-Quadrant*, vielleicht nicht gelesen haben, werde ich ihn kurz erklären. Im CASHFLOW-Quadranten geht es um die vier verschiedenen Personengruppen, die die Welt des Geldes ausmachen.

E steht für Angestellter (englisch: *employee*).
S steht für Selbstständige.
B steht für Großunternehmer mit 500 und mehr Mitarbeitern.
I steht für Investor.

Menschen, deren Berufsweg im E-Quadranten liegt, denken vielleicht, dass sie nicht viel finanzielle Intelligenz benötigen. Das Gleiche gilt für diejenigen im S-Quadranten.

Mein armer Vater war für die meiste Zeit seines Lebens Lehrer im E-Quadranten. Er legte nicht viel Wert auf finanzielle Intelligenz – so lange, bis er seine Stelle verlor und in die Geschäftswelt eintrat. In weniger als einem Jahr waren seine Ersparnisse und seine Rente weg. Hätte er keine Sozial- und Krankenversicherung gehabt, wäre er in ernsten finanziellen Schwierigkeiten gewesen.

Meine Mutter war Krankenschwester und wollte, dass ich Arzt werde. Sie wusste, dass ich reich sein wollte, und die reichsten Menschen, die sie kannte, waren Ärzte. Sie wollte, dass ich meinen Platz im S-Quadranten einnehme. Natürlich war das zu der Zeit, bevor die Berufshaftpflichtversicherung für Ärzte horrende Summen kostete, damit sie im Fall von Kunstfehlern abgesichert waren. Als Krankenschwester sah sie auch hier keinen großen Bedarf an finanzieller Intelligenz. Ihre Lösung für mich war, einfach eine hochbezahlte Stelle anzunehmen. Wie Sie wissen, gibt es viele Menschen mit hochbezahlten Stellen, die kein Geld haben.

Wenn Sie Unternehmer sein wollen, der ein Unternehmen im B-Quadranten aufbaut, oder ein professioneller Investor im I-Quadranten, geht das nicht ohne finanzielle Intelligenz. Für diejenigen in den Quadranten B und I ist finanzielle Intelligenz unerlässlich, weil es die Intelligenz ist, die für ihr Einkommen sorgt. Für diejenigen im B- und I-Quadranten gilt: Je höher ihre finanzielle Intelligenz, desto höher ihr Einkommen.

Mein reicher Vater sagte zu mir: »Du kannst ein erfolgreicher Arzt und trotzdem arm sein. Du kannst auch ein erfolgreicher Lehrer sein und trotzdem ist es möglich, arm zu sein. Aber du kannst nicht ein erfolgreicher Unternehmer oder Investor und gleichzeitig arm sein. Der Erfolg in den Quadranten B und I wird in Geld gemessen. Deswegen ist finanzielle Intelligenz so wichtig.«

Zusammenfassung

Nach 1971 verwandelte sich der Dollar in eine Währung. Im Jahr 1974 hörten die Unternehmen auf, ihren Mitarbeitern einen lebenslangen Gehaltsscheck zu zahlen. Infolge dieser beiden großen Veränderungen wurde die finanzielle Intelligenz wichtiger denn je. Während finanzielle Intelligenz für jeden wichtig ist, ist sie für bestimmte Personen noch wichtiger, insbesondere für diejenigen, die planen, ihren gesellschaftlichen Platz in den Quadranten B und I einzunehmen.

Unsere Schulsysteme bringen den Schülern nicht viel über Geld bei, weil die meisten Lehrer im E-Quadranten arbeiten und somit unsere Schulen die Menschen auf den E- und S-Quadranten vorbereiten. Wenn Sie planen, aus den Quadranten B und I heraus zu agieren, dann sind die fünf Aspekte der finanziellen Intelligenz unerlässlich für Sie, und diese werden Ihnen nicht in der Schule beigebracht.

Zusammenfassend sind die fünf finanziellen IQs:

1. Aspekt des finanziellen IQs: Mehr Geld verdienen.
2. Aspekt des finanziellen IQs: Ihr Geld schützen.
3. Aspekt des finanziellen IQs: Budgetierung Ihres Geldes.
4. Aspekt des finanziellen IQs: Nutzen Sie die Hebelwirkung.
5. Aspekt des finanziellen IQs: Verbesserte Informationsverarbeitung.

Finanzielle Intelligenz ist die Intelligenz, mit der wir unsere speziellen finanziellen Probleme lösen, und der finanzielle IQ misst oder beziffert unsere Ergebnisse. Und nun zum ersten Aspekt des finanziellen IQs: Mehr Geld verdienen.

Kapitel 3

Der 1. Aspekt des finanziellen IQ: Mehr Geld verdienen

Nach vier Jahren an der amerikanischen Handelsflottenakademie in Kings Point, New York, machte ich im Jahr 1969 meinen Abschluss und trat meine erste Stelle bei Standard Oil of California an, bei der ich auf Öltankern mitfuhr. Ich war ein dritter Offizier und zwischen Kalifornien, Hawaii, Alaska und Tahiti unterwegs. Es war eine tolle Arbeit bei einem tollen Unternehmen. Ich arbeitete nur sieben Monate und hatte danach fünf Monate Zeit, die Welt zu erkunden. Dementsprechend war die Bezahlung mit etwa 47.000 Dollar pro Jahr ziemlich gut – das entspricht heute 140.000 Dollar.

Ein Gehalt von 47.000 Dollar war im Jahr 1969 eine Menge Geld für einen Berufsanfänger. Das ist es auch heute noch. Doch im Vergleich zu einigen meiner Klassenkameraden war mein Gehalt ziemlich niedrig. Sie starteten ihre Karriere mit 70.000 bis 150.000 Dollar pro Jahr in derselben Position. Heute entspräche das einem Einstiegsgehalt von 250.000 bis 500.000 Dollar pro Jahr. Nicht übel für 22-Jährige, die gerade das College abgeschlossen hatten.

Mein Lohn war deshalb niedriger, weil die Standard Oil nicht der Gewerkschaft für Transportunternehmen angeschlossen war. Meine Klassenkameraden, die mit einem höheren Gehalt ins Berufsleben gestartet waren, arbeiteten für einen gewerkschaftlich festgesetzten Lohn.

Nach nur vier Monaten als dritter Offizier kündigte ich meinen gut bezahlten Job bei Standard Oil und trat der Marineinfanterie bei, um im Vietnamkrieg zu kämpfen. Ich fühlte mich verpflichtet, meinem Land zu dienen. Damals taten viele meiner Freunde alles Erdenkliche, um nicht eingezogen zu werden. Viele entschlossen sich, ein Aufbaustudium zu machen, einer ging außer Landes und versteckte sich in Kanada. Andere kamen mit seltsamen Krankheiten daher und hofften, als untauglich für den Wehrdienst eingestuft und deshalb nicht eingezogen zu werden.

Ich war vom Militärdienst befreit, weil mein Arbeitsplatz der offensiven Verteidigungsgüterindustrie zugeordnet war. Da Öl für den Krieg unentbehrlich ist und ich für eine Ölgesellschaft arbeitete, konnte die Einberufungsbehörde mich nicht verpflichten. Ich musste den Wehrdienst nicht verweigern, wie es meine Freunde taten. Viele meiner Freunde waren überrascht, als ich mich freiwillig meldete. Es war ganz allein meine Entscheidung gewesen.

Dies war nicht der schwierigste Teil meiner Entscheidung, in den Krieg zu ziehen und zu kämpfen. Ich war bereits 1966 als Student in Vietnam gewesen, als ich in Cam Ranh Bay Frachtgeschäfte studierte. Aus meiner Sicht schien der Krieg aufregend zu sein. Ich hatte keine Angst davor zu kämpfen, zu töten und möglicherweise getötet zu werden.

Der schwierigste Teil meiner Entscheidung war die Lohnkürzung, die ich hinnehmen musste. Ein Leutnant der Marineinfanterie erhielt jährlich 2.400 Dollar. Bei Standard Oil verdiente ich in zwei Wochen so viel. Wenn man außerdem bedenkt, dass ich nur sieben Monate im Jahr mit fünf Monaten Urlaub arbeitete, gab ich viel auf. Ich verdiente knapp 7.000 Dollar pro Monat für sieben Monate und nahm dann einen fünfmonatigen Urlaub ohne Bezahlung und ohne die Angst haben zu müssen, gefeuert zu werden. Kein schlechter Deal. Es gibt viele Menschen, die diesen Deal heute annehmen würden.

Als großartiges patriotisches Unternehmen war Standard Oil sehr verständnisvoll, als ich ihnen mitteilte, dass ich meine Stelle aufgeben wollte, um meinem Land zu dienen. Daraufhin teilten sie mir mit, dass ich meinen Job wiederhaben könne, wenn ich lebendig zurückkäme. Meine Zeit im Einsatz würde auch als Dienstzeit im Unternehmen angerechnet.

Bis heute erinnere ich mich, wie ich mit diesem schrecklichen Gefühl im Bauch aus dem Büro in San Francisco gekommen bin und die Market Street entlanglief. Ich fragte mich immer wieder: Was machst du eigentlich? Bist du verrückt? Und sagte mir, dass ich nicht in diesen Krieg ziehen und kämpfen müsse. »Nach vier Jahren Ausbildung verdienst du endlich viel Geld.« Der Gedanke, dass ich von monatlich 4.000 Dollar auf 200 Dollar zurückfallen würde, ließ mich nicht los, sodass ich fast umgekehrt wäre, um mir meine Stelle zurückzuerbitten.

Ich warf einen letzten Blick auf das Standard-Oil-Gebäude und fuhr zum Ghirardelli Square, um wie ein reicher Mann in meiner Lieblingsbar, der Buena Vista, Geld auszugeben. Mit dem Gedanken, dass ich jetzt als Marinesoldat 200 Dollar im Monat bekommen würde, wusste ich, dass das meine letzte Gelegenheit sein könnte, mich wohlhabend zu fühlen und viel Geld auszugeben. Ich hatte eine Menge Geld in der Tasche und wollte es genießen.

Als Erstes gab ich in der Bar eine Runde Getränke aus. Das brachte die Party in Schwung. Später begegnete ich einer schönen jungen Frau, die sich von dem vielen Geld, das aus meinem Geldbeutel floss, angezogen fühlte. Wir tranken Wein und gingen essen. Wir lachten und weinten. In meinen Gedanken ging es wirklich nur um essen, trinken und fröhlich sein, denn morgen schon hätte ich sterben können.

Am Ende des Abends schüttelte mir die reizende junge Dame die Hand, küsste mich auf die Wange und fuhr in einem Taxi davon. Ich wollte mehr, aber sie wollte nur mein Geld. Am nächsten Morgen trat ich meine Reise von San Francisco nach Pensacola an, wo meine Flugausbildung beginnen sollte. Im Oktober 1969 meldete ich mich bei der Flugschule an. Zwei Wochen später blieb mir vor Schreck fast das Herz stehen, als ich realisierte, was nach Abzug der Steuern von den 200 Dollar übrig blieb.

Fünf Jahre später, ein Jahr davon hatte ich in Vietnam verbracht, wurde ich ehrenhaft aus der Marineinfanterie entlassen. Meine erste und direkte Herausforderung war der erste Aspekt des finanziellen IQ: Mehr Geld verdienen. Ich war 27 Jahre alt und hatte zwei großartige Berufe, auf die ich zurückgreifen konnte, einen als Schiffsoffizier und einen als Pilot.

Eine Weile überlegte ich, zu Standard Oil zurückzukehren und um meine alte Stelle zu bitten. Ich mochte Standard Oil, und ich mochte San Francisco, und auch die Bezahlung war zufriedenstellend. Ich hätte mit etwa 60.000 Dollar pro Jahr angefangen, da Standard Oil mir, wie gesagt, meine Zeit in der Marineinfanterie als Dienstzeit anrechnete.

Meine zweite Option war, mich auf eine Stelle als Pilot bei den Fluggesellschaften zu bewerben. Den meisten meiner Kollegen von der Marine wurden großartige Stellen mit einem ordentlichen Einstiegsgehalt von etwa 32.000 Dollar jährlich angeboten. Obwohl die Bezahlung nicht so gut war wie bei Standard Oil, reizte es mich, als Pilot zu arbeiten. Darüber hinaus musste, was auch immer die Fluglinien mir zahlen würden, besser sein als die 985 Dollar im Monat, die das Marine Corps mir als Pilot mit fünfjähriger Dienstzeit zahlte.

Anstatt zu Standard Oil zurückzukehren oder für die Fluggesellschaften zu fliegen, nahm ich jedoch eine Stelle bei der Xerox Corporation in der Innenstadt von Honolulu an. Mein Einstiegsgehalt betrug 720 Dollar im Monat. Wieder einmal nahm ich eine Gehaltskürzung in Kauf. Meine Freunde und Familie dachten, der Krieg hätte mich um den Verstand gebracht.

Jetzt fragen Sie sich wahrscheinlich, warum ich eine Stelle annahm, die nur 720 Dollar im Monat in einer so teuren Stadt wie Honolulu einbringt. Die Antwort liegt im Thema dieses Buches: die Steigerung meines finanziellen IQs. Ich nahm die Stelle bei Xerox nicht wegen des Gehalts an, sondern um meine finanzielle Intelligenz zu steigern – insbesondere den ersten Aspekt finanzieller Intelligenz: Mehr Geld verdienen. Ich hatte beschlossen, dass für mich der beste Weg, Geld zu verdienen, der war, als *Unternehmer* und nicht als Linienpilot oder Schiffsoffizier tätig zu sein. Ich wusste, dass ich als Unternehmer Kenntnisse im Vertrieb brauchte. Es gab nur ein Problem. Ich war ziemlich schüchtern und fürchtete mich vor Ablehnung.

Schüchternheit und mangelnde Verkaufskenntnisse waren meine Schwächen. Xerox bot professionelle Verkaufsschulungen an. Sie brauchten Verkäufer, und ich wollte Verkäufer werden. Es war also ein gutes Geschäft. Wir lösten uns gegenseitig die Probleme. Kurz nach meiner Einstellung schickte mich das Unternehmen in die Fortbildungszentrale in Leesburg, Virginia. Mein Verkaufstraining hatte offiziell begonnen.

Die vier Jahre, die ich von 1974 bis 1978 für Xerox arbeitete, waren sehr hart. In den ersten zwei Jahren war das Unternehmen mehrmals kurz davor, mich zu feuern, weil ich nicht verkaufen konnte. Ich verkaufte nicht nur nicht und lief Gefahr, meine Stelle zu verlieren, ich verdiente auch kein Geld. Es war aber mein Ziel, der Topverkäufer in der Niederlassung Honolulu zu werden, und so stellte ich mich entschlossen meinen Herausforderungen.

Nach den ersten zwei Jahren begannen sich das Verkaufstraining und die Erfahrung draußen im Feld zu amortisieren, und ich erreichte schließlich mein Ziel: die Nummer eins im Vertrieb der Niederlassung Honolulu zu werden. Ich hatte meine Schüchternheit und die Furcht vor Ablehnung abgelegt und gelernt zu verkaufen. Ich verdiente sogar noch viel mehr Geld, als ich als Schiffsoffizier oder Fluglotse verdient hätte. Wenn ich es mir nach dem Krieg einfach an einem Arbeitsplatz eingerichtet hätte, hätte ich meine Angst vor Ablehnung und meine Schüchternheit nie überwunden, und ich hätte nie die Belohnungen dafür geerntet, mich diesen Herausforderungen gestellt und sie bewältigt zu haben. Aus meinen Erfahrungen bei Xerox habe ich eine wertvolle Lektion gelernt. Die Lösung des Problems war der Weg zum Reichtum.

Als ich mein Ziel erreicht hatte und die Nummer eins im Vertrieb geworden war, kündigte ich und stellte mich der nächsten Herausforderung, ein Unternehmen aufzubauen. Jeder, der sein eigenes Unternehmen aufgebaut hat, weiß, dass das erste Problem wieder einmal der erste Aspekt des finanziellen IQs ist: Mehr Geld zu verdienen. Da ich jetzt absolut kein Einkommen mehr hatte, musste ich diesen ersten Aspekt des finanziellen IQs schnell lösen.

Bevor Sie Ihre Stelle kündigen

In meinem vor einigen Jahren erschienenen Buch *Bevor du deinen Job kündigst* habe ich über den Prozess des Aufbaus meines ersten großen Unternehmens geschrieben. Ein Unternehmen, das die ersten Nylon- und Klettverschluss-Geldbörsen für Surfer auf den Markt brachte. In diesem Buch schrieb ich über die acht Komponenten eines Unternehmens. Wenn Unternehmen scheitern und unrentabel sind, liegt das daran, dass sie die acht Elemente eines Unternehmens nicht aufweisen. Ich glaube, das ist ein sehr wichtiges Buch für jeden, der Unternehmer werden und sein eigenes Unternehmen gründen möchte. Es ist wichtig, dieses Buch zu lesen, bevor Sie Ihre Stelle kündigen.

In dem Buch schrieb ich darüber, wie mein Unternehmen innerhalb etwa eines Jahres extrem erfolgreich wurde, mich zum Millionär machte und dann plötzlich scheiterte. Ich beschrieb die Depressions- und Verlustgefühle und den starken Wunsch wegzulaufen und mich zu verstecken, nachdem das Unternehmen zusammengebrochen war. Ich war tief verschuldet und stand vor dem größten finanziellen Problem meines bisherigen Lebens.

Mein reicher Vater ermutigte mich jedoch, mich meinen Problemen zu stellen und das Unternehmen wieder aufzubauen, statt davonzulaufen und Konkurs anzumelden. Er erinnerte mich daran, dass die Lösung dieses hässlichen Problems meine finanzielle Intelligenz steigern würde. Es war einer der besten Ratschläge, die ich je erhalten habe. Obwohl schmerzhaft, war es für mich die beste Ausbildung, die ich mir hätte wünschen können, mich meinem Problem zu stellen und das Unternehmen wieder aufzubauen. Es dauerte einige Jahre, aber im Laufe dieses Prozesses steigerte ich meinen finanziellen IQ in allen fünf Aspekten und wurde ein finanziell gesehen intelligenterer Unternehmer.

Die Trümmer meines Unternehmens wieder zusammenzusetzen war meine Wirtschaftsschule. Als Erstes musste ich die acht Teile meines Unternehmens, das B-I-Dreieck, zusammenstellen. Im nächsten Schritt definierte ich mein Geschäft neu, indem ich eine Wettbewerbsnische fand. Bis 1981, dem Jahr, in dem ich das Unternehmen neu aufbaute, wurde der Markt von anderen Geldbeutelherstellern überschwemmt. Nylon-Geldbörsen aus Ländern wie Korea, Taiwan und Indonesien überschwemmten den Weltmarkt. Die Preise für Geldbörsen sanken von 10 Dollar im Einzelhandel, dem von mir festgelegten Preis, auf 1 Dollar auf den Straßen von Waikiki und in der ganzen Welt. Nylon-Geldbörsen waren zu einem Konsumgut geworden, und wie Sie wissen, dominiert der billigste Hersteller den Markt für Konsumgüter. Um als Ware im Wettbewerb bestehen zu können, brauchte ich eine Marktlücke. Ich musste eine Marke werden. Diese Gelegenheit bot sich mir in der Welt des Rock 'n' Roll.

Wie in *Bevor du deinen Job kündigst* beschrieben, geriet ich in das Rock-'n'-Roll-Geschäft und rettete mein Unternehmen, indem ich die Rechte zur Verwendung von Rockbandnamen auf meinen Geldbeuteln lizenzierte. Bald produzierte ich Brieftaschen für Van Halen, Judas Priest, Duran Duran, Iron Maiden, Boy George und viele mehr. Da ich ein gesetzlich lizenziertes Produkt hatte, konnte ich meinen Verkaufspreis wieder auf 10 Dollar pro Stück festlegen. Obwohl ich jetzt eine Lizenzgebühr an die Bands zahlen musste, öffnete das Geschäft mit gesetzlich lizenzierten Rock-'n'-Roll-Produkten Türen für Händler in ganz Amerika und der gesamten Welt. Mein Geschäft boomte, und das Geld kam wieder herein.

Wie ich bereits sagte, steigert man seine finanzielle Intelligenz, indem man das Problem löst, vor dem man steht. 1981 hatte ich schließlich das Problem gelöst, mein Unternehmen wieder aufzubauen. Das nächste Problem war, meine billigen Konkurrenten und die Nachahmer zu schlagen, die mein Produkt nahmen und damit Geld verdienten, während ich Geld verlor.

Dieses Problem kam in Form von Produktpiraten daher. Genau die Leute, die mein erstes Produkt, die ursprüngliche Nylon-Geldbörse, nachgeahmt hatten, kopierten nun meine Wettbewerbsnische. Sie begannen, die gleichen lizenzierten Produkte herzustellen, die ich herstellte, und zu niedrigeren Preisen zu verkaufen, nur ohne eine Lizenzgebühr an die Bands zu zahlen.

Nach ein paar Monaten im Kampf gegen die Produktpiraten wurde mir klar, dass die einzigen Menschen, die reich wurden, meine Anwälte waren, die mich dafür abkassierten, die Produktpiraten vor Gericht zu bekämpfen, aber nicht gewannen. Die Piraten waren schlauer und schneller als meine Anwälte. Alles, was mir meine Anwälte sagen konnten, war, dass sie mehr Geld brauchten, um dagegen anzugehen. Es dauerte nicht lange, bis ich erkannte, dass ich nur eine weitere Gruppe von Piraten bezahlte, und diese Piraten (meine Anwälte) sollten eigentlich auf meiner Seite sein. Ich lernte eine weitere wertvolle Lektion im Wirtschafts- und Finanzwesen, die im nächsten Kapitel über den zweiten Aspekt des finanziellen IQs: Schutz Ihres Geldes, besprochen wird.

Es gibt ein Sprichwort, das besagt: »Wenn du sie nicht besiegen kannst, schließ dich ihnen an.« Ich war es leid, in einer verlorenen Schlacht weiter Geld zu verlieren. Deshalb kündigte ich meinen Anwälten und flog nach Korea, Taiwan und Indonesien, um mit den Produktpiraten zusammenzuarbeiten. Anstatt sie vor Gericht zu bekämpfen, was mich viel mehr Geld kostete, als ich verdiente, erlaubte ich meinen Konkurrenten, meine Geldbörsen für mich zu produzieren. Meine Produktionskosten sanken, meine Anwaltskosten gingen zurück, und ich produzierte in besseren Fertigungsanlagen. Ich konnte jetzt das tun, was ich am besten konnte, und zwar verkaufen. Das Geschäft boomte wieder. Bald waren unsere Produkte in Kaufhäusern und auf Rockkonzerten zu finden. 1982 kam ein neues Fernsehprogramm auf den Markt, es nannte sich MTV. Unser Geschäft legte rasant zu, und wieder einmal strömte das Geld herein.

Im Januar 1984 verkaufte ich meinen Anteil am Rock-'n'-Roll-Nylon-Geldbeutel-Geschäft an meine beiden Partner. Kim und ich verließen Hawaii und zogen nach Kalifornien, um unsere Firma im Bereich der Unternehmerausbildung zu gründen. Ich hatte keine Ahnung, dass es einen solchen Unterschied zwischen dem Verkauf eines Produkts und dem Verkauf von Bildung geben würde. 1985 war das schlimmste Jahr unseres Lebens. Unsere Ersparnisse gingen aus, und bald war das Problem, nicht genug Geld zu haben, ziemlich groß geworden. Ich war schon mal pleite gewesen, aber Kim nicht. Dass sie bei mir blieb, ist ein Beweis für ihren Charakter und nicht für mein gutes Aussehen. Dennoch arbeiteten wir zusammen und bauten ein internationales Unternehmen auf, das Unternehmertum lehrt und Büros in den USA, Australien, Neuseeland, Singapur und Kanada unterhält. 1994 verkauften Kim und ich das Geschäft und zogen uns zurück mit genügend hohem passivem Einkommen aus unseren Immobilienanlagen, die uns für den Rest unseres Lebens ernähren konnten.

Aber uns wurde langweilig. Nach einer kurzen Zeit im Ruhestand entwickelten Kim und ich im Jahr 1996 unser Brettspiel CASHFLOW®, und *Rich Dad Poor Dad* wurde 1997 als selbstverlegtes Buch veröffentlicht. Mitte 2000 war ich eine Stunde im Fernsehen bei Oprah Winfrey. Der Rest ist Geschichte. Heute ist The Rich Dad Company ein internationales Unternehmen. Ein Großteil des Erfolgs ist auf die Lehren aus den Misserfolgen und Erfolgen meiner früheren Unternehmen zurückzuführen. Wenn ich nicht aus der Lösung meiner Probleme gelernt hätte, hätte ich es nie so weit geschafft. Wenn ich das Handtuch geworfen und mich von den Umständen hätte überwältigen lassen, würden Sie dieses Buch jetzt nicht lesen.

Jedes Ziel hat einen Prozess

Wie wir alle wissen, hat jedes lohnende Ziel einen Prozess und erfordert Arbeit. Um beispielsweise Arzt zu werden, gibt es einen harten Aus- und Weiterbildungsprozess. Viele Menschen träumen davon, Arzt zu werden, aber der Prozess steht ihnen im Weg. Auf den letzten Seiten haben Sie über meinen Prozess gelesen, und Sie können sich gewiss sein: Es steckt viel Arbeit dahinter.

Einer der Gründe, warum es den Menschen am ersten Aspekt des finanziellen IQs: Mehr Geld zu verdienen, fehlt, ist, *dass sie das Geld haben, nicht aber den Prozess auf sich nehmen wollen.* Was viele Menschen nicht wissen: Es ist der Prozess, der Sie reich macht, nicht das Geld. Viele Lottogewinner oder Erben von Familienvermögen sind bald pleite, weil sie unter anderem das Geld erhalten haben, aber den Prozess nicht durchlaufen mussten. Viele andere Menschen scheitern daran, reich zu werden, weil sie mehr Wert auf ein regelmäßiges Gehalt legen als auf den Lernprozess, finanziell intelligenter und reicher zu werden. Die Angst vor Armut hält sie zurück. Es ist genau diese Angst, die sie davon abhält, die Chancen zu ergreifen und die Probleme zu lösen. Sie werden durch die Angst, arm zu sein, zurückgehalten. Es ist genau diese Angst, die sie davon abhält, Chancen zu ergreifen und Probleme zu lösen, also den notwendigen Prozess zu durchlaufen, um reich zu werden.

Wir sind alle verschieden

Wir sind alle verschieden und haben unterschiedliche Stärken und Schwächen. Wir alle haben unterschiedliche Prozesse, unterschiedliche Herausforderungen und Probleme. Einige Menschen sind geborene Verkäufer, aber ich war es nicht. Mein erstes Problem war meine Unfähigkeit, meine Angst vor dem Verkaufen und der Angst davor, abgelehnt zu werden, zu überwinden. Einige Menschen sind die geborenen Unternehmer, aber ich war es nicht. Ich musste lernen, Unternehmer zu werden.

Ich behaupte dies *nicht*, weil ich sagen möchte, dass Sie lernen müssen zu verkaufen oder ein Unternehmer zu sein. Das war mein Prozess. Es ist vielleicht nicht der Ihre. Der erste Schritt zur Steigerung des ersten Aspekts Ihres finanziellen IQs: Mehr Geld verdienen, ist zu entscheiden, was der beste Weg für Sie ist, mehr Geld zu verdienen. Wenn Sie als Arzt Karriere machen wollen, dann machen Sie sich bereit für das Medizinstudium. Wenn Sie ein Profigolfer werden wollen, fangen Sie an, sich im Golfspiel zu üben. Mit anderen Worten, wählen Sie Ihr Ziel und dann Ihren Prozess. Denken Sie immer daran, dass der Prozess wichtiger ist als das Ziel.

Emotionale Intelligenz

An dieser Stelle ist es wichtig, darauf hinzuweisen, dass finanzielle Intelligenz auch emotionale Intelligenz ist. Warren Buffett, der reichste Investor der Welt, sagte: »Wenn du deine Emotionen nicht kontrollieren kannst, kannst du dein Geld nicht kontrollieren.« Das Gleiche gilt für Ihren Prozess. Das Schwierigste an meinem Prozess war, nicht aufzuhören, wenn ich deprimiert war, nicht die Beherrschung zu verlieren, wenn ich frustriert war, und weiter zu lernen, auch wenn ich lieber davonlaufen wollte.

Ein weiterer Grund, warum viele Menschen in ihrem Prozess scheitern, ist, dass sie nicht ohne sofortige Befriedigung leben können. Ich erwähne das niedrige Gehalt, das ich zu Beginn meines Lebens erhalten habe, hauptsächlich, um die Bedeutung der aufgeschobenen Belohnung zu veranschaulichen. Viele würden die Aussicht auf zukünftigen Wohlstand für ein paar Dollar heute opfern. Ich habe in meinen Zwanzigern und Dreißigern nicht viel Geld verdient, aber ich verdiene heute Millionen.

Die Kontrolle über die Höhen und Tiefen meiner Emotionen und der Aufschub der Belohnung waren wesentlich für die Entwicklung meiner finanziellen Intelligenz. Mit anderen Worten, emotionale Intelligenz ist ein wesentlicher Bestandteil von finanzieller Intelligenz. Tatsächlich würde ich sagen, dass in Sachen Geld die finanzielle Intelligenz einer der wichtigsten Aspekte ist. Sie ist wichtiger als akademische oder professionelle Intelligenz. Beispielsweise verfolgen viele Menschen aus Angst ihre Träume nicht. Und wenn sie es in Angriff nehmen, hören sie doch beim ersten Anzeichen von Scheitern wieder auf. Dann geben sie anderen die Schuld, obwohl sie die Verantwortung für ihre Fehler selbst übernehmen sollten.

Wer aufgibt, gewinnt selten

Vor einigen Jahren arbeitete einmal ein junger Mann für mich. Er war sehr aufgeweckt, charmant, hatte einen Master in Business Administration und verdiente viel Geld. In seiner Freizeit probierten er und seine Frau viele geschäftliche Unternehmungen aus. Sie versuchten es mit Immobilien und scheiterten. Sie kauften sich ein kleines Franchise-Unternehmen und scheiterten. Dann kauften sie ein Pflegeheim und verloren fast alles, als die Patienten unerwartet starben. Heute arbeiten beide wieder in hochbezahlten Berufen, aber mit einem beunruhigenden Gefühl von Unangemessenheit.

Ich erwähne dieses junge Paar, weil sie es nicht geschafft haben zu lernen. Sie ließen sich vom Lernprozess entmutigen. Als es hart auf hart kam, gaben sie auf. Es ist zwar lobenswert, dass sie neue Wege gegangen sind, aber sie hörten auf, als ihre Probleme zu groß schienen, um gelöst zu werden. Sie haben es versäumt, ihr Versagen zu überwinden und aus ihren Fehlern zu lernen. Sie konnten nicht erkennen, dass der Prozess, nicht das Geld, sie reich gemacht hätte.

Eine der schwierigsten Lektionen, die ich von meinem reichen Vater lernen musste, war, an dem Prozess festzuhalten, bis ich gewann. Als ich bei Xerox in Schwierigkeiten geriet, weil ich nicht verkaufen konnte, wollte ich aufhören. Weil ich nicht verkaufen konnte, verdiente ich kein Geld. Tatsächlich kostete es mich mehr, in Honolulu zu leben, als ich verdiente. Mein reicher Vater sagte: »Du kannst aufhören, wenn du gewinnst, aber höre niemals auf, weil du dabei bist zu verlieren.« Erst 1978, nachdem ich der beste Verkäufer bei Xerox geworden war, gab ich auf. Der Prozess hatte mich reicher gemacht, sowohl mental als auch finanziell. Indem ich mein Problem überwand, nicht verkaufen zu können, konnte ich mein Problem lösen, kein Geld zu verdienen.

Während meiner Zeit bei Xerox gründete ich nebenbei mein Nylon-Geldbeutel-Geschäft. Ab 1978 führte ich dieses Unternehmen hauptberuflich. Das Geschäft nahm Fahrt auf und scheiterte dann. Wieder wollte ich aufhören; und wieder erinnerte mich mein reicher Vater daran, dass der *Prozess* wichtiger ist als das Ziel. Als ich tief verschuldet war und kaum Geld hatte, erinnerte er mich viele Male daran, dass ich nie wieder Geld brauchen würde, falls und wenn ich dieses Problem lösen könne. Ich wusste nun, wie man ein Unternehmen aufbaut, und war finanziell ein wenig intelligenter geworden. Aber zuerst musste ich das vor mir liegende Problem lösen.

Zu viel Geld

Am Anfang dieses Buches habe ich geschrieben, dass es zwei Arten von Geldproblemen gibt. Ein Problem ist nicht genug Geld – und das andere, zu viel Geld zu haben. 1974, als ich die Marineinfanterie verließ, musste ich mich entscheiden, welches Problem ich wollte. Wenn ich das Problem haben wollte, nicht genug Geld zu haben, könnte ich entweder eine Stelle bei Standard Oil oder den Fluggesellschaften annehmen. Wenn ich ein Problem mit zu viel Geld wollte, sollte ich die Stelle bei Xerox annehmen, auch wenn es die am schlechtesten bezahlte war. Wie Sie wissen, habe ich das Problem mit zu viel Geld gewählt.

Ich wollte eine Ausbildung, nicht nur Geld. Ich entschied mich für Xerox, weil ich wusste, dass ich ein Schiffsoffizier sein könnte, und ich wusste, dass ich ein Pilot sein könnte. Ich wusste nicht, ob ich Unternehmer werden konnte. Ich wusste, dass ich scheitern könnte. Ich wusste auch, dass ich am meisten lernen würde, wenn ich mich dem Risiko zu scheitern aussetzte. Hätte ich die Angst vor dem Scheitern oder der Armut gewinnen lassen, wäre ich nie auf die Beine gekommen.

Die Menschen steigern den ersten Aspekt ihres finanziellen IQs nicht, weil sie bei dem bleiben, was sie kennen. Anstatt eine neue Herausforderung anzunehmen und zu lernen, gehen sie auf Nummer sicher. Das bedeutet nicht, dass Sie dumme und riskante Dinge tun sollten. Viele Dinge könnten wir tun, aber wir entscheiden uns dagegen. Zum Beispiel hätte ich den Mount Everest besteigen können. Oder ich hätte mich für das Astronautenprogramm der NASA bewerben können. Ich hätte auch in die Politik gehen und für ein öffentliches Amt kandidieren können. Worauf ich hinauswill, ist, dass ich meine nächste Herausforderung sorgfältig und nicht zufällig ausgewählt habe. Ich fragte mich: »Wie wird mein Leben sein, wenn ich diese Herausforderung annehme und erfolgreich bin?« Es ist die gleiche Frage, die ich Sie bitte, sich selbst zu stellen.

Helen Keller, von der der großartige Film *The Miracle Worker – Wunder geschehen* handelt, sagte einmal: »Das Leben ist ein gewagtes Abenteuer – oder nichts.« Ich sehe das auch so. Meiner Meinung nach ist eine Möglichkeit, den ersten Aspekt Ihrer finanziellen Intelligenz zu steigern, das Leben als ein Abenteuer zu betrachten, in dem man ständig dazulernt. Für zu viele Menschen geht es im Leben darum, auf Nummer sicher zu gehen, die richtigen Dinge zu tun und die Arbeitsplatzsicherheit als wichtiger als ein freudvolles Leben zu betrachten. Ihr Leben muss nicht riskant oder gefährlich sein. Im Leben geht es ums Lernen, und beim Lernen geht es um ein Abenteuer.

Deshalb begann ich nicht wieder, Öltanker zu steuern oder Flugzeuge zu fliegen, obwohl ich beide Berufe liebte. Es war Zeit für ein neues Abenteuer. Bei Intelligenz geht es nicht darum, sich alte Antworten zu merken und Fehler zu vermeiden, Verhalten, das unser Schulsystem als intelligent definiert. Wahre Intelligenz bedeutet zu lernen, Probleme zu lösen, um sich für die Lösung größerer Probleme zu qualifizieren. Bei wahrer Intelligenz geht es um die *Freude am Lernen* und nicht um die Angst vor dem Scheitern.

Mehr Geld verdienen

Wenn Sie sich die Schaubilder zu Vermögensstand und CASHFLOW-Quadranten nebeneinanderstellen, erhalten Sie vielleicht ein klareres Bild von Ihren Möglichkeiten für den ersten Aspekt des finanziellen IQs: Mehr Geld verdienen.

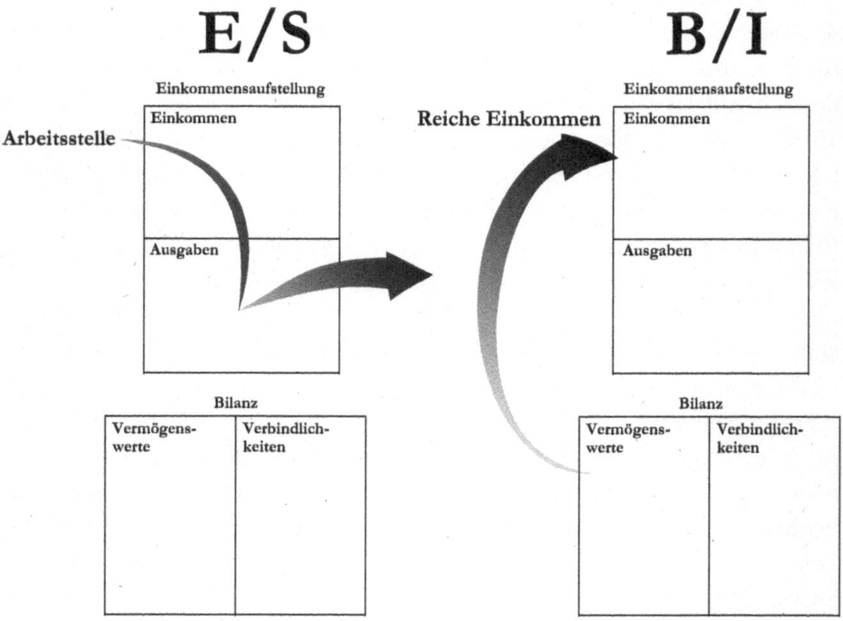

Diesem Diagramm können Sie entnehmen, dass die Angehörigen der Berufsgruppen E und S für Geld arbeiten. Sie arbeiten für ein festes Gehalt, für eine Provision oder einen Stundenlohn. Die Angehörigen der Felder B und I arbeiten für Vermögenswerte, die entweder Cashflow oder Kapitalzuwachs generieren.

Einer der Gründe, warum ich mehr Geld verdiene als meine Klassenkameraden, die Schiffe steuerten oder Flugzeuge flogen, ist, dass sie für ein Gehalt arbeiteten. Ich hingegen wollte als Unternehmer Vermögenswerte aufbauen und als Investor Vermögenswerte erwerben. Mit anderen Worten, der Fokus von E und S liegt auf der Einkommensspalte der Vermögensaufstellung und der Fokus von B und I auf der Seite der Vermögenswerte.

Eines der Dinge, die einem E oder S am schwierigsten klarzumachen sind, ist, dass ein B oder ein I nicht für Geld arbeitet. Ein B oder I arbeitet praktisch ohne Bezahlung, was für viele ein schwer fassbares Konzept ist. Die Arbeit von E und S ist zu bezahlen, und sie muss bezahlt werden, bevor sie an die Arbeit gehen. Es gehört nicht zu ihrem emotionalen und beruflichen Repertoire, möglicherweise jahrelang ohne Gehalt zu arbeiten. Die Angehörigen der Felder E und S können sich freiwillig für wohltätige Zwecke engagieren oder für wohltätige Zwecke arbeiten, aber wenn es um das persönliche Einkommen geht, arbeiten sie für Geld. In der Regel arbeiten sie nicht daran, Vermögenswerte zu schaffen oder zu erwerben.

In buchhalterischer Hinsicht arbeitet ein E oder S für das Erwerbseinkommen und ein B oder I für passives oder Portfolio-Einkommen. Im nächsten Kapitel zum zweiten Aspekt des finanziellen IQs: Schutz Ihres Geldes, werden Sie herausfinden, warum die Art des Einkommens, für das jemand arbeitet, finanziell gesehen einen großen Unterschied macht. Lohnarbeit ist das Einkommen, das am schwersten vor Finanzhaien zu schützen ist. Deshalb ist die Arbeit für ein Erwerbseinkommen finanziell gesehen nicht das Klügste, was man tun kann.

Viele Selbstständige besitzen kein eigenes Unternehmen. Sie besitzen Arbeit. Wenn Selbstständige ihre Arbeit einstellen, verebbt oder sinkt auch ihr Einkommen. Per Definition ist eine Stelle kein Vermögenswert. Vermögenswerte bringen Geld in Ihre Tasche, egal, ob Sie arbeiten oder nicht. Wenn Sie mehr über die Unterschiede zwischen den Quadranten E, S, B und I wissen möchten, empfehle ich Ihnen, mein zweites Buch in der Rich-Dad-Serie zu lesen, *CASHFLOW®-Quadrant: Rich Dad Poor Dad.*

Warum die Reichen immer reicher werden

Betrachtet man das untenstehende Diagramm, so ist leicht zu verstehen, warum die Reichen immer reicher werden.

Die Armen und die Mittelschicht mühen sich unter anderem deshalb so, weil sie für Geld und ein regelmäßiges Gehalt arbeiten. Das Problem mit der Arbeit für Geld ist, dass man härter oder länger arbeiten oder mehr verlangen muss, um mehr Geld zu verdienen. Körperlich immer härter und länger arbeiten zu müssen birgt das Problem, dass wir alle über eine begrenzte Zeit und Energie verfügen.

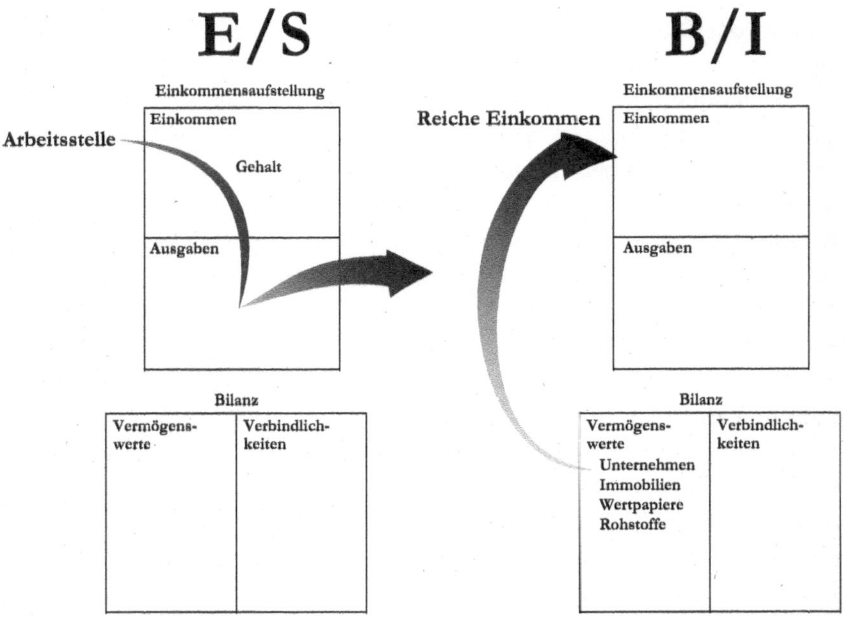

Die Reichen werden immer reicher, weil sie jedes Jahr daran arbeiten, mehr Vermögenswerte aufzubauen oder zu erwerben. Das Hinzufügen weiterer Vermögenswerte erfordert nicht, härter oder länger zu arbeiten. Tatsächlich gilt: Je höher jemandes finanzieller IQ ist, desto weniger arbeitet er und erwirbt doch qualitativ bessere Vermögenswerte. Sie sehen, Vermögenswerte arbeiten für die Reichen, indem sie passives Einkommen erzeugen.

Jedes Jahr setzen Kim und ich uns Ziele, wie viele neue Vermögenswerte wir wollen. Wir setzen uns keine Ziele, um mehr Geld zu verdienen. Als Kim 1989 anfing, in Immobilien zu investieren, hatte sie sich zum Ziel gesetzt, in zehn Jahren 20 Wohnimmobilien zu erwerben. Damals schien es eine große Aufgabe zu sein. Sie begann mit einem Haus mit einem Bad und zwei Schlafzimmern in Portland, Oregon. 18 Monate später schoss sie über ihr Ziel von 20 Immobilien hinaus. Nachdem sie ihr Ziel erreicht hatte, verkaufte sie die Einheiten, erzielte Kapitalgewinne von über 1 Million Dollar und kaufte davon steuerfrei größere und bessere Einheiten in Phoenix, Arizona.

Ihr persönliches Ziel 2007 war es, weitere 500 Mieteinheiten in ihr Portfolio aufzunehmen. Sie hat bereits über 1.000 Einheiten, die ihr passives Einkommen bezahlen, die Art von Einkommen, das mit dem niedrigsten Prozentsatz besteuert wird. Sie verdient mehr Geld als die meisten Männer, und das alles hat sie als Unternehmerin im I-Quadranten erreicht.

Mein Fokus liegt auf der Steigerung meines Cashflows aus gewerblichen Vermögenswerten und Rohstoffen. Ich investiere viel in Öl-, Gold- und Silberunternehmen. Als Bildungsunternehmer erhalte ich jedes Mal, wenn ich ein Buch schreibe, jahrelang Einnahmen in Form von Lizenzgebühren von etwa 50 Verlagen in verschiedenen Teilen der Welt. Ich habe auch ein Franchise-System für den Vertrieb in das Unternehmen integriert. Ich habe aus meinem Rock-'n'-Roll-Geschäft gelernt, dass es besser ist, der Lizenzgeber zu sein als Lizenznehmer. Obwohl ich Immobilien liebe, macht mir das Unternehmertum im B-Bereich viel mehr Spaß.

Ich schreibe nicht darüber, um damit anzugeben. Tatsächlich zögere ich, unseren Reichtum zu enthüllen und wie wir das geschaffen haben. Es gibt Menschen, die es denjenigen, die viel Geld verdienen, übel nehmen. Wie Sie im nächsten Kapitel über Finanzhaie erfahren werden, ist es gefährlich, die Menschen wissen zu lassen, dass Sie reich sind.

Ich riskiere es offenzulegen, was wir tun und machen, weil Kim und ich uns für Ihre finanzielle Bildung und die Steigerung Ihres finanziellen IQ einsetzen. Ein gewaltiges Problem bei finanzieller Bildung ist, dass die meisten Menschen, die finanzielle Bildung verkaufen oder lehren, aus den E- und S-Quadranten kommen. Es handelt sich um Arbeitnehmer oder Selbstständige. Die meisten sind nicht wirklich reich. Viele sind Journalisten, die über Geld schreiben, aber selbst wenig Geld haben. Oder es sind Verkäufer wie zum Beispiel Aktien- und Immobilienmakler. Viele dieser Finanzexperten haben das, was andere Angehörige der Quadranten E und S haben: Altersvorsorgepläne, die aus Aktien, Anleihen und Investmentfonds bestehen. Viele setzen auf die Börse für das finanzielle Überleben und werden alles verlieren, wenn während ihres Rentnerlebens der Markt zusammenbricht. Viele werden zu kämpfen haben, wenn der Dollar weiter an Kaufkraft verliert und die Inflation steigt. Kurzum, viele Finanzexperten, die finanzielle Ratschläge erteilen, wissen nicht, ob ihre Altersvorsorgepläne funktionieren werden. Wenn sie es wüssten, wären viele bereits in den Ruhestand gegangen.

Kim und ich wissen, dass unser Altersvorsorgeplan funktioniert. Wir wissen es, weil aus unseren Vermögenswerten jeden Monat passives Einkommen einfließt. Wir legen kein Geld in Sparguthaben, Anleihen oder Investmentfonds für die Zukunft an. Wenn wir alles verlieren sollten, was immer möglich ist, wird unser finanzieller IQ unser tatsächliches Kapital sein. Wir können alles wieder aufbauen, weil wir uns mehr auf das Lernen als auf das Verdienen konzentriert haben. Wir haben gelernt, unser eigenes Geld zu verwalten, anstatt unser Geld an einen E oder S zu übergeben. Wie mein reicher Vater sagte: »Nur weil Sie investieren oder selbstständig sind, bedeutet das nicht, dass Sie ein Investor oder Unternehmer sind.«

Zusammenfassung

Das Geheimnis, mehr Geld zu verdienen, finden Sie in der folgenden Grafik beschrieben:

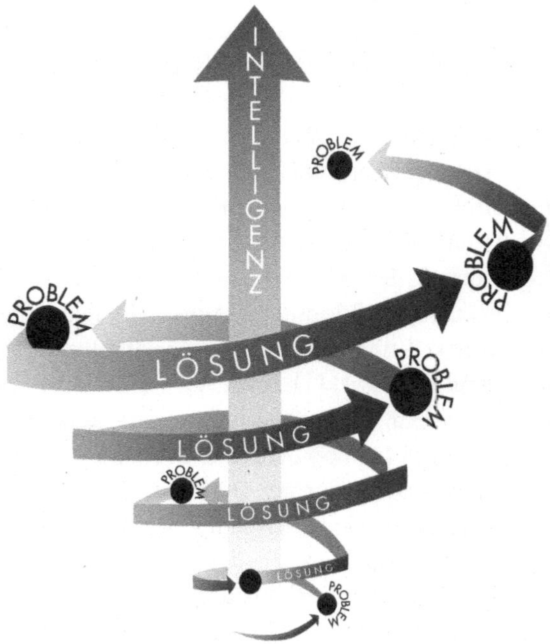

Um reich zu werden, muss man sich damit abfinden, dass Probleme nie verschwinden werden. Jedes Mal, wenn Sie eine Lösung für ein Problem finden, wird ein neues auftauchen. Der Schlüssel ist es zu erkennen, dass der Prozess, diese Probleme zu lösen, Sie reich macht. Und wenn Sie anfangen, nicht nur Ihre eigenen Probleme zu lösen, sondern auch die anderer, dann sind Ihnen nach oben keine Grenzen gesetzt.

Die Leute werden Geld dafür bezahlen, dass Sie deren Probleme lösen. Zum Beispiel bezahle ich meinen Arzt, damit er mich gesund hält. Ich zahle Geld an meine Reinigungskraft, um mein Haus sauber zu halten. Ich kaufe in meinem lokalen Supermarkt ein, weil mein Problem Hunger ist und ich verhungern würde, wenn ich nichts esse. Ich bezahle den Besitzer des lokalen Restaurants für die Bereitstellung von gutem Essen und einem tollen Esserlebnis. Ich zahle Steuern an Beamte, um für eine gut funktionierende Regierung zu sorgen. Ich lege Geld in die Opferschale in der Kirche, um meine geistliche Führung und Bildung zu unterstützen.

Kim verdient viel Geld, weil sie ein großes Problem löst, nämlich das Problem von guter Wohnqualität zu einem erschwinglichen Preis. Je mehr sie daran arbeitet, dieses Problem zu lösen, desto mehr Geld verdient sie. Ich arbeite hart daran, das Problem des Bedarfs an finanzieller Bildung zu lösen.

Einfach ausgedrückt, gibt es Billionen von Möglichkeiten, mehr Geld zu verdienen, weil es Billionen, wenn nicht sogar unendlich viele Probleme zu lösen gibt. Die Frage ist, welche Probleme wollen Sie lösen? Je mehr Probleme Sie lösen, desto reicher werden Sie.

Viele Menschen wollen dafür bezahlt werden, nichts zu tun, und sind nicht bereit, Probleme zu lösen. Oder sie wollen einen höheren Lohn als der Wert des Problems, das sie lösen. Einer der Gründe, warum ich nicht bei einer der Gewerkschaft angeschlossenen Reederei gearbeitet habe, ist, dass ich ein Kapitalist und kein Arbeiter bin. Heutzutage gibt es immer weniger Schiffe, die unter US-amerikanischer Flagge segeln, weil es zu viel Geld kostet, ein amerikanisches Handelsschiff zu betreiben. Und das ist ein Grund, warum die meisten Fracht- und Passagierschiffe in US-Häfen nicht mit US-Bürgern besetzt sind. Die hohen Kosten für den Betrieb eines US-Schiffes sind der Grund, warum so viele Absolventen meiner Schule in Kings Point dort keine Arbeit finden, wenn sie heute ihren Abschluss machen. Das ist das Problem, wenn man besser bezahlt werden, aber weniger für sein Geld tun will.

Mein armer Vater war ein Gewerkschafter. Tatsächlich war er der Vorsitzende des Lehrerverbandes von Hawaii. Ich verstehe seinen Standpunkt, nach dem Lehrer als kollektive Gruppe mehr Macht haben. Ohne eine Gewerkschaft würde Lehrern sogar noch weniger bezahlt und sie hätten weniger soziale Leistungen. Ohne eine Lehrergewerkschaft würde die Bildung noch mehr leiden, als sie es heute schon tut.

Mein reicher Vater hingegen war Kapitalist. Kapitalisten glauben an die Herstellung eines besseren Produkts zu einem besseren Preis. Wenn Sie nicht in der Lage sind, ein besseres Produkt zu einem besseren Preis an mehr Menschen zu liefern, dann wird der Markt Sie bestrafen. Mit anderen Worten, ein Kapitalist wird dafür bezahlt, Probleme zu lösen, und nicht dafür, Probleme zu schaffen, es sei denn, Sie sind Puzzle-Hersteller.

Viele betrachten Kapitalisten als Schweine. Und viele sind tatsächlich gierige Schweine. Dennoch gibt es Kapitalisten, die viel Gutes tun, wie zum Beispiel Gesundheitsversorgung, Nahrung, Transport, Energie und Kommunikation für die Welt zur Verfügung zu stellen. Als Kapitalist gebe ich mein Bestes, um die Welt zu einem besseren Ort zu machen. Das Problem liegt bei Menschen, die fürs Nichtstun bezahlt werden wollen oder mehr Gehalt für weniger Arbeit verlangen. Meiner Meinung nach ist ein Mensch, der besser bezahlt werden will und weniger oder gar nichts dafür arbeitet, auch ein gieriges Schwein.

Diejenigen, die besser dafür bezahlt werden wollen, weniger zu tun, werden das Leben in einer sich verändernden Welt zunehmend als schwierig empfinden. Zum Beispiel sind Gewerkschaften, die höhere Löhne und Leistungen für weniger Arbeit fordern, die wichtigste Ursache für die Verlagerung von Arbeitsplätzen ins Ausland. Heute werden in Amerika einem gewerkschaftlich organisierten Arbeiter in der Automobilindustrie etwa 75 Dollar pro Stunde bezahlt, einschließlich Sozialleistungen und Sachzuwendungen. In China bekommt derselbe Arbeiter in der Automobilindustrie etwa 75 Cent pro Stunde bezahlt. Während ich das schreibe, hat Chrysler einen Vertrag mit dem chinesischen Unternehmen Chery Automobile unterzeichnet, um dort Autos produzieren zu lassen. Der Preis liegt bei weniger als 2.500 Dollar pro Auto. Das ist ungefähr der gleiche Preis, der in Form von Krankenversicherungskosten zu den Produktionskosten jedes in Amerika produzierten Autos hinzukäme.

Ein wahrer Kapitalist ist einfach jemand, der ein Problem erkennt und ein Produkt oder eine Dienstleistung entwickelt, um dieses Problem anzugehen. Sie können einen höheren Preis verlangen, wenn Ihr Produkt oder Ihre Dienstleistung einen höheren wahrgenommenen Wert hat. Aber es muss ein Mehrwert geschaffen werden. Zum Beispiel verlange ich mehr

Geld für meine Bücher und Spiele, weil manche Menschen den Bildungswert stärker wahrnehmen. Für viele andere Menschen sind meine Bücher und Spiele den Preis nicht wert. Viele schätzen meine Marke im Bereich der finanziellen Bildung nicht, weil sie ihr finanzielles Problem nicht löst. Viele Menschen glauben nicht, dass sich die Regeln des Geldes 1971 und 1974 geändert haben, und wollen glauben, dass sie weiterhin hart arbeiten, Geld sparen, in Investmentfonds investieren und mehr Lohn für weniger Arbeit erwarten können. Um ihrer selbst und der finanziellen Zukunft ihrer Familien willen hoffe ich, dass diese Überzeugungen und Handlungen ihre finanziellen Probleme lösen.

Um ihretwillen hoffe ich, dass Sie das nicht glauben. Ich habe eine Ahnung, dass Sie das nicht glauben, da Sie dieses Buch lesen und dadurch aktiv etwas für die Steigerung Ihres finanziellen IQs tun. Beginnen Sie jetzt, darüber nachzudenken, welche Probleme Sie lösen müssen, setzen Sie sich direkt und intensiv mit diesen Problemen auseinander, und das Geld wird kommen. Sobald Sie dieses Geld haben, müssen Sie jedes Quäntchen Ihrer finanziellen Intelligenz nutzen, um es zu schützen. Darum geht es im nächsten Kapitel, der zweite Aspekt des finanziellen IQs: Ihr Geld schützen.

Kapitel 4

Der 2. Aspekt des finanziellen IQs: Ihr Geld schützen

Es ist wichtig, sein Geld vor Finanzhaien zu schützen. Wie die meisten von uns wissen, ist die Welt voller Menschen und Organisationen, die nur auf eine Gelegenheit warten, sich auf Ihr Geld zu stürzen. Viele dieser Menschen und Organisationen sind sehr geschickt und überaus mächtig. Wenn diese schlauer sind als Sie oder mehr Macht haben, werden sie sich Ihr Geld holen. Deshalb ist der zweite Aspekt des finanziellen IQs so wichtig.

Wie misst man den zweiten Aspekt des finanziellen IQs?

Der erste Aspekt des finanziellen IQs wird im Allgemeinen in Dollar (brutto) gemessen, der zweite Aspekt des finanziellen IQs in Prozent. Im Folgenden gebe ich drei Beispiele für drei verschiedene Prozentsätze:

1. In Amerika zahlt man bei einem Jahresgehalt von 100.000 Dollar insgesamt bis zu 50 Prozent an kombinierten Steuern wie Bundes- und Landessteuern und staatlichen Sozial- und Krankenversicherungsbeiträgen. Das Nettoeinkommen nach Steuern beträgt dann 50.000 Dollar.
2. Stammen die 100.000 Dollar Einkommen aus Investitionen, zahlt man darauf 15 Prozent Steuern. Das Nettoeinkommen nach Steuern beträgt dann 85.000 Dollar.
3. Ein Dritter hat ein Einkommen von 100.000 Dollar und zahlt 0 Prozent Steuern. Das Nettoeinkommen dieses Menschen nach Steuern beträgt 100.000 Dollar.

In den oben genannten Beispielen erzielt derjenige, der den geringsten Prozentsatz an Steuern zahlt, den höchsten Wert beim zweiten Aspekt des finanziellen IQs: Ihr Geld schützen, weil weniger davon an Finanzhaie verloren geht.

In den nachfolgenden Kapiteln werde ich darauf eingehen, wie man viel Geld verdienen und auf legale Art und Weise keinen Cent Steuern zahlen kann. Aber fürs Erste sollten Sie diese einfache Idee im Hinterkopf behalten: Der zweite Aspekt des finanziellen IQs misst den Prozentsatz des Einkommens, den man behält, im Verhältnis zu dem Prozentsatz des Einkommens, der als Steuern gezahlt und somit von Finanzhaien eingenommen wird.

Hasen, Vögel und Käfer

Mein reicher Vater begann sehr früh, seinen Sohn und mich zu lehren, wie wichtig es ist, das Geld vor Finanzhaien zu schützen – und zwar noch *bevor* wir Geld hatten. Weil wir jung waren, benutzte mein reicher Vater ein sehr einfaches Beispiel aus der Landwirtschaft, um seinen Standpunkt darzulegen. Er sagte: »Ein Landwirt muss seine Ernte vor Hasen, Vögeln und Käfern schützen. Hasen, Vögel und Käfer sind Diebe für einen Bauern.«

Die Idee, Hasen als Diebe zu bezeichnen, war für mich als kleiner Junge eine wirksame Lektion. Hasen waren süß und kuschelig. Sie waren harmlos. Das Gleiche galt für Vögel. Ich hatte zu Hause einen Wellensittich. Einen Vogel als Dieb zu bezeichnen war für mich eine brutale Vorstellung. Bei Käfern konnte ich es allerdings nachvollziehen. Ich wusste aus eigener Erfahrung, dass man sie als Diebe bezeichnen kann. Ich hatte einen Garten zu Hause und verlor einen großen Teil meines Gemüses an Käfer.

Sie stehen hinter uns

Mein reicher Vater wollte uns keine Angst einjagen. Er wollte einfach nur, dass sein Sohn und ich uns der realen Welt bewusst wurden. Er verwendete niedliche Geschöpfe wie Hasen und Vögel, weil er uns zeigen wollte, dass einige der größten Diebe unseres persönlichen Vermögens nicht Banditen, Kriminelle oder Gesetzlose sind. Er benutzte Hasen und Vögel, weil er wollte, dass wir uns daran erinnern, dass einige der größten finanziellen Ausbeuter Menschen und Organisationen sind, die wir lieben, denen wir vertrauen oder die wir respektieren, oder Organisationen, von denen wir denken, dass sie auf unserer Seite sind und schützend *hinter uns stehen*.

Mein reicher Vater sagte: »Der Grund, warum so viele Menschen hinter uns stehen, ist, dass es einfacher ist, von dieser Position aus in unsere Taschen zu fassen. Einer der Gründe, warum so viele Menschen finanzielle Probleme haben, ist, dass zu viele Hände in ihre Taschen greifen.«

Die Geschichte, in der mein reicher Vater Hasen, Vögel und Käfer als finanzielle Ausbeuter von Bauern bezeichnete, beinhaltete auch eine Liste der echten Finanzräuber: Bürokraten, Banker, Makler, Unternehmen, Bräute/Liebhaber, Schwäger und Anwälte.

Bürokraten

Wie wir alle wissen, sind Steuern unsere größten Kosten. Die Aufgabe des Finanzamts ist es, Ihr Geld zu kassieren und es einem Regierungsbürokraten zu übergeben, der es ausgibt.

Das Problem mit den meisten Politikern und Bürokraten ist leider, dass sie sehr gut darin sind, Geld auszugeben. Die meisten Beamten wissen nicht, wie sie Geld verdienen sollen, was vermutlich einer der Gründe ist, weshalb sie Bürokraten werden. Wenn sie Geld verdienen könnten, wären sie wahrscheinlich Geschäftsleute statt Bürokraten. Da sie nicht wissen, wie man Geld verdient, es aber gerne ausgeben, verbringen Bürokraten viel Zeit damit, viele und kreative Wege zu ergründen, um uns Geld durch Steuern abzunehmen.

Zum Beispiel haben amerikanische Bürokraten ein cleveres Steuerprogramm namens AMT (*alternative minimum tax*) geschaffen, das für alternative Mindeststeuern steht. Die AMT wurde 1970 eingeführt. Sie ist eine Zusatzsteuer für einkommensstarke Arbeitnehmer, die circa 60.000 Dollar oder mehr pro Jahr verdienen. Es ist eine clevere Art, eine Person zweimal auf das gleiche Einkommen zu besteuern. Problematisch ist, dass 60.000 Dollar zwar im Jahr 1970 als hohes Einkommen galten – heute jedoch kann man das für diesen Betrag nicht mehr behaupten. Viele der Reichen zahlen diese Steuer nicht, nur Arbeitnehmer mit einem relativ hohen Gehalt haben diese Art von Steuer zu entrichten.

Wie Sie wissen, zahlen wir bereits Steuern auf unser Einkommen, unsere Investitionen, unsere Häuser, Autos, Benzin, Reisen, Kleidung, Essen, Alkohol, Zigaretten, geschäftliche Unternehmungen, Ausbildung, Genehmigungen, Lizenzen, Tod und so weiter. Wir zahlen Steuern über Steuern. Wir zahlen Steuern über Steuern, von denen wir nicht einmal wissen, dass es sie gibt. Diese Steuern werden uns als »gut« für die Gesellschaft verkauft, und einige sind es auch. Die Probleme der Gesellschaft werden jedoch nur größer, weil die Bürokraten nicht wissen, wie man Probleme löst (und folglich auch nicht wissen, wie man Geld verdient); sie wissen nur, wie man mit Geld umherwirft und versucht, die Probleme damit zu lösen. Wenn das Problem nicht mit mehr Geld gelöst werden kann, erfinden sie einfach neue Steuern mit cleveren Namen. Da die Probleme nur größer werden, steigt auch der Prozentsatz, den wir an Steuern zahlen, immer mehr. So, wie uns die Zinseszinsen reicher machen, so machen uns die Steuern insgesamt ärmer. Dies ist ein Grund, warum der zweite Aspekt des finanziellen IQs so wichtig ist. Sie können nicht reich werden, wenn Ihnen das ganze Geld, das Sie verdienen, von Finanzhaien wieder genommen wird.

Steuern sind wichtig

Bevor ich weitermache, muss ich deutlich machen, dass ich nicht gegen die Regierung oder Steuerzahlungen bin. Mein reicher Vater sagte: »Steuern sind der Preis für das Leben in einer zivilisierten Gesellschaft.« Er wies seinen Sohn und mich darauf hin, dass von den Steuern Schulen und Lehrer, Feuer- und Polizeischutz, Gerichtssysteme, das Militär, Straßen, Flughäfen, Lebensmittelsicherheit und die Allgemeinkosten der Regierung bezahlt werden. Die Frustration meines reichen Vaters angesichts der Steuern rührte daher, dass Bürokraten die Probleme, mit denen sie konfrontiert waren, sehr selten lösten, was bedeutete, dass die Steuern weiter steigen mussten. Anstatt das Problem zu lösen, fordert ein Bürokrat oft, dass ein Ausschuss das Problem untersucht, was bedeutet, dass nichts getan wird. Da er erkannte, dass wir nur immer mehr Steuern zahlen würden, war die Philosophie meines reichen Vaters: »Die Aufgabe eines Bürokraten ist es, seine Hände tiefer in deine Tasche zu bekommen – legal –, und deine Aufgabe ist es, sich so wenig wie möglich nehmen zu lassen – auf legale Weise.«

Leider sind es oft die Menschen, die am wenigsten verdienen, die den höchsten Prozentsatz an Steuern zahlen. Bei einer Veranstaltung sagte Warren Buffett neulich Folgendes über das US-Steuerwesen: »Wir 400 [hier] zahlen einen geringeren Teil unserer Einnahmen an Steuern als unsere Empfangsdamen oder auch unsere Putzfrauen. Wenn Sie zu den glücklichsten 1 Prozent der Menschheit gehören, schulden Sie es dem Rest der Menschheit, an die anderen 99 Prozent zu denken.«

Welche politische Partei ist besser?

Nur damit Sie es wissen, ich bin kein Republikaner oder Demokrat, Konservativer oder Liberaler, Sozialist oder Kapitalist. Wenn ich gefragt werde, antworte ich einfach, dass ich *das alles* bin. Als Kapitalist zum Beispiel möchte ich viel Geld verdienen und so wenig Steuern wie möglich zahlen. Als Sozialist leiste ich steuerlich absetzbare Spenden an Wohltätigkeitsorganisationen und wohltätige Zwecke, und ich möchte, dass meine Steuern für eine bessere Gesellschaft sorgen und diejenigen unterstützen, die wirklich nicht für sich selbst sorgen können.

Viele Leute glauben, dass Republikaner besser sind als Demokraten, was den Umgang mit Geld angeht. Die Fakten stützen ihre Meinung nicht. Republikaner sagen: »Demokraten erhöhen die Steuern und geben das Geld aus.« Republikaner hingegen leihen sich Geld und geben es aus. Das Nettoergebnis, unabhängig von der Partei, ist die wachsende langfristige Staatsverschuldung, eine Verschuldung, die in Form höherer Steuern an die zukünftigen Generationen weitergegeben wird. Das ist ein Zeichen für einen niedrigen finanziellen IQ.

Den demokratischen Präsidenten Roosevelt und Johnson wird die Einführung der Sozial- und Krankenversicherung zugeschrieben, zwei der teuersten und möglicherweise katastrophalsten Programme der Weltgeschichte.

Amerika war die größte Gläubigernation der Welt unter dem republikanischen Präsidenten Dwight D. Eisenhower. Wir waren eine reiche Nation. Als der Republikaner Richard Nixon jedoch Präsident wurde, änderten sich die Regeln des Geldes, und der Reichtum der USA begann, sich zu verändern. Als Präsident hob Nixon 1971 die Bindung an den Goldstandard auf. Dies machte aus dem Dollar statt Geld eine Währung.

Nixon erlaubte der US-Regierung, so viel Geld wie nötig zu drucken, um unsere Geldprobleme zu lösen. Das ist so, wie wenn jemand Schecks ausstellen würde, ohne Geld auf dem Konto zu haben. Wenn wir täten, was die Regierung heute tut, würden wir im Gefängnis landen. Einer der Gründe für die wachsende Kluft zwischen den Reichen und allen anderen ist, dass die meisten Menschen immer noch nach den alten Regeln des Geldes arbeiten – dem alten Kapitalismus. Seit 1971 gelten jedoch die neuen Regeln des Geldes. Die Reichen wurden reicher, und die Armen und die Mittelschicht arbeiteten härter, um nicht zwischen den Stühlen durchzufallen.

Im Jahr 1980 schenkte uns der republikanische Präsident Reagan die angebotsorientierte Wirtschaftspolitik, auch als »Voodoo-Wirtschaft« bekannt.

Die neuen Wirtschaftstheorien, die vom Großen Kommunikator Reagan, einem Schauspieler und Nichtökonomen, gefördert wurden, waren die Illusion, dass wir die Steuern senken und weiterhin die Rechnungen der Regierung mit geliehenem Geld bezahlen könnten. Das ist das Gleiche, wie eine Lohnkürzung zu bekommen und Kreditkarten zu verwenden, um Rechnungen zu bezahlen.

Als Thomas Gale Moore, damals Mitglied des Wirtschaftsrats von Präsident Reagan, feststellte, dass die Vereinigten Staaten Mitte der 1980er-Jahre die Gläubiger-Schuldner-Schwelle überschritten hatten, sagte er, man müsse sich keine Sorgen machen: »Wir können jeden bezahlen, indem wir die Druckpresse anwerfen.« Nennen Sie mich verrückt, aber normalerweise bezeichnet man das als Fälschung.

Aufgrund der 1971 erfolgten Veränderung an unserem Geld und der angebotsorientierten Wirtschaftspolitik von Reagan explodierte die Staatsverschuldung der USA. Am Ende von Reagans Herrschaft betrug die Staatsverschuldung 2,6 Billionen Dollar.

Der Vizepräsident von Präsident Reagan, der erste George Bush, der erkannte, dass die Staatsverschuldung aufgrund der Verluste bei den Einnahmen aus Reagans Steuersenkungen explodierte, kandidierte als Präsident mit dem Versprechen: »Hört gut zu: Keine neuen Steuern.« Nach seiner Wahl erhöhte er die Steuern und wurde nicht wiedergewählt.

Dann trat Präsident Clinton, ein Demokrat, sein Amt an. Nachdem er ein wenig Probleme mit seinem Hosenstall hatte, räumte er seinen Posten mit der Behauptung, den Haushalt ausgeglichen und die Staatsverschuldung nicht erhöht zu haben. Doch genau wie er über sein Sexualleben log, stimmten seine Aussagen über den Haushaltsausgleich natürlich auch nicht. Er »glich« den Haushalt aus, indem er Steuergelder für Sozialversicherung und Krankenversicherung als Einnahmen zählte. Anstatt das Geld in den Treuhandfonds der Sozialversicherung zu stecken, gab er es aus. Das wäre, als ob er Geld aus dem College-Fonds seiner Tochter nehmen würde, um ein neues Kleid für Monica zu kaufen.

Clinton sprach jedoch während seiner Amtszeit ein wahres Wort. Er gab zu, dass es so etwas wie einen Treuhandfonds der Sozialversicherung nicht gäbe. Während seiner Präsidentschaft begann die staatliche Krankenversicherung, rote Zahlen zu schreiben, was bedeutete, dass mehr Geld ausgegeben wurde, als hereinkam. Bald wird die Sozialversicherung in Amerika in der gleichen misslichen Lage sein, da 78 Millionen Babyboomer ab 2008 nach und nach in den Ruhestand gehen.

Nehmen wir den zweiten Präsidenten Bush hinzu. Nach dem 11. September vereinte er die Welt und nutzte dann seine Popularität, um einen Krieg gegen den Irak zu führen, mit unbegründeten Behauptungen. Heute ist er einer der unbeliebtesten Präsidenten der Geschichte. Der Krieg war nur eine Katastrophe, um eine weitere Katastrophe in der Wirtschaft zu verhindern, senkte die US-Notenbank die Zinsen und überschwemmte die Welt mit wertlosem Geld. Nach nur fünf Jahren im Amt hatte Präsident Bush mehr Geld geliehen als alle anderen US-Präsidenten der Geschichte zusammen. Die aktuelle Subprime-Krise ist das Ergebnis seiner Wirtschaftspolitik.

All dies soll ausdrücken, dass es keine Rolle spielt, welche Partei in das Amt gewählt wird. Wenn es die Demokraten sind, werden sie wahrscheinlich die Steuern erhöhen und das Geld ausgeben. Wenn es Republikaner sind, werden sie sich wahrscheinlich Geld leihen und es ausgeben. Das Endergebnis ist das Gleiche: höhere Schulden, größere finanzielle Probleme und höhere Steuern. Alles finanziert mit so viel wie möglich von *Ihrem* Geld.

Sind Sie ein Kapitalist oder ein Sozialist?

Vor Jahren habe ich einmal einen Witz gehört, der den Unterschied zwischen einem Sozialisten und einem Kapitalisten erklärt. Eines Tages klopfte ein Sozialist an die Tür eines Bauern und bat ihn, sich der örtlichen sozialistischen Partei anzuschließen. Da er nicht wusste, was ein Sozialist war, bat der Landwirt um ein Beispiel für sozialistisches Verhalten.

Der Sozialist sagte: »Wenn Sie eine Kuh haben, dann kann jeder im Dorf etwas von der Milch von Ihrer Kuh haben. Man nennt das Reichtum teilen.«

»Das klingt gut«, sagte der Landwirt.

»Und wenn Sie ein Schaf haben«, sagte der Sozialist, »dann teilen alle die Wolle.«

»Sehr schön«, sagte der Landwirt. »Dieser Sozialismus klingt gut.«

»Das ist großartig«, sagte der Sozialist und glaubte, dass er es geschafft hatte, ihn zum Sozialismus zu bekehren. »Und wenn Sie ein Huhn haben, dann teilen sich alle die Eier.«

»Was?«, schrie der Bauer wütend. »Das ist schrecklich. Verschwinden Sie von hier und nehmen Sie Ihre sozialistischen Ideen mit.«

»Aber, aber, aber«, stammelte der Sozialist, »das verstehe ich nicht. Sie waren zufrieden mit der Idee, Milch und Wolle zu teilen. Warum habe Sie etwas dagegen, Eier zu teilen?«

»Weil ich weder eine Kuh noch ein Schaf habe«, knurrte der Bauer. »Aber ich habe Hühner.«

Und deshalb ist der zweite Aspekt des finanziellen IQs so wichtig. Alle sind sich einig, dass wir den Reichtum teilen müssen, solange es sich um den Reichtum der *anderen* und nicht um den *eigenen* handelt.

Wählen Sie Ihre Einkommensart sorgfältig

Aus den vorangegangenen Kapiteln wissen Sie bereits, dass es drei verschiedene Arten von Einkommen gibt: *Lohneinkommen, Portfolioeinkommen* und *passives Einkommen.* Die Unterschiede zu kennen ist wichtig, vor allem, wenn es darum geht, Ihr Geld vor Bürokraten zu schützen. Die Arbeit für ein Lohneinkommen bietet keinen großen Schutz vor räuberischen Steuern.

In Amerika zahlen selbst Geringverdiener einen hohen Prozentsatz an Steuern. Arbeiter zahlen ungefähr 15 Prozent Steuer für die soziale Sicherheit, und sie zahlen auch Bundes-, Landes- und kommunale Steuern. Jetzt höre ich einige Leute sagen, dass die Sozialversicherung nicht 15 Prozent beträgt. Sie denken, es sind eigentlich nur 7,4 Prozent, und ihr Arbeitgeber würde die anderen 7,4 Prozent zahlen. Das mag stimmen, aber meine Sichtweise auf die insgesamt 15 Prozent ist, dass alles davon mein Geld ist. Wenn mein Arbeitgeber es nicht an den Staat zahlen würde, sollte er es an mich zahlen.

Das Gleiche gilt für Arbeitnehmer in den USA, die glauben, dass ihr Arbeitgeber sich an ihrem 401(k)-Rentengeld beteiligt. Dieses Geld, das der Arbeitgeber an einen Investmentbanker zur Verwahrung zahlt, ist immer noch Ihr Geld.

Ich für meinen Teil möchte nicht, dass die Regierung für meine zukünftige finanzielle Sicherheit zuständig ist. Die Regierung leistet grauenvolle Arbeit. Ich kümmere mich lieber selbst um mein Geld. Die Regierung verfügt nicht über eine besonders hohe finanzielle Intelligenz. Sie gibt das Geld aus, das sie einnimmt. Die Machthaber wissen, dass die meisten Menschen nicht finanziell gebildet sind. Warum also sollten sie nicht sich selbst und ihre Freunde mit Ihrem Geld reich machen?

Banker

Banken wurden gegründet, um Ihr Geld vor Räubern zu schützen. Aber was wäre, wenn Sie herausfinden würden, dass Ihr Banker auch ein Räuber ist? Ein Banker muss seine Hände nicht in Ihre Tasche stecken. Sie nehmen mit eigenen Händen Geld aus Ihrer Tasche und übergeben es dem Banker. Aber was wäre, wenn Sie herausfinden würden, dass genau die Leute, die Sie mit Ihrem Geld betraut haben, mehr Geld abzweigen, als Sie wissen – und das ganz legal?

Während seiner Zeit als Generalstaatsanwalt in New York untersuchte der New Yorker Gouverneur Eliot Spitzer eine Reihe von Investmentbanken und große Investmentfondsgesellschaften und befand sie mehrerer illegaler Praktiken für schuldig. Dieselben Menschen, denen die Öffentlichkeit ihr Geld anvertraut hatte, schöpften etwas mehr Geld ab, als sie sollten. Den verbrecherischen Unternehmen wurde eine im Vergleich zu den Dollarbeträgen, die sie genommen hatten, unbeträchtliche Geldbuße auferlegt. Zwar ist die geringe Höhe der Geldbußen beunruhigend, doch noch beunruhigender ist, dass diese Banker auch heute noch im Geschäft sind.

Leider beschränkte sich Eliot Spitzers Untersuchung auf Investmentbanken in New York City. Das Problem, dass Bankiers sich am Geld ihrer unschuldigen Kunden bedienen, besteht weltweit. Da immer mehr Unternehmen die Versorgung ihrer Arbeitnehmer auf Lebenszeit abgeschafft haben, sind immer mehr Arbeitnehmer gezwungen, für ihren eigenen Ruhestand zu sparen. Die Arbeitnehmer haben nicht das Geld, um professionelle Finanzdienstleistungen zu beauftragen, wie Unternehmen das tun. Dadurch wächst der Pool an finanziell gesehen naivem Geld wie ein Heißluftballon, sodass Banker und Menschen, die Finanzdienstleistungen an Arbeiter verkaufen, immer reicher werden. Heute sorgen die Altersvorsorgefonds der Arbeitnehmer für einen globalen Wirtschaftsboom. Altersvorsorgefonds verfügen über Geldsummen in einer Höhe, wie sie in der Weltgeschichte noch nie da gewesen ist, und die von Bankern geschützt wird, nicht von Ihnen selbst.

Die Untersuchung beginnt

Im Jahr 2007 eröffnete der Kongress der Vereinigten Staaten eine Untersuchung der aktuellen 401(k)-Pensionspläne und Investmentfonds in den USA, die von den Bankern unterstützt werden, denen wir unser Geld anvertrauen. Nachfolgend ein Auszug aus einem Artikel, der in der Ausgabe des *Wall Street Journal* vom 14. März 2007 erschienen war (Eleanor Laise: *What Is Your 401[k] Costing You?*):

> Bei 401(k)-Plänen ist es nicht erforderlich darzulegen, wie viel den Beitragenden an Gebühren berechnet wird. Und das kann

> eine ganz erkleckliche Summe sein, einschließlich der Gebühren für die unabhängigen Rechnungsprüfungen, laufende Buchungen und Führung der Konten, Beratungsdienste sowie Hotlines und natürlich die Basiskosten für die Verwaltung der Gelder in einem Sparplan. (...)
>
> Die wachsenden Spannungen bezüglich der 401(k)-Ausgaben (...) spornte Bundesgesetzgeber letzte Woche an zu prüfen, ob die lückenhafte Offenlegung der Gebühren es Angestellten schwerer macht zu erkennen, ob sie ein gutes Geschäft machen.

Das Problem mit diesen Gebühren ist, dass selbst Ihr Arbeitgeber sie nicht verstehen kann. Tatsächlich weiß Ihr Arbeitgeber nicht einmal von der Existenz einiger dieser Gebühren, weil sie versteckt sind. Wie kann man also von Ihnen erwarten, dass Sie die Gebühren kennen oder verstehen? In dem Artikel heißt es weiter:

> Jetzt stellen einige Arbeitgeber externe Berater ein, nur um sie dabei zu unterstützen, die Gebühren zu verstehen. (...)
>
> Ein Problembereich sind die hohen Gebühren, die Komplexität und die potenziellen Interessenkonflikte im Zusammenhang mit sogenannten Revenue-Sharing-Vereinbarungen (Finanzausgleichsvereinbarungen). Dabei handelt es sich oft um Zahlungen eines Investmentfondsunternehmens an einen 401(k)-Plan-Anbieter, um den Anbieter für Dienstleistungen wie die Kontoführung zu entschädigen. Diese Kosten sind oft in die Kosten der in den Plänen angebotenen Fonds integriert und tragen dazu bei, die Kosten für diese zu erhöhen.

Wenn man den obigen Auszug liest, wird deutlich, wie einfach es für Anbieter von Altersvorsorgefonds, das heißt Banker, ist, mit Ihrem Geld reich zu werden. Wie ich bereits erwähnt habe, wurden Banken gegründet, um Ihr Geld zu schützen. Jetzt arbeiten sie daran, es Ihnen wegzunehmen. Das Tragische an der Situation ist, dass wir es ihnen so leicht machen. Wir müssen nicht einmal mehr in die Bank hineingehen (tatsächlich könnten sie Ihnen dafür sogar weitere Gebühren berechnen!). Stattdessen wird das Geld direkt vom Gehalt abgezogen, bevor es überhaupt auf unser Konto gelangt. Banker müssen es nicht aus unseren Taschen holen, denn es gelangt nicht einmal in unsere Taschen hinein.

Abschleifen von Münzen

Während des Römischen Reichs spielten viele Kaiser an ihren Münzen herum. Einige beschnitten die Münzen und schliffen ein wenig Gold oder Silber von den Rändern ab. Deshalb haben Münzen heute Rillen an der Kante. Rillen sollten die Münzen vor dem Abschleifen schützen. Als sie keine Münzen mehr abschleifen konnten, wiesen die Kaiser ihre Schatzkammern an, Gold und Silber mit billigeren Metallen zu mischen.

Die US-Regierung tat in den 1960er-Jahren dasselbe mit ihren Münzen. Auf einen Schlag verschwanden die Silbermünzen und wurden durch »gefälschte« Münzen ersetzt. 1971 schließlich wurde der Dollar zu einer wertlosen Währung, weil er vollständig vom Goldstandard abgekoppelt wurde.

In vielerlei Hinsicht sind Banken die größten Finanzhaie von allen. Jeden Tag rauben sie den Sparern ihr Vermögen, indem sie immer mehr wertloses Geld drucken lassen. Zum Beispiel erlauben die Regeln der Banken ihnen, Ihre Ersparnisse anzunehmen und Ihnen dafür einen kleinen Prozentsatz an Zinsen zu zahlen. Für jeden Dollar, den Sie sparen, darf die Bank dann mindestens 20 weitere Dollar verleihen und einen höheren Zins für dieses Geld verlangen. Zum Beispiel hinterlegen Sie 1 Dollar, und die Bank zahlt Ihnen in einem Jahr 5 Prozent Zinsen für diesen Dollar. Die Bank hat dann sofort die Erlaubnis, 20 Dollar auszuleihen und Ihnen 20 Prozent Zinsen für die Nutzung Ihrer Kreditkarte zu berechnen. Die Bank zahlt Ihnen 5 Prozent für 1 Dollar und verdient 20 Prozent für 20 Dollar. So werden Banker reich. Wenn Sie und ich das täten, kämen wir dafür ins Gefängnis. Das nennt man Wucher.

Es verursacht auch Inflation. Weil unsere Banken mit Geld spielen, wird die Kluft zwischen Arm und Reich größer. Heute sind Sparer Verlierer, und Banker sind Gewinner.

Mit den neuen Regeln des Geldes müssen wir wissen, wie man sich Währung leiht, um Vermögenswerte zu erwerben, da wir nicht länger Geld sparen. Mit anderen Worten, kluge Darlehensnehmer sind die Gewinner des neuen Kapitalismus, nicht diejenigen, die auf einem Sparkonto Geld zurücklegen.

Broker

»Broker« ist ein anderes Wort für »Verkäufer«. In der Welt des Geldes gibt es Makler für Aktien, Anleihen, Immobilien, Hypotheken, Versicherungen,

Unternehmen et cetera. Eines der heutigen Probleme ist, dass die meisten Menschen in finanziellen Angelegenheiten von Verkäufern beraten werden, nicht von reichen Menschen. Wenn Sie einen reichen Broker treffen, müssen Sie fragen, ob der Broker durch sein Verkaufsgeschick oder durch finanzielles Geschick reich wurde.

Warren Buffett bemerkte einmal: »Die Wall Street ist der Ort, zu dem die Leute in ihrem Rolls-Royce fahren, um sich Ratschläge von Leuten zu holen, die mit der U-Bahn fahren.«

Mein reicher Vater sagte: »Der Grund, warum sie Broker genannt werden, ist, dass sie noch mehr pleite (engl. *broke* = pleite) sind als du.«

Gute Broker – schlechte Broker

Wenn man nicht viel Geld hat, gibt es ein weiteres Problem: Gute Broker, die wissen, was sie tun, haben oft keine Zeit für Sie. Sie sind damit beschäftigt, mit ihren vermögenderen Kunden zu arbeiten.

Als Kim und ich nur sehr wenig Geld hatten, war eine unserer größten Herausforderungen, einen Broker zu finden, der bereit war, uns auszubilden. Da wir nicht viel Geld hatten, hatten die meisten Broker nicht viel Zeit für uns. Wir trafen auch viele Broker, die nur daran interessiert waren, uns etwas zu verkaufen, und nicht, uns etwas zu lehren. Doch wir suchten weiter. Was wir suchten, war ein junger Börsenmakler, der gerade einen Kundenstamm aufbaute, einer, der klug war, sich in seinem Fach ständig weiterbildete und selbst auch investierte. Fast zufällig, durch einen Freund eines Freundes, lernten wir Tom kennen. Am Anfang gaben wir Tom 25.000 Dollar. 15 Jahre später war unser Aktienportfolio Millionen von Dollar wert, Tendenz steigend.

Nachdem wir 1986 geheiratet hatten, begannen Kim und ich, in Immobilien zu investieren. Wir entschieden uns, mit sehr wenig Geld zu beginnen. Wir trafen viele schlechte Immobilienmakler, die Immobilien verkauften, aber selbst nicht in Immobilien investierten. Wenn sie investierten, dann in Investmentfonds. Schließlich trafen wir John. Er half uns, unser Immobilienportfolio mit anfänglich 5.000 Dollar auf einen Wert von rund 250.000 Dollar zu erweitern. Das klingt vielleicht nicht nach viel Wachstum, aber das wurde in nur drei Jahren erreicht, in Portland, Oregon, wo es zu der Zeit sehr schlecht um den Immobilienmarkt stand. Heute liegen unsere Immobilienbestände im zweistelligen Millionenbereich, Tendenz steigend.

Erkenntnisse

Wie Sie wissen, gibt es gute Broker und schlechte Broker. Einfach ausgedrückt, gute Broker verhelfen Ihnen zu Reichtum, und schlechte Broker haben nur Ausreden. Das Folgende ist eine verkürzte Liste mit Dingen, die uns halfen, gute Broker zu finden und zu halten.

1. Sowohl Kim als auch ich haben Kurse über das Investieren in Aktien und Immobilien besucht. Unser Wissensvorsprung ermöglichte es uns, einen gebildeten Broker von einem Verkäufer zu unterscheiden.
2. Wir suchten Broker, die sich auch ständig in ihrem Fach weiterbildeten. Sowohl Tom als auch John investierten über die Mindestanforderungen an ihre berufliche Bildung hinaus viel Zeit in Fortbildung in ihren Bereichen. Tom lädt mich oft ein, mir die Unternehmen anzusehen, die er untersucht. John ist ein Immobilienmakler, der tatsächlich selbst in Immobilien investiert. Heute ist er ein angesehener Lehrer auf dem Gebiet der Immobilieninvestition.
3. Wir wollen wissen, ob sie in das investieren, was sie verkaufen. Warum sollten Sie schließlich in das investieren, was er Ihnen verkaufen will, wenn der Broker nicht das Selbstvertrauen hat, in die gleichen Aktien zu investieren?
4. Wir wollten eine Beziehung, keine Transaktion. Viele Broker wollen nur verkaufen. Sowohl Tom als auch John hatten Zeit, mit uns zu Abend zu essen, auch wenn wir nur sehr wenig Geld hatten. Beide sind inzwischen auch Freunde.

Der Schlüssel zum Erfolg

Der Schlüssel zum Erfolg ist die Bildung. Kim, John, Tom und ich bilden uns laufend zum Thema Investieren fort. Wir sind an dem gleichen Thema interessiert. Wir alle wollen mehr über das Thema erfahren. Wir investieren in unser Thema. Tom weiß nicht viel über Immobilien, also sprechen wir mit ihm nicht über Immobilien. John hat kein Interesse an der Börse, also sprechen wir nicht mit ihm über Aktien.

Unser Vermögen wuchs unter anderem auch, weil unser Wissen zunahm. Oft rief ich John an und stellte ihm Fragen wie: »Kannst du mir den Unterschied zwischen Cap-Sätzen und internen Renditen erklären?« Er nahm sich die Zeit, mir etwas beizubringen, anstatt nur an mich zu verkaufen. Bei Tom rief ich an und stellte Fragen wie: »Kannst du mir den

Unterschied zwischen langfristigen und kurzfristigen Anleihen erklären?« Tom war überglücklich, Lehrer spielen zu dürfen.

Die Rich Dad Company bietet mehrtägige Seminare über Aktien und Immobilien unter anderem deshalb an, weil finanzielle Bildung wichtig ist. Die Dozenten, die unsere Kurse unterrichten, sind Investoren, die das, was sie unterrichten, auch selbst praktizieren. Die Rich Dad Company legt Wert auf finanzielle Bildung, weil sie für Kim und mich der Kitt für eine starke Beziehung zu unseren Brokern Tom und John war. Es war das persönliche Engagement für eine langfristige Finanzausbildung, das es uns allen vieren ermöglichte, gemeinsam sehr reich zu werden.

Heute rufen mich ständig Aktien- und Immobilienmakler an. Alle behaupten sie, heiße Deals zu haben, die mich reich machen. In den meisten Fällen sind sie nur an der Provision interessiert, damit sie Essen auf *ihren* Tisch bringen können, nicht auf *meinen*. Gute Broker wollen Essen auf beide Tische bringen.

Wie gesagt, wird der zweite Aspekt des finanziellen IQs in Prozent gemessen. Broker verdienen ihr Einkommen oft in Prozent. Zum Beispiel wenn ich eine Immobilie für 1 Million Dollar kaufe, kann der Makler 6 Prozent des Kaufpreises oder 60.000 Dollar verdienen. Wenn dieses Objekt mir jedes Jahr 10 Prozent als Kapitalrückfluss einbringt, dann ist die Gebühr des Vermittlers wohlverdient, da ich diese Provision nur einmal zahle.

Umgekehrt, wenn ich kaufe und gleich wieder verkaufe (Kauf, Renovierung und Verkauf einer Immobilie oder Tagesgeschäfte mit Aktien), zahle ich eine Provision sowohl beim Kauf als auch beim Verkauf. Dies wird oft als »round trip« oder »slipage« bezeichnet. In der Immobilienbranche kann ein »round trip« mit einer Immobilie 12 Prozent des Gewinns verschlingen und höhere Steuern verursachen. Das ist finanziell gesehen nicht intelligent.

Händler versus Investoren

Menschen, die »rein und raus« gehen, sind Händler, keine Investoren. Händler zahlen nicht nur höhere Provisionen an Broker, sondern auch einen höheren Steuersatz auf den Gewinn aus dem Kauf und Verkauf, da dieser unter dem Begriff *kurzfristige Kapitalgewinne* fällt. Das bedeutet, dass die amerikanischen Bürokraten im Steuersektor jene Personen, die kaufen und verkaufen, um Kapitalgewinne zu erzielen, nicht als Investoren betrachten. Sie betrachten sie als professionelle Händler und können sogar eine Selbstständigensteuer (AMT) auf ihre Einnahmen erheben. Broker und Bürokraten gewinnen, und Händler verlieren bei dieser Art von Transaktionen.

Finanziell intelligente Investoren wissen, wie man räuberische Transaktionsgebühren und Steuern minimiert, indem man klug investiert und gute Broker einsetzt.

Provisionsschneiderei

Vor Jahren wurde das Anlagenkonto der Mutter eines Freundes von ihrem netten Börsenmakler »durch die Mangel gedreht«. Von Provisionsschneiderei spricht man, wenn der Broker kontinuierlich Aktien für den Kunden kauft und verkauft. Am Ende erhält der Broker das Geld des Kunden über Provisionen, und das Portfolio des Kunden ist leer geräumt.

Also, bevor Sie Ihr Geld an einen Broker übergeben, wählen Sie ihn sorgfältig aus. Fragen Sie den Broker zumindest, ob Sie einige seiner Kunden anrufen und mit ihnen sprechen können. Denken Sie daran, gute Broker wie Tom und John können Sie reich machen, und schlechte Broker können Sie Ihr Vermögen kosten.

Unternehmen

Alle Unternehmen haben etwas zu verkaufen. Wenn sie nicht verkaufen, sind sie nicht mehr auf dem Markt. Ich frage mich oft: »Macht mich das Produkt oder die Dienstleistung dieses Unternehmens reicher oder ärmer?« In vielen Fällen werden durch das Produkt oder die Dienstleistung nicht Sie reicher, sondern nur das Unternehmen.

Viele Unternehmen versuchen ihr Bestes, um Sie ärmer zu machen. Zum Beispiel haben viele große Kaufhäuser ihre eigenen Kreditkarten – die schlimmsten Kreditkarten, die man besitzen kann. Der Grund, warum sie wollen, dass Sie ihre Kreditkarte verwenden, ist, dass ihre Firma eine Provision von der Bank erhält. Das Unternehmen, das die Karte ausgibt, ist ein Broker für die Bank. Beachten Sie, dass das Muster *Broker* und *Banker* hier wieder auftaucht.

Verwendung von Kreditkarten zum Kauf schlechter Produkte

Einer der Gründe, warum so viele Menschen finanziell zu kämpfen haben, ist, dass sie Produkte kaufen, die sie ärmer machen, und sich selbst dann noch ärmer machen, indem sie dieses Produkt mit Kreditkarten kaufen und sie diese Rechnungen dann über Jahre hinweg mit hohen Zinsen bezahlen. Wenn ich zum Beispiel ein Paar Schuhe mit einer Kreditkarte kaufe und

Jahre brauche, um die Kreditkartenrechnung zu bezahlen, bleibe ich für die nächsten Jahre ärmer, weil ich weiterhin für ein Produkt zahle, das mich ärmer und nicht reicher gemacht hat. Arme Menschen kaufen Produkte, die sie arm halten, und brauchen Jahre, um diese Produkte abzubezahlen, und müssen gleichzeitig noch hohe Zinsen dafür bezahlen.

Wenn Sie reich sein wollen, werden Sie Kunde von Unternehmen, die sich darauf spezialisiert haben, Sie reicher zu machen. So bin ich beispielsweise langjähriger Kunde einer Reihe von Geldanlage-Newslettern und Finanzmagazinen. Ich bin auch Kunde von Unternehmen, die Bildungsprodukte und Seminare verkaufen. Mit anderen Worten, ich bin ein guter Kunde für einige meiner Konkurrenten. Ich gebe gern Geld für Produkte oder Dienstleistungen aus, die mich reicher machen.

Bräute und Liebhaber

Wir alle wissen, dass einige Leute wegen des Geldes heiraten. Sowohl Männer als auch Frauen heiraten wegen des Geldes und nicht aus Liebe. Ob es Ihnen gefällt oder nicht, Geld spielt eine wichtige Rolle in jeder Ehe. Es gibt ein Zitat aus dem Film *Der große Gatsby*, das lautet: »Reiche Mädchen heiraten keine armen Jungen.« Das mag im Film ein guter Spruch sein, aber die Realität ist, dass es arme Mädchen und Jungen gibt, die reiche Menschen wegen ihres Geldes heiraten.

Liebes-Haie

Mein reicher Vater nannte Menschen, die wegen des Geldes heiraten, *Liebes-Haie*. Je mehr Geld man hat, desto mehr lieben sie einen. Im Zuge seiner in den Medien breitgetretenen Scheidung muss Paul McCartney wahrscheinlich 50 Prozent seines geschätzten 1-Milliarde-Dollar-Vermögens seiner Exfrau überlassen. Das ist eine Menge Geld. Dies zeigt, dass McCartney als musikalisches Genie viel Geld verdient hat, aber sein Mangel in Hinsicht auf den zweiten Aspekt des finanziellen IQs kostet ihn viel Geld, das ihm ein klein wenig voreheliche Planung hätte ersparen können. Mein Freund Donald Trump sagt: »Schließe einen Ehevertrag, bevor du heiratest.« Ein Ehevertrag ist ein Zeichen für einen besser ausgebildeten zweiten Aspekt des finanziellen IQs. Der Verlust von 50 Prozent eines über das gesamte Leben aufgebauten Vermögens für einige Jahre Ehe ist ein Zeichen für einen schlecht ausgebildeten zweiten Aspekt des finanziellen IQs.

Mein reicher Vater sagte immer: »Wenn Liebe und Geld zusammenkommen, regiert oft der finanzielle Wahnsinn, nicht die finanzielle Intelligenz.« Als Kim und ich heirateten, hatte keiner von uns Geld, also weiß ich, dass wir nicht wegen des Geldes geheiratet haben. Obwohl wir kein Geld hatten, hatten wir eine Ausstiegsstrategie geplant für den Fall, dass es nicht so lief, wie wir es wollten. Deshalb besitzen Kim und ich jeweils unsere eigenen juristischen Personen. Wir haben auch jeder eigene Investitionen. Wenn wir uns trennen sollten, müssen wir unsere Vermögenswerte nicht aufteilen. Sie sind bereits getrennt. Ich freue mich, sagen zu können, dass wir seit 1986 glücklich verheiratet sind, und die Ehe wird jedes Jahr besser und besser und reicher und reicher.

An den Ausstieg denken, bevor Sie einsteigen

Es ist *verrückt* zu denken, dass es im Leben darum geht, für immer und ewig glücklich zu sein. Glücklicherweise gilt das nur in Märchen. Die Dinge ändern sich. Deshalb sind Ausstiegsstrategien wichtig für alles, was einen Wert hat. Ich weiß, dass es unangenehm sein kann, um einen Ehevertrag zu bitten, bevor Sie den Mann oder die Frau Ihrer Träume heiraten. Aber es ist finanziell gesehen intelligent, sogar ein Muss, besonders in der heutigen Zeit, in der die Scheidungsrate bei 50 Prozent liegt. Wenn Sie ein neues Geschäft mit einem neuen Geschäftspartner gründen, weiß ich, dass es schwierig sein kann, an eine Kauf-Verkaufs-Vereinbarung oder eine Geschäftsauflösungsvereinbarung zu denken, wenn Sie gerade erst anfangen, aber es ist finanziell gesehen intelligent, an Ihren Ausstieg zu denken, bevor Sie eine Vereinbarung abschließen.

Die nächste Ausstiegsstrategie ist eine, an die viele Leute nicht gern denken, aber es ist finanziell gesehen intelligent, darüber nachzudenken, bevor man den endgültigen Ausstieg vollzieht.

Schwager

Der Tod ist der letzte Ausgang. Es ist ein weiterer Zeitpunkt, zu dem Geldgeier auftauchen – oder ich sollte sagen Leichenfledderer. Wenn Sie reich sind, kann es für Ihre Lieben kostspielig werden, keinen finanziellen IQ zu haben. Familie, Freunde und die Regierung kommen zu Ihrer Beerdigung, wenn Sie reich sind. Die Enkelkinder der Kinder Ihres Schwagers, Kinder, die Sie noch nie getroffen haben, werden plötzlich Teil der Familie und kommen, um bei Ihrer Beerdigung zu weinen. Wenn Sie einen hohen finanziellen IQ haben, wird der Prozentsatz Ihres Geldes, den diese trauernden Verwandten erhalten, von Ihnen kontrolliert, auch nachdem Sie abgetreten sind. Menschen mit einem hohen finanziellen IQ haben Testamente, Treuhandgesellschaften und andere rechtliche Mittel, um ihr Vermögen und ihren letzten Willen vor Aasgeiern zu schützen. Denken Sie nur an Leona Helmsley. Sie schaffte es, ihrem Hund 12 Millionen Dollar zu hinterlassen, aber ihre Enkelkinder leer ausgehen zu lassen. Obwohl ich so etwas nicht vorschlagen würde, ist es ein positiver Beweis dafür, dass ein hoher finanzieller IQ es Ihnen erlaubt zu bestimmen, wohin Ihr Geld geht, sogar aus dem Grab heraus.

Planen Sie Ihren Todesfall mit einem Spezialisten für Nachlassplanung, bevor Sie das Zeitliche segnen. Wenn Sie reich sind oder planen, reich zu werden, ist die Vorbereitung Ihres letzten Ausstiegs finanziell gesehen das Intelligente, das Sie tun können. Tun Sie es, bevor Sie sterben – nur lassen Sie bitte den Hund aus dem Spiel.

Anwälte

Sie erinnern sich vielleicht an die Frau, die McDonald's verklagte, weil sie behauptete, dass der Kaffee zu heiß sei. Das ist ein Beispiel für einen Finanzhai, der das Gerichtssystem benutzt, um an Ihr Geld zu kommen. Millionen von Menschen suchen auch nur den geringsten Vorwand, um mit einer Klage reich zu werden. Deshalb gehören auch Rechtsanwälte oder Juristen dazu. Es gibt Anwälte, deren einziger Zweck im Leben darin besteht, Sie vor Gericht zu bringen und Ihnen Ihr Geld wegzunehmen.

In dem Wissen, dass diese Raubtiere irgendwo lauern, gibt es drei Dinge, die ein finanziell intelligenter Mensch tun muss:

1. Besitzen Sie nichts von Wert in Ihrem Namen. Es war mein armer Vater, der stolz sagte: »Mein Haus läuft auf meinen Namen.« Finanziell kluge Menschen besitzen ihre Häuser nicht in ihrem eigenen Namen.
2. Schließen Sie sofort eine Privathaftpflichtversicherung ab. Denken Sie daran, dass Sie keine Versicherung abschließen können, wenn Sie sie benötigen. Sie müssen das erledigen, *bevor* Sie sie brauchen.
3. Halten Sie Vermögenswerte mit hohem Wert als juristische Person. In den USA sind C-Unternehmen, S-Unternehmen, Kapitalgesellschaften

mit beschränkter Haftung und Personengesellschaften mit beschränkter Haftung (LLPs, *limited liability partnerships*) vorteilhafte juristische Personen. Es gibt auch mit Nachteilen behaftete juristische Personen. Dies sind Einzelunternehmen und offene Handelsgesellschaften (OHGs). Ironischerweise werden die meisten kleinen Unternehmen in einer mit vielen Nachteilen behafteten Rechtsform geführt.

Die Regeln haben sich geändert

Heute höre ich immer noch Leute sagen: »Arbeite hart, spare Geld, begleiche deine Schulden, investiere langfristig in ein gut diversifiziertes Portfolio aus Investmentfonds.« Das ist ein altmodischer Rat, und es ist ein schlechter Rat von finanziell gesehen Unwissenden. Diesen Rat zu befolgen hieße, das Spiel des Geldes nach den alten Regeln zu spielen.

In Amerika zahlen heute Arbeiter, die hart arbeiten, um mehr Geld zu verdienen, nur immer mehr Steuern. Sie sparen Geld und verlieren, weil der Dollar kein Geld mehr ist, sondern eine Währung, die ständig an Wert verliert. Anstatt zu lernen, Schulden als Hebel zu nutzen, um reicher zu werden, arbeiten sie hart daran, die Schuldenlast abzubauen. Millionen von amerikanischen Arbeitern legten Geld in einen 401(k)-Altersvorsorgeplan an, der aus Anteilen an Investmentfonds gefüllt ist. Aufgrund mangelnder finanzieller Bildung in der Schule leeren Schwärme von Finanz-Piranhas die Geldbörsen der Arbeiter bis auf den letzten Cent.

Ein Blick in die Geschichte

Wenn man in die Geschichte zurückblickt, ist gut zu sehen, wie sich die Regeln des Geldes in den USA und der Welt änderten. Sie wissen bereits, warum Sparen etwas für finanziell Naive ist. Diese Veränderung nahm 1971 ihren Ausgang.

1943 verabschiedete die US-Regierung, verzweifelt auf der Suche nach Geld zur Finanzierung des Zweiten Weltkriegs, ein Gesetz, das es der Regierung erlaubte, Geld vom Gehalt der Arbeitnehmer abzuziehen, bevor der Arbeitnehmer bezahlt wurde. Mit anderen Worten, die Regierung wurde bezahlt, noch bevor der Arbeitnehmer sein Gehalt bekam. Wenn man heute in Amerika einen Arbeitgeber hat, ist man nicht vor Steuern geschützt. Sie brauchen keinen Steuerberater, weil er wenig zum Schutz Ihres Geldes tun kann. Aber wenn Sie ein Unternehmen besitzen oder ein Investor sind, gibt es viele Löcher im Netz der Steuergesetze, durch die Sie schlüpfen können. Auf einige dieser Lücken werde ich in einem späteren Kapitel eingehen.

Wie Sie wissen, mussten die Arbeitnehmer in den USA 1974 Investoren werden und anfangen, für ihren Ruhestand zu sparen. Das führte zur Einführung des 401(k), dem genannten betrieblichen steuerbegünstigten Rentenplan. Das Problem mit dem 401(k) ist, dass die Regierung auch diese Lücke für die Arbeitnehmer geschlossen hat. Lassen Sie mich das näher erklären. Wenn jemand für Geld arbeitet, wird das Einkommen als Erwerbseinkommen besteuert, das am höchsten besteuerte Einkommen. Wenn ein Arbeitnehmer Geld aus seinem 401(k)-Plan abhebt, zählt dieses Einkommen als – Sie ahnen es schon – Erwerbseinkommen. Raten Sie, wie Zinsen aus Ersparnissen besteuert werden? Auch hier wieder: als Erwerbseinkommen.

Dies bedeutet, dass jemand, der hart arbeitet, Geld spart, aus der Verschuldung herauskommt und mit einem 401(k)-Plan für den Ruhestand spart, für das am höchsten versteuerte Einkommen arbeitet – das Erwerbseinkommen. Das ist finanziell nicht sinnvoll. Menschen, die diese Regeln befolgen, lassen sich von Raubtieren, die hinter ihnen stehen, die Taschen leer räumen und beweisen ihre geringe finanzielle Intelligenz dadurch, dass sie einen großen Teil ihres Einkommens verschenken.

Eine finanziell intelligente Person will kein dickes Gehalt. Ein finanziell gebildeter Mensch möchte lieber Tantiemen oder Dividenden erhalten, weil die Steuern auf diese Einkommensarten niedriger sind. (Auch in Deutschland unterliegen die Kapitalerträge von Privatpersonen nicht dem normalen (progressiven) Einkommenssteuertarif. Stattdessen fällt eine 25-prozentige Abgeltungssteuer an.) Ein sachkundiger Investor weiß zumindest genug, um in ein Portfolio oder ein passives Einkommen zu investieren.

Es ist wichtig zu beachten, dass die Steuergesetze für verschiedene Personenkreise unterschiedlich sind. Achten Sie darauf, sich den Rat von qualifizierten Steueranwälten und Steuerberatern einzuholen, bevor Sie finanzielle Entscheidungen treffen.

Im Jahr 1913 wurde die US-Notenbank gegründet. Dieses Datum ist möglicherweise das wichtigste Datum in der Geschichte der USA, als sich die Regeln des globalen Geldes tatsächlich zu ändern begannen. Dies ist das Datum, das sich Leute, die für einen Gehaltsscheck arbeiten, als den Beginn des Angriffs auf ihren persönlichen Reichtum merken sollten.

Um es vorwegzunehmen: Die US-Notenbank ist keine staatliche Institution. Das ist ein Mythos. Es ist auch keine amerikanische Organisation. Das ist eine Bank im Besitz einiger der reichsten Menschen der Welt.

Als die US-Notenbank gegründet wurde, übernahmen die reichsten Menschen der Welt die Kontrolle über das Geldsystem des reichsten Landes der Welt und änderten dann die Regeln des Geldes.

Heute höre ich Amerikaner fordern, dass die Regierung amerikanische Arbeitsplätze und amerikanische Interessen schützen soll. Gelegentlich höre ich Leute sagen: »Kauft amerikanische Produkte« oder »Unterstützt amerikanische Unternehmen«. Nun, dafür ist es zu spät. Das sind leise Hilferufe eines verzweifelten Volkes. Im Jahr 1913 übernahmen die reichsten Menschen der Welt die Kontrolle über die Geldmenge der Welt, indem sie die Kontrolle über die reichste Wirtschaft der Welt, die US-Wirtschaft, übernahmen. Sie änderten die Regeln und sagten es niemandem.

Heute ist die Wirtschaft der USA technisch gesehen bankrott, die Staatskasse ist voller selbst ausgestellter Schuldscheine, auch als Wertpapiere oder Staatsanleihen bekannt, alles Rechnungen, die die Kinder zukünftiger Generationen bezahlen müssen. Dieser Diebstahl des Vermögens geht weiter, wenn Milliarden von Menschen in den Unternehmen der Reichen arbeiten, Geld in den Banken der Reichen sparen und über die Investmentbanker der Reichen in das Vermögen der Reichen (das heißt Aktien, Anleihen und Investmentfonds) investieren. Das System ist absichtlich so konzipiert, dass es so viel wie möglich von Ihrem Geld abschöpft und kontrolliert – auf legalem Wege.

Vor Jahren, Anfang der 1980er-Jahre, las ich ein großartiges Buch mit dem Titel *Grunch of Giants*. Das Wort »GRUNCH« ist ein Kürzel für *GRoss UNiversal Cash Heist*, was so viel heißt wie »Gemeiner universeller Geldraub«. Das Buch wurde von Dr. R. Buckminster Fuller geschrieben, der als eines der größten Genies unserer Zeit gilt. Ich hatte das Glück, dreimal persönlich bei Dr. Fuller zu lernen, kurz bevor er 1983 starb. Er hatte eine enorme Wirkung auf mein Leben, wie auch auf viele andere Menschen, die seine Werke gelesen oder bei ihm studiert haben. Die Harvard-Universität betrachtet ihn als einen ihrer wichtigsten Absolventen, und das American Institut of Architects, die amerikanische Architektenkammer, erkennt ihn als einen der größten Designer unserer Zeit an.

Wenn Sie Dr. Fullers Buch *Grunch of Giants* finden können, glaube ich, dass es ein wenig klarer machen wird, wie die Menschen im Spiel des Geldes betrogen und dieser Betrug durch unser Bildungssystem vor Entdeckung geschützt wurde. Ich glaube, dass Sie das Buch verstörend finden werden, besonders wenn Sie sich anschauen, was heute mit Öl, Krieg, Banken, der Wirtschaft und Bildung los ist.

In diesem Buch erklärt Dr. Fuller, dass die Regierung ihre Hände mithilfe der Steuern in Ihre Taschen steckt und dieses Geld an deren Freunde übergibt, die multinationale Unternehmen kontrollieren. Mit anderen Worten, unsere gewählten Vertreter, Kongressabgeordneten und Senatoren vertreten nicht das Volk, sie vertreten das Großkapital. Was für eine Überraschung!

Im Jahr 2003 peitschten Präsident George W. Bush und die Republikaner im Kongress buchstäblich das Gesetz über Zuschüsse zu verschreibungspflichtigen Medikamenten durch. Dieses Gesetz ist eines der teuersten, die in den letzten 20 Jahren durch den Kongress gingen. Die Kosten für den amerikanischen Steuerzahler liegen bei weit über 500 Milliarden Dollar. Bald nach der Verabschiedung des Gesetzes wurde eine Reihe von Kongressabgeordneten und Mitarbeitern von den Pharmaunternehmen eingestellt, einige mit Jahresgehältern in Höhe von mehreren Millionen. Dies ist ein Beispiel für »GRUNCH« in Aktion.

Andere Bücher, die Sie vielleicht zu diesem Thema lesen könnten, sind:

The Dollar Crisis (dt.: Die Dollarkrise) von Richard Duncan,
The Battle for the Soul of Capitalism (dt.: Der Kampf um die Seele des Kapitalismus) von John Bogle,
Das Schuldenimperium von Bill Bonner und Addison Wiggin.

Ich glaube, der Wert der Lektüre dieser vier Bücher besteht darin, dass jeder Autor aus einer anderen Fachrichtung und von einem anderen Blickwinkel heraus schreibt. Es ist keine einzelne Gruppe von unzufriedenen Wahnsinnigen, die das System kritisieren. Dr. Fuller zum Beispiel war ein Futurist. Richard Duncan ist ein internationaler Banker. John Bogle ist der Gründer der Vanguard Group. Bill Bonner und Addison Wiggin sind internationale Investmentberater. Vier verschiedene Bücher aus vier verschiedenen Disziplinen, die alle im Grunde genommen dasselbe sagen: Jemand spielt Spiele mit dem Geld und stiehlt es ganz legal.

Ein neues Regelwerk

Ich persönlich versuche nicht, das System zu ändern. Meine persönliche Philosophie ist, dass es einfacher ist, mich selbst zu ändern als das System. Mit anderen Worten, ich kämpfe nicht gegen die Winde, die Windmühlen antreiben. Daher bin ich nicht politisch engagiert. Ich glaube nicht, dass Politik oder Politiker effektiv gegen diejenigen sind, die die Welt des Geldes regieren. Es scheint, dass die meisten Politiker, um gewählt zu werden, Schachfiguren genau derjenigen Menschen sein müssen, die das Geld der Welt kontrollieren. Die meisten Finanzberater sind Mitarbeiter dieser Weltbanker.

Ich will einfach nur die Regeln kennen und nach den Regeln spielen. Das bedeutet nicht, dass ich glaube, dass die Regeln fair oder gerecht sind. Das sind sie nicht. Die Regeln des Geldes sind so, wie sie eben sind, und sie ändern sich regelmäßig. Außerdem hat diese neue Welt des Geldes, auch wenn sie unfair ist, viel Gutes getan. Sie hat der Welt enormen Reichtum und neue Produkte gebracht und überall den Lebensstandard erhöht. Die Lebensqualität von Milliarden von Menschen verbessert sich. Geld hat viel Gutes bewirkt.

Leider sind diese Veränderungen mit großen Kosten für viele Länder, unsere Umwelt und viele Menschen verbunden. Viele sind sehr reich geworden, indem sie die finanziell Naiven ausnutzten. Viele sind reich geworden, indem sie den Reichtum anderer gestohlen haben. Deshalb ist der zweite Aspekt des finanziellen IQs: Ihr Geld schützen, ein sehr wichtiger Aspekt der finanziellen Intelligenz. Selig sind die, die nichts wissen – und das ist es, worauf die Finanzräuber bauen: Ihre Unwissenheit, die ihnen zu glückseligem Reichtum verhilft.

Kapitel 5

Der 3. Aspekt des finanziellen IQs: Budgetierung Ihres Geldes

Mein armer Vater riet mir oft: »Lebe im Rahmen deiner Möglichkeiten.«

Mein reicher Vater sagte: »Wenn du reich sein willst, musst du deine finanziellen Mittel ausbauen.«

In diesem Kapitel werden Sie herausfinden, warum es finanziell gesehen nicht intelligent ist, im Rahmen seiner Möglichkeiten zu leben, um reich zu werden. Sie werden etwas über Budgetierung lernen und dass es zwei Arten von Budgets gibt. Das eine weist ein Defizit auf, das andere einen Überschuss. Der dritte Aspekt des finanziellen IQs ist deshalb so bedeutend, weil es entscheidend ist zu lernen, wie man im Haushaltsplan einen Überschuss einplant, um reich zu werden und reich zu bleiben.

Ein Budget ist ein Plan

Eine der Definitionen des Wortes »Budget« ist: ein Plan für die Abstimmung von finanziellen Mitteln und Ausgaben.

Mein reicher Vater sagte, dass ein Haushaltsplan ein Plan ist. Er fuhr fort: »Die meisten Menschen verwenden ihren Haushaltsplan als einen Plan, um arm oder Angehöriger des Mittelstandes zu sein, und nicht als einen Plan, um reich zu werden. Die meisten Menschen führen ihr Leben eher mit einem Haushaltsdefizit als mit einem Haushaltsüberschuss. Anstatt auf einen Überschuss hinzuarbeiten, arbeiten viele Menschen daran, im Rahmen ihrer finanziellen Mittel zu leben, was oft bedeutet, ein Haushaltsdefizit zu schaffen.«

Die erste Art von Budget: Ein Haushaltsdefizit

Die Definition des Haushaltsdefizits im *Barron's Finance and Investment Handbook* (dt.: Barrons Finanz- und Investitionshandbuch) lautet: »Zu hohe Ausgaben im Vergleich zum Einkommen, bei einer Regierung, einem Unternehmen oder einer Person.« Beachten Sie die Worte »zu hohe Ausgaben im Vergleich zum Einkommen«. Mehr auszugeben, als Sie verdienen, führt zu einem Defizit. So viele Menschen arbeiten mit einem Defizit, weil es so viel einfacher ist, Geld auszugeben, als Geld zu verdienen. Wenn sie vor einem lähmenden Haushaltsdefizit stehen, entscheiden sich die meisten Menschen dafür, ihre Ausgaben zu kürzen. Anstatt die Ausgaben zu kürzen, empfahl mein reicher Vater, das Einkommen zu erhöhen. Er hielt es für klüger, seine finanziellen Mittel durch Einkommenssteigerung zu erweitern.

Haushaltsdefizit einer Regierung

Zum Haushaltsdefizit von Regierungen steht im *Barron's*: »Ein von der Regierung der Vereinigten Staaten angesammeltes Haushaltsdefizit muss durch die Ausgabe von Staatsanleihen finanziert werden.« In den vorangegangenen Kapiteln dieses Buches habe ich darüber geschrieben, wie die US-Regierung ihre Probleme durch den Verkauf von Schulden (das heißt Staatsanleihen) finanzierte, für die zukünftige Steuerzahler bezahlen müssen. Der Treuhandfonds der Sozialversicherung, der nicht wirklich existiert, ist voller Staatsanleihen. Anders ausgedrückt, weil die US-Regierung mit einem Haushaltsdefizit arbeitet, wurde das Geld, das Arbeitnehmer und Unternehmen in den Sozialversicherungsfonds eingezahlt haben, verwendet, um andere Rechnungen zu bezahlen, nicht um den Treuhandfonds der Sozialversicherung aufzustocken. Siehe das obere Diagramm auf Seite 95.

Haushaltsdefizit eines Unternehmens

Der *Barron's* erklärt: »Defizite in Unternehmenshaushalten müssen durch Umsatzsteigerung und Ausgabenreduzierung verringert oder beseitigt werden, sonst kann das Unternehmen auf lange Sicht nicht überleben.« Beachten Sie auch hier die beiden Möglichkeiten. Die eine Möglichkeit ist, den Umsatz zu steigern, und die andere, die Ausgaben zu senken.

Die Vermögensaufstellung eines Unternehmensdefizits sieht aus wie das untere Diagramm auf Seite 95.

Mein reicher Vater empfahl mir, eine Stelle bei Xerox anzunehmen, damit ich lernen würde, den Umsatz zu steigern, und damit das Einkommen zu

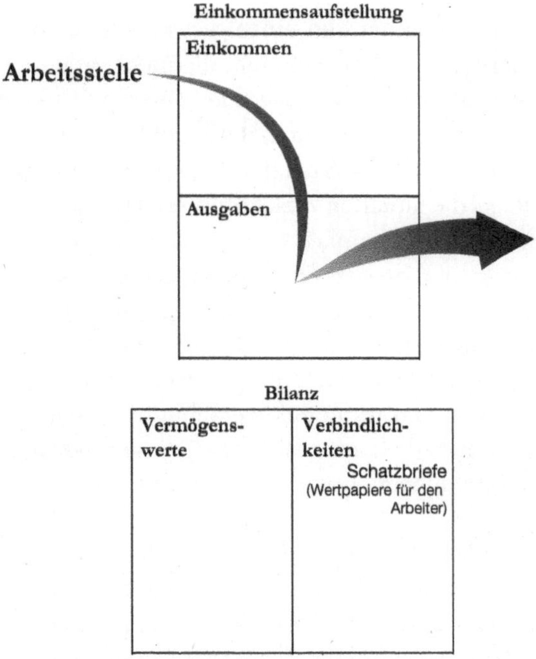
Einkommensaufstellung
Einkommen
Arbeitsstelle
Ausgaben
Bilanz
Vermögens-
werte
Verbindlich-
keiten
Schatzbriefe
(Wertpapiere für den
Arbeiter)

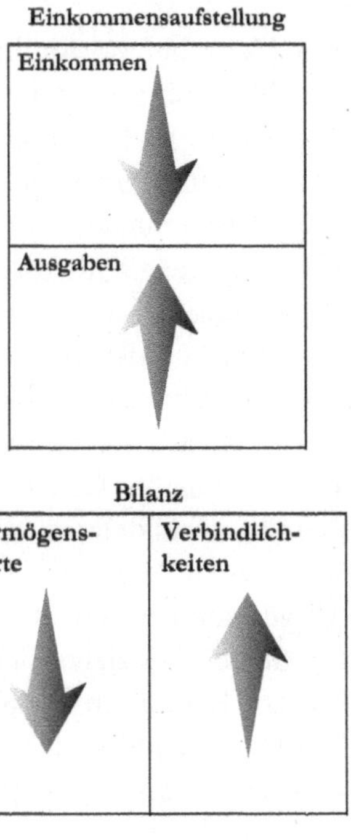
Einkommensaufstellung
Einkommen
Ausgaben
Bilanz
Vermögens-
werte
Verbindlich-
keiten

erhöhen. Für viele Unternehmen und Einzelpersonen ist es schwierig, ihr Einkommen zu erhöhen. Für Unternehmen, die nicht verkaufen können, ist es einfacher, Ausgaben zu senken, Schulden (Verbindlichkeiten) zu erhöhen oder Vermögenswerte zu verkaufen. Das Problem mit Ausgabensenkungen, steigender Verschuldung und dem Verkauf von Vermögenswerten ist, dass das in der Regel die Situation verschlimmert. Das ist also der Grund, warum mein reicher Vater mir empfahl zu lernen, wie man verkauft. Wenn man verkaufen kann, kann man sein Einkommen erhöhen. Die Einstellung meines reichen Vaters war es, dass die Erhöhung des Einkommens ein besserer Weg sei, um das Problem eines Haushaltsdefizits zu lösen, als die Ausgaben zu senken. Wenn man leichtfertige Ausgaben wie zum Beispiel verschwenderische Partys und unproduktive Schulden wie etwa für einen Firmenjet hat, kann es natürlich am besten sein, diese finanziell unverantwortlichen Probleme anzugehen, bevor man versucht, mehr zu verkaufen.

Haushaltsdefizit einer Person

Im *Barron's* steht: »Personen, die kontinuierlich mehr ausgeben, als sie verdienen, werden riesige Schulden ansammeln, die sie letztendlich zwingen können, Konkurs anzumelden, wenn die Schulden nicht getilgt werden können.«

Wie wir wissen, sind viele Menschen verschuldet, weil sie mehr ausgeben, als sie verdienen. Doch wie bereits im vorherigen Kapitel erwähnt, können die Menschen weniger ausgeben, weil Finanzhaie den Angestellten Geld vom Gehalt abziehen, bevor es auf ihrem Konto landet. Die Rechtfertigung für den Einbehalt von Arbeitnehmergeldern *vor* deren Auszahlung ist, dass den meisten die finanzielle Intelligenz fehlt, um ihr eigenes Geld zu verwalten. Wenn unsere Schulen finanzielle Bildung unterrichten würden, könnte man die Arbeitnehmer vielleicht mit der Verwaltung ihres eigenen Geldes betrauen, anstatt Bürokraten und Banker ihr Geld für sie verwalten zu lassen. Das Problem ist, wenn man Bürokraten und Banker mit der Verwaltung Ihres Geldes betraut, halten sie Ihr Geld für ihr eigenes.

Betrachtet man die Vermögensaufstellung einer Einzelperson, so sieht das wie das Diagramm auf Seite 96 aus.

Die Menschen im E-Quadranten haben oft keine Kontrolle über diese vier wichtigen Ausgaben – Steuern, Sozialversicherung, Renten und Hypothekenzahlungen. Aus diesem Diagramm können Sie ersehen, wie Regierungsbürokraten Geld über Steuern und Sozialversicherung einziehen, während Banker Ihr Geld über Altersvorsorge (401[k]) und Hypothekenzahlungen nehmen. Diese Maßnahmen sind für viele Menschen die Ursache ihrer Haushaltsdefizite.

Eine finanziell intelligente Person hat die Kontrolle über diese Ausgaben.

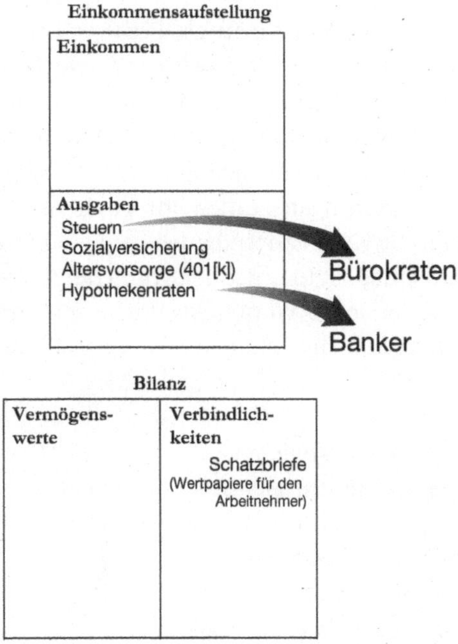

Die zweite Art von Haushalt: Ein Haushaltsüberschuss

Im *Barron's* steht: »Ein Haushaltsüberschuss ist ein Überschuss an Einkommen im Vergleich zu den Ausgaben in einem bestimmten Zeitraum für eine Regierung, ein Unternehmen oder eine Einzelperson.«

Beachten Sie die Worte »Überschuss des Einkommens im Vergleich zu den Ausgaben«. Das muss nicht unbedingt bedeuten, dass man im Rahmen der eigenen Mittel lebt. Die Definition besagt nicht, dass durch eine Reduzierung der Ausgaben ein Überschuss erzeugt wird, obwohl eine Reduzierung der Ausgaben zu einem Einkommensüberschuss führen kann. Es bedeutet, sich auf die Schaffung von überschüssigem Einkommen zu konzentrieren – den ersten Aspekt des finanziellen IQs: Mehr Geld zu verdienen. Mein reicher Vater liebte die Worte »Überschuss an Einkommen«. In diesem Kapitel geht es um Einkommensüberschüsse und weniger darum, Ausgaben zu reduzieren und im Rahmen der eigenen finanziellen Mittel zu leben.

Haushaltsüberschuss einer Regierung

Im *Barron's* steht: »Eine Regierung mit einem Überschuss kann sich dafür entscheiden, neue Regierungsprogramme zu starten oder Steuern zu senken.«

Diese Aussage ist nicht unproblematisch. Problem Nummer eins ist, dass Regierungen erwirtschaftete Überschüsse immer ausgeben. Ein Regierungsauftrag funktioniert folgendermaßen: Wenn eine Regierungsbehörde effizient ist und Geld spart, wird sie bestraft, anstatt belohnt zu werden, indem ihr der Haushalt im nächsten Jahr gekürzt wird. Um dies zu vermeiden, geben die meisten Regierungsbehörden ihr gesamtes Budget aus, auch wenn es nicht notwendig wäre. Das bedeutet, dass die Kosten weiter steigen und die Chancen auf einen Haushaltsüberschuss der Regierung verschwindend gering sind. Mit anderen Worten, staatliche Bürokratien sind darauf ausgelegt, mit einem Haushaltsdefizit zu arbeiten, und die Steuern werden immer steigen, unabhängig davon, wer an der Macht ist.

Wie Demokraten einen Haushalt verwalten. Sie erinnern sich vielleicht aus dem vorhergehenden Kapitel, dass Demokraten es lieben zu besteuern und auszugeben. Demokraten lieben es, Geld für mehr staatliche Sozialprogramme wie die Sozial- und Krankenversicherung auszugeben. Das Problem ist, dass Sozialprogramme nur deshalb größer werden, weil sie das Problem, für das sie geschaffen wurden, nicht lösen. Um dem entgegenzuwirken, wird das Budget erhöht, und der Teufelskreis setzt sich fort. In der Regierung wird Mittelmäßigkeit belohnt und Effizienz bestraft.

Das Folgende ist ein Diagramm des Budgets eines Demokraten:

Einkommensaufstellung

Einkommen
höhere Steuern
Ausgaben
höhere Ausgaben

Bilanz

Vermögenswerte	**Verbindlichkeiten**
Reduzieren	erhöhen über Sozialprogramme

Wie Republikaner ein Budget verwalten. Die Republikaner neigen dazu, zu leihen und auszugeben. Sie wollen die Wirtschaft ausbauen, indem sie den Geldbestand durch Schulden mit wertlosem Geld überschwemmen. Es ist fast so, als würde man die Wirtschaft mit legalem Falschgeld überschütten. Auch hier sieht zusätzliches Geld wie eine Steigerung der Einnahmen aus, aber in Wirklichkeit ist es ein Anstieg der Verschuldung in Form von Schatzbriefen und Anleihen, was die Aussicht auf einen Überschuss am Ende verringert. Viele Angehörige des Mittelstands tun das Gleiche, indem sie ihr Zuhause als Geldautomaten nutzen. Jedes Mal, wenn ihr Haus an Wert zunimmt, vor allem aufgrund des Wertverlustes des Dollars, beleihen sie ihr Eigenheim, um Kreditkartenrechnungen abzuzahlen.

Mit einfachen Worten ist es unmöglich, weniger zu verdienen, mehr zu leihen und auszugeben und einen Überschuss zu schaffen. Wie Präsident Clinton es so eloquent ausdrückte: »Die Wirtschaft ist schuld, Dummkopf.«

Das Folgende ist ein Diagramm eines republikanischen Haushalts:

Einkommensaufstellung

Einkommen
Budgetreduzierung durch Steuersenkungen Einkommenserhöhung durch Aufnahme von Schulden
Ausgaben
Mit Steuergeldern die Unternehmen von Freunden subventionieren

Bilanz

Vermögenswerte	**Verbindlichkeiten**
	Schuld-Schatzbriefe Rentenpapiere

Haushaltsüberschuss eines Unternehmens

Der *Barron's* erklärt: »Ein Unternehmen mit einem Überschuss kann das Geschäft durch Investitionen oder Zukäufe erweitern oder eigene Aktien zurückkaufen.«

Beachten Sie die beiden Möglichkeiten, ein Unternehmen zu expandieren: Investition oder Zukauf. Ein Unternehmen gibt Geld aus, um sich zu vergrößern, oder es kauft ein anderes Unternehmen zu, um zu expandieren. Kann ein Unternehmen nicht durch Investition oder Zukauf expandieren, kann es eigene Aktien zurückkaufen. Dieser Aktienrückkauf kann manchmal bedeuten, dass das Unternehmen sich nicht dazu in der Lage sieht, das Geschäft zu erweitern, und sich stattdessen dafür entscheidet, sich selbst zu kaufen. Wenn diese Aktion den Aktienkurs in die Höhe treibt, sind viele Aktionäre damit glücklich, auch wenn das Unternehmen nicht wächst.

Wenn ich höre, dass ein Unternehmen seine eigenen Aktien zurückkauft, bin ich mir klar, dass das verschiedene Dinge bedeuten kann. Ein Aktienrückkauf kann bedeuten, dass das Unternehmen aufgehört hat zu wachsen und die Führung nicht weiß, wie sie das Geschäft ausbauen soll. Dies ist kein gutes Zeichen für Investoren. Anstatt mehr Aktien zu kaufen, wenn der Aktienkurs steigt, könnte es an der Zeit sein zu verkaufen.

Ein Aktienrückkauf könnte auch bedeuten, dass die Führung denkt, dass ihr Aktienkurs ein Schnäppchen im Vergleich zum Vermögenswert des Unternehmens ist. Wenn dies der Fall ist, dann sollten Anleger mit steigendem Aktienkurs mehr kaufen.

Anders gesagt, ein Haushaltsüberschuss eines Unternehmens kann Ihnen verschiedene Dinge über das Unternehmen und seine Führung erzählen.

Haushaltsüberschuss einer Person

Der *Barron's* erklärt: »Eine Person mit einem Haushaltsüberschuss kann sich dafür entscheiden, ihre Schulden abzuzahlen beziehungsweise ihre Ausgaben oder Investitionen zu erhöhen.«

Beachten Sie, dass der *Barron's* drei Möglichkeiten für natürliche Personen anbietet. Diese sind: Schulden abzahlen, mehr Geld ausgeben oder investieren. Wie die meisten von uns wissen, ist einer der Gründe, warum so viele Menschen finanzielle Schwierigkeiten haben, dass sie die Ausgaben und Schulden erhöhen und die Investitionen reduzieren.

Zwei Möglichkeiten

Was den dritten Aspekt des finanziellen IQs betrifft: Das Budgetieren Ihres Geldes, gibt es nur zwei Möglichkeiten – Defizit oder Überschuss. Viele Menschen wählen das Defizit. Wenn Sie reich sein wollen, wählen Sie den Überschuss und erzielen Sie ihn, indem Sie Ihre Einnahmen erhöhen und nicht die Ausgaben reduzieren.

Das Defizit

Ich habe einen Freund in Atlanta, der viel Geld verdient. Er muss viel Geld verdienen. Wenn er aufhört, viel Geld zu verdienen, werden ihn seine Geldprobleme bei lebendigem Leibe auffressen. Er hat sich dafür entschieden, ein Defizit zu schaffen.

Jedes Mal, wenn Dan mehr Geld verdient, kauft er entweder ein größeres Haus, ein neueres Auto oder macht einen teuren Urlaub mit den Kindern. Er hat noch eine weitere schlechte Angewohnheit. Etwa alle zehn Jahre heiratet er eine jüngere Frau und bekommt ein weiteres Kind. Dan wird älter, aber seine Frauen sind immer etwa gleich alt – 25. Dan ist ein Profi darin, viel Geld zu verdienen und seine Geldprobleme durch Defizite zu verschlimmern.

Der Überschuss

Die zweite finanzielle Option ist die Planung eines Haushaltsüberschusses. Nach dem Geldverdienen, dem ersten Aspekt des finanziellen IQs, und dem Schutz Ihres Geldes, dem zweiten Aspekt, ist es jetzt entscheidend zu lernen, wie man einen Überschuss plant, um finanzielle Integrität zu erreichen.

Im Folgenden habe ich eine Reihe von Lektionen, die ich von meinem reichen Vater und anderen wohlhabenden Menschen über die Planung eines Haushaltsüberschusses gelernt habe.

Haushaltstipp Nr. 1: Ein Haushaltsüberschuss ist ein Aufwand. Dies ist eine der besten Lektionen über Geld, die mein reicher Vater an seinen Sohn und mich weitergab. Mit Blick auf die Vermögensübersicht sagte er: »Du musst einen Überschuss in einen Aufwand verwandeln.« Um einen Haushaltsüberschuss zu erzielen, sah seine Vermögensaufstellung so aus:

Einkommensaufstellung

Einkommen
Ausgaben Sparen Spenden Investitionen

Bilanz

Vermögens-werte	**Verbindlich-keiten**

Er erklärte weiter: »Viele Regierungen, Unternehmen und Einzelpersonen schaffen keinen Haushaltsüberschuss, weil sie denken, dass ein Haushaltsüberschuss so aussieht:«

Einkommensaufstellung

Einkommen
Ausgaben

Bilanz

Vermögens-werte	**Verbindlich-keiten**
Sparen Spenden Investitionen	

In *Rich Dad Poor Dad* schrieb ich darüber, wie wichtig es ist, *sich zuerst selbst zu bezahlen.* Haushalt 1 ist ein Beispiel dafür, wie man sich selbst zuerst bezahlt. Haushalt 2 ist ein Beispiel dafür, wie man sich selbst zuletzt bezahlt.

Die meisten Menschen wissen, dass sie sparen, spenden und investieren sollten. Das Problem ist, dass die meisten Menschen, nachdem sie ihre Ausgaben bezahlt haben, kein Geld mehr haben, um dies zu tun. Der Grund dafür ist, dass sie das Sparen, Spenden und Investieren als letzte Priorität betrachten.

Lassen Sie mich veranschaulichen, was ich sage. Wie erwähnt, können Sie bei der Betrachtung der Vermögensaufstellung die Prioritäten einer Person erkennen.

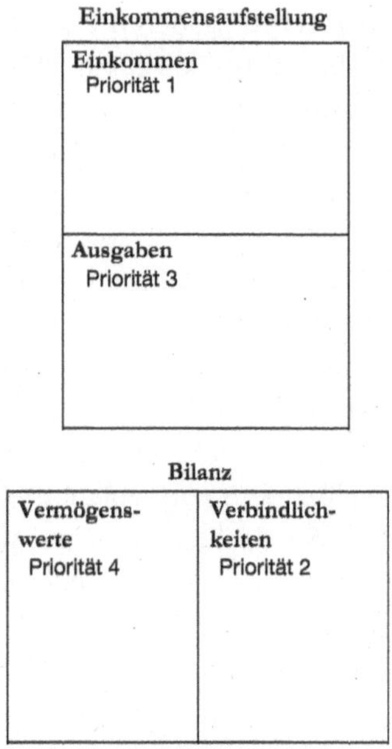

Mit anderen Worten, die finanziellen Prioritäten der meisten Mittelständler sind:

Priorität 1: Finden Sie eine hochbezahlte Stelle.
Priorität 2: Zahlen Sie die Hypotheken- und Leasingraten.
Priorität 3: Bezahlen Sie Rechnungen pünktlich.
Priorität 4: Sparen, Spenden und Investieren.

Mit anderen Worten, sich selbst zuerst zu bezahlen ist ihre letzte Priorität.

Der Überschuss muss Priorität haben

Um einen Haushaltsüberschuss erzielen zu können, muss der Überschuss Priorität haben. Am besten priorisieren Sie Ihre Ausgabengewohnheiten neu, um den Überschuss zur obersten Priorität zu machen. Machen Sie das Sparen, Spenden und Investieren mindestens zu Ihrer Priorität 2, und geben Sie alles als Aufwand in Ihrer Vermögensaufstellung an.

Leichter gesagt als getan

Ich weiß, dass die meisten von Ihnen der Logik dessen, was ich sage, zustimmen können und auch zustimmen, dass die Menschen das Sparen, Spenden und Investieren zu einer höheren Priorität machen müssen. Ich weiß auch, dass das einfacher gesagt als getan ist. Deshalb lassen Sie mich erzählen, wie Kim und ich dieses Problem gelöst haben.

Bald nach unserer Hochzeit hatten wir die gleichen finanziellen Probleme wie viele Neuverheiratete. Wir hatten höhere Ausgaben als Einnahmen. Um dieses Problem zu lösen, stellten wir Betty, die Buchhalterin ein. Betty wurde angewiesen, 30 Prozent aller Einnahmen abzuschöpfen, als Aufwand, und dieses Geld in die Vermögensspalte zu legen.

Ein Beispiel mit einfachen Zahlen – wenn wir 1.000 Dollar Einkommen hatten und 1.500 Dollar Ausgaben, sollte Betty 30 Prozent der 1.000 Dollar nehmen und das Geld in die Vermögensspalte legen. Mit den restlichen 700 Dollar sollte sie einen Teil der 1.500 Dollar an Ausgaben bezahlen.

Betty wäre fast gestorben. Sie dachte, wir wären verrückt. Sie sagte: »Das könnt ihr nicht machen. Ihr habt Rechnungen zu bezahlen.« Sie hätte fast gekündigt. Wissen Sie, Betty war eine großartige Buchhalterin, aber sie hat das Geld wie eine arme Person budgetiert. Sie bezahlte alle anderen zuerst und sich selbst zuletzt. Da kaum noch etwas übrig war, bezahlte sie sich selbst nichts. Ihre Gläubiger, die Regierung und die Banker waren alle wichtiger als Betty.

Sie argumentierte und verteidigte ihre Ansichten. Ihre gesamte Ausbildung war darauf ausgerichtet, zuerst alle anderen zu bezahlen. Bei dem Gedanken, ihre Rechnungen oder Steuern nicht zu bezahlen, zitterten ihr die Knie.

Endlich brachte ich sie dazu zu verstehen, dass sie uns einen Gefallen tat. Sie half uns. Ich erklärte ihr, dass sie uns dabei unterstützte, ein sehr großes Problem zu lösen, das Problem, nicht genug Geld zu haben. Und wie Sie wissen, macht uns die Lösung von Problemen klüger. Als sie verstand, dass sie tatsächlich Einkommen durch die Ausgaben schuf, war sie bereit, unserem Plan zur Schaffung eines Haushaltsüberschusses zuzustimmen. Für jeden Dollar Einkommen nahm Betty 30 Cent und steckte sie in Ersparnisse, in Spenden und Investitionen. Sie wusste, dass Ersparnisse, Spenden und Investitionen notwendige Ausgaben sind, um einen Überschuss zu schaffen, unsere erste und wichtigste Ausgabe.

Von den 70 Cent jedes verbleibenden Dollars sollte sie Steuern, Verbindlichkeiten wie unsere Hypotheken- und Leasingraten für das Auto und dann unsere Rechnungen wie Strom, Wasser, Lebensmittel, Kleidung und so weiter bezahlen.

Ich brauche nicht zu sagen, dass wir lange Zeit jeden Monat zu wenig Geld hatten. Obwohl wir uns zuerst selbst bezahlt hatten, hatten wir nicht genug Geld, um andere zu bezahlen. Es gab ein paar Monate, in denen Kim und ich bis zu 4.000 Dollar zu wenig hatten. Wir hätten die 4.000 Dollar aus unserem Vermögen bezahlen können, aber das war unser Geld. Die Vermögensspalte gehörte uns.

Statt in Panik zu verfallen, wurde Betty angewiesen, sich jeden Monat mit uns zusammenzusetzen und uns mitzuteilen, wie viel Minus wir machten. Nach einem tiefen Atemzug sagten Kim und ich dann immer: »Es ist Zeit, zum ersten Aspekt des finanziellen IQs zurückzukehren: Mehr Geld verdienen.« Damit eilten Kim und ich herum und taten alles, was wir konnten, um mehr Geld zu verdienen. Kim mit ihrem Marketinghintergrund rief oft in Unternehmen an und bot Beratung zu ihren Marketingplänen an. Sie nahm auch Modeljobs an und verkaufte eine Kleidungskollektion. Ich bot an, Investment- oder Verkaufs- und Marketingkurse zu geben. Einige Monate lang bildete ich Vertriebsteams bei einer lokalen Immobiliengesellschaft aus. Ich verdiente sogar Geld, indem ich einer Familie beim Umzug half und für eine andere Familie etwas Land urbar machte.

Mit anderen Worten, wir schluckten unseren Stolz und taten alles Nötige, um das zusätzliche Geld zu verdienen. Irgendwie haben wir es immer geschafft; und irgendwie blieb Betty bei uns und unterstützte uns bei der Lösung unseres Problems und dem Prozess, obwohl sie sich mehr um uns sorgte als wir.

Unglücklicherweise konnte Betty zwar uns helfen, war aber nicht bereit, sich selbst zu helfen. Das Letzte, was wir hörten, war, dass sie in Rente ging und zu ihrer einzigen Tochter zog. Sie teilen sich die Kosten und verwenden Bettys Zahlungen aus der Sozialversicherung, um sie zu decken. Sie haben keinen Haushaltsüberschuss.

Unser Geld investieren

1989 kaufte Kim ihr erstes Mietobjekt. Sie zahlte 5.000 Dollar an und verdiente 25 Dollar positiven Cashflow im Monat. Heute kontrolliert Kim ein Multimillionen-Dollar-Portfolio und über tausend Mieteinheiten, und es wächst weiter. Hätten wir das Investieren nicht zu einer Ausgabe gemacht und uns nicht zuerst bezahlt, wären wir vielleicht immer noch dabei, alle anderen zuerst zu bezahlen.

Erspartes

Wir sparten, bis wir genug Bargeld hatten, um unsere Ausgaben ein Jahr lang zu decken. Statt Bargeld auf einem Privatkonto aufzubewahren, haben wir es in börsennotierten Gold- und Silber-Fonds (ETFs) angelegt. Das bedeutet, wenn wir Bargeld, das heißt Liquidität, benötigen, werden unsere liquiden Vermögenswerte von unserem Börsenmakler in Gold- und Silberzertifikaten und nicht in Bargeld bei einer Privatkundenbank gehalten. Wie Sie wissen, mag ich den Dollar nicht, weil er stetig an Wert verliert. Bargeld oder Ersparnisse in Gold und Silber zu halten hindert mich auch daran, es auszugeben. Ich hasse es, Gold und Silber gegen Dollar einzulösen. Dabei tauscht man einen Vermögenswert mit steigendem Wert gegen eine Ware ein, die an Wert verliert.

Gott ist unser Partner

Was das Spenden betrifft, so spenden wir weiterhin einen großen Teil an gemeinnützige Organisationen. Es ist wichtig zu geben. Wie mein sehr religiöser Freund sagt: »Gott muss nicht empfangen, aber der Mensch muss geben.« Ein weiterer Grund, warum wir geben, ist, weil die Spende unsere Art ist, unseren Partner zu bezahlen – Gott. Gott ist der beste Geschäftspartner, den ich je hatte. Er verlangt 10 Prozent und lässt mich die anderen 90 Prozent behalten. Wissen Sie, was passiert, wenn Sie aufhören, Ihre Partner zu bezahlen? Sie beenden die Zusammenarbeit. Deshalb haben wir das Spenden.

Zu wenig Geld haben

Als wir einen Überschuss planten, fanden Kim und ich als Erstes heraus, dass wir nicht genug Geld verdienten. Der Vorteil, jeden Monat zu wenig Geld zu haben, war unter anderem, dass wir früh und nicht später im Leben mit dem Problem konfrontiert waren, zu wenig Geld zu haben. Ich vermute, dass es viele Menschen gibt, die jeden Monat zu wenig Geld haben, und später im Leben, wenn ihr Arbeitsleben hinter ihnen liegt, auch zu wenig Geld haben. Dann ist es vielleicht zu spät, das Problem zu lösen, nicht genug Geld zu haben.

Wie ich am Anfang dieses Buches bereits schrieb: Wenn Sie ein Problem nicht lösen, werden Sie dieses Problem Ihr ganzes Leben lang haben. Probleme lösen sich selten von selbst. Deshalb haben wir uns früh im Leben entschlossen, uns selbst zuerst zu bezahlen, auch wenn wir zu wenig Geld hatten. Das zwang uns, das Problem des Geldmangels zu lösen.

Wer schreit am lautesten?

Als wir uns selbst zuerst bezahlten, waren die Leute, die am lautesten schrien, die Banken und die Menschen, denen wir Geld schuldeten. Wir hätten uns von diesen Leuten so einschüchtern lassen können, dass wir ihnen das Geld gegeben hätten. Stattdessen ließen wir uns derart einschüchtern, dass wir den ersten Aspekt unseres finanziellen IQs erhöhten: Mehr Geld verdienen.

Viele Menschen zahlen sich nicht zuerst selbst aus, weil niemand sie anschreit. Niemand stellt einen Inkassobeauftragten ein, um bei sich selbst zu kassieren. Sie drohen sich nicht selbst mit einer Zwangsvollstreckung. Anders ausgedrückt, wir üben keinen Druck auf uns selbst aus, wenn wir uns nicht selbst bezahlen. Und doch beugen wir uns dem Druck unserer Gläubiger und bezahlen sie. Kim und ich nutzten die Drucktaktiken unserer Gläubiger von unserer Ausgabenseite, um uns zu motivieren, mehr Geld zu verdienen und unser Einkommen zu steigern.

Haushaltstipp Nr. 2: Die Ausgabenspalte ist eine Kristallkugel. Wenn Sie jemals die Zukunft einer Person vorhersagen wollen, schauen Sie sich einfach die Ausgaben der Person in einem beliebigen Monat an. Zum Beispiel:

Person A	Person B
Spende an die Kirche	Sechser-Pack Bier
Sparguthaben	Neue Schuhe
Buch über Investitionen	Neuer Fernseher
Seminar über Investieren	Karten für ein Fußballspiel
Fitnessstudiogebühren	Sechser-Pack Bier
Wohltätige Spenden	Tüte Chips
Persönlicher Coach	Sechser-Pack Bier

Mein reicher Vater sagte: »Du kannst die Zukunft einer Person vorhersagen, indem du dir ansiehst, wofür sie ihre Zeit verwendet und ihr Geld ausgibt.« Er sagte auch: »Zeit und Geld sind sehr wichtige Vermögenswerte. Setze sie weise ein.«

Wie wichtig ein Haushaltsüberschuss für jemanden ist, können Sie an seiner Ausgabenspalte erkennen. Zum Beispiel:

Einkommensaufstellung

Einkommen
Gehalt (verdientes Einkommen)
Ausgaben
Einkommenssteuer Sozialversicherung Beitrag zum 401 (k) Sparvertrag Hypothekenzahlungen Leasingrate Auto Kreditkartenrechnungen Nahrung Kleidung Sprit Elektrizität

Bilanz

Vermögens-werte	**Verbindlich-keiten**
	Hypothek Autofinanzierung Kreditkarten-schulden Vorsorge für die Rente

Schauen Sie sich nur an, wie viel Geld zuerst an andere Organisationen oder Personen gezahlt wird. Beachten Sie, dass ich den Ruhestand als Verbindlichkeit sehe. Technisch gesehen, handelt es sich um eine nicht finanzierte Verbindlichkeit, bis sie zu einem Vermögenswert wird. Und wenn Sie in Amerika auf Ihren 401(k) für Ihren Ruhestand setzen, zahlen Sie den höchsten Prozentsatz an Steuern, weil er als Arbeitseinkommen besteuert wird.

Vergleichen Sie diese Ausgabenspalte mit einer Spalte, bei der an erster Stelle die *Zahlung an sich selbst* steht.

Denken Sie daran: Ihre Vermögensspalte ist Ihre Spalte. Wenn Sie sich nicht zuerst bezahlen, wird es niemand anderes tun. Durch Ihre täglichen Ausgaben bestimmen Sie und Gott, wenn Sie an Gott glauben und ihm den Zehnten bezahlen (Spenden), Ihre finanzielle Zukunft.

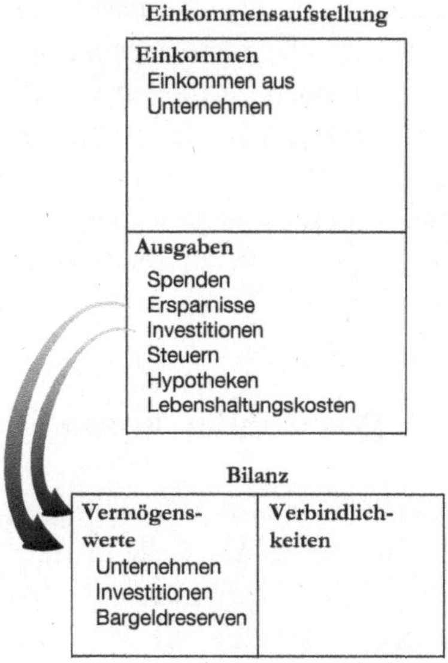

Haushaltstipp Nr. 3: Meine Vermögenswerte zahlen meine Verbindlichkeiten ab. Mein armer Vater setzte darauf, billig einzukaufen. Er dachte, Sparsamkeit sei intelligente Haushaltsplanung. Wir lebten in einem durchschnittlichen Haus in einer durchschnittlichen Nachbarschaft. Mein reicher Vater liebte den Luxus. Er lebte in einem fabelhaften Haus, in einer wohlhabenden Nachbarschaft und lebte einen üppigen Lebensstil. Er mochte es nicht, geizig zu sein, auch wenn er trotzdem immer noch achtsam mit seinem Geld umging.

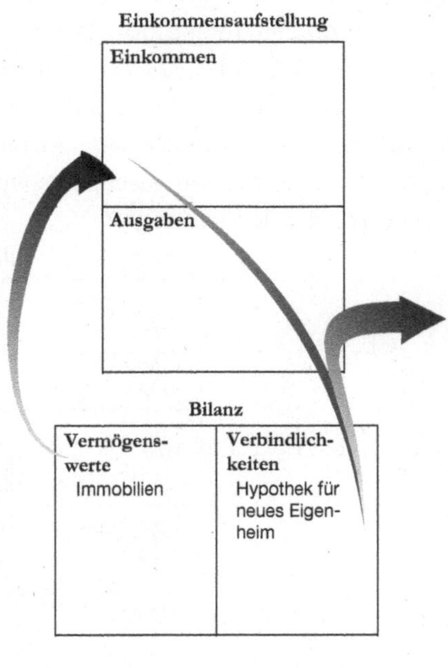

Wenn mein armer Vater einen Luxusartikel wollte, verweigerte er sich einfach den Luxus, ihn zu besitzen. Er sagte: »Wir können es uns nicht leisten.« Wenn mein reicher Vater einen Luxusartikel wollte, sagte er einfach: »Wie kann ich ihn mir leisten?« Und er konnte es sich dadurch leisten, indem er einen

Vermögenswert in der Spalte Vermögenswerte schuf, einen Vermögenswert, der die Verbindlichkeit abbezahlte. Seine Vermögensaufstellung sah so aus:

Mit anderen Worten, er erwarb Vermögenswerte, indem er sich zuerst selbst bezahlte. Mit dem Cashflow aus dem Vermögen kaufte er dann seine Luxusverbindlichkeiten. Wenn er großen Luxus wollte, schuf er zuerst große Vermögenswerte. Viele Leute kaufen zuerst großen Luxus und haben nie genug Geld, um Vermögenswerte zu kaufen. Nochmals, es ist eine Frage der Prioritäten.

Das Bentley-Konto

Vor zwei Jahren wollte ich ein neues Auto – einen Bentley Cabriolet. Der Preis: 200.000 Dollar. Ich hatte das Geld in meiner Vermögensspalte. Ich hätte das Auto mit Bargeld kaufen können. Das Problem beim Kauf eines 200.000 Dollar teuren Bentley mit Bargeld ist, dass das Auto nur 125.000 Dollar wert ist, sobald ich es vom Parkplatz fahre. Das ist kein kluger Umgang mit meinem Geld.

Anstatt mein Geld auszugeben, rief ich meinen Börsenmakler Tom an und beauftragte ihn, einige meiner Gold- und Silberaktien in 200.000 Dollar Bargeld umzuwandeln. Seine Aufgabe war es, die 200.000 Dollar zu nehmen und sie in 450.000 Dollar zu verwandeln. Das Projekt erhielt den Namen »Das Bentley-Konto«. Tom brauchte etwa acht Monate, aber er rief schließlich an und sagte: »Du kannst deinen Bentley kaufen.« Dann stellte ich einen Scheck aus und bezahlte den Bentley mit dem Geld, das aus meinen Vermögenswerten geschaffen worden war.

Die Transaktion sah so aus:

Bilanz

Vermögenswerte	Verbindlichkeiten
200.000 Dollar in bar	

Nach der Transaktion:

Bilanz

Vermögenswerte	Verbindlichkeiten
200.000 Dollar in bar	Bentley

Ich wollte, dass das Konto auf 450.000 Dollar hochgetradet wurde, weil die zusätzlichen 50.000 Dollar die Kapitalertragssteuern und die Provision für Tom decken sollten. Am Ende hatte ich meinen Bentley, und ich hatte noch die ursprünglichen 200.000 Dollar.

Hätte ich den Bentley einfach bar bezahlt, ohne das Konto zu traden, hätte die Endbilanzposition so ausgesehen:

Bilanz

Vermögenswerte	**Verbindlichkeiten**
	Bentley

Ich hätte meine 200.000 Dollar Vermögenswerte in Form von Bargeld (das heißt Gold- und Silberzertifikate) verloren, und ich hätte weitere 75.000 Dollar durch den sofortigen Wertverlust verloren, als ich das Auto vom Parkplatz fuhr.

Im Kapitel über den zweiten Aspekt des finanziellen IQs: Schutz Ihres Geldes, schrieb ich darüber, wie gute Broker Sie reich machen können und schlechte Broker Ausreden haben. Das Bentley-Konto ist ein Beispiel dafür, wie ein guter Broker mich reich und glücklich macht und mir so den Luxus ermöglicht. Suchen Sie also nach einem guten Broker, wenn Sie noch keinen haben.

Vermögenswerte = Luxusverbindlichkeiten

Einer der Vorteile, ein Autor zu sein, ist, dass ich, wenn ich eine neue Verbindlichkeit möchte, zuerst ein Buch wie dieses hier schreiben kann, und die Lizenzgebühren aus dem Buch finanzieren die Verbindlichkeit. Die zukünftige Transaktion sieht wie folgt aus:

Bilanz

Vermögenswerte	**Verbindlichkeiten**
Dieses Buch	Zukünftige Verbindlichkeiten

An dieser Stelle könnte es nützlich sein, Sie daran zu erinnern, was Vermögenswerte und Verbindlichkeiten sind. In meinem Buch *Rich Dad Poor Dad* habe ich sie so einfach definiert: Ein Vermögenswert ist etwas, das Geld *in* Ihre Taschen bringt. Eine Verbindlichkeit ist etwas, das Ihnen Geld *aus* der Tasche zieht. Es spricht nichts dagegen, Verbindlichkeiten zu genießen – solange Sie weiterhin zuerst sich selbst bezahlen und sie mit dem Einkommen kaufen, das durch Ihr Vermögen generiert wird. Im obigen Beispiel habe ich meine Vermögenswerte zum Kauf meiner Verbindlichkeit verwendet, und am Ende des Tages hatte ich noch mein Vermögen und meinen Bentley.

Beispiele dafür, wie Vermögenswerte andere Verbindlichkeiten aus Käufen erlauben, sind in der nachfolgenden Grafik dargestellt.

Bilanz

Vermögenswerte	**Verbindlichkeiten**
Apartmenthaus	Ständiger Wohnsitz

Bilanz

Vermögenswerte	**Verbindlichkeiten**
Ölförderung	Strandhaus

Dies sind konkrete Beispiele dafür, wie Kim und ich unser Verlangen nach Luxus nutzen, um uns reicher und nicht ärmer zu machen. Wie bereits erwähnt, glaube ich nicht daran, im Rahmen meiner Möglichkeiten leben zu müssen. Ich glaube daran, zuerst meine Möglichkeiten zu erweitern und dann das Leben zu genießen. Ein Mensch mit einem niedrigen finanziellen IQ weiß nur, wie man im Rahmen seiner Möglichkeiten lebt. Mit anderen Worten, die Kosten zu senken. Wenn Sie sich die Annehmlichkeiten des Lebens nicht gönnen, warum leben Sie dann?

Haushaltstipp Nr. 4: Geben Sie Geld aus, um reich zu werden. Wenn es hart auf hart kommt, setzen die meisten Menschen eher den Sparstift an, als noch mehr Geld auszugeben. Deshalb gelingt es so vielen Menschen nicht, Reichtum zu erwerben und zu erhalten.

Wenn zum Beispiel in der Geschäftswelt der Umsatz eines Unternehmens zu sinken beginnt, reduzieren die Buchhalter unter anderem die Ausgaben. Und eines der ersten Dinge, an denen gespart wird, sind Werbung und Verkaufsförderung. Mit weniger Werbung und Verkaufsförderung sinkt der Umsatz, und das Problem wird immer größer.

Ein Zeichen für hohe finanzielle Intelligenz ist das Wissen, wann man Geld ausgeben sollte und wann man Ausgaben kürzen muss. Als Kim und ich erkannten, dass wir in Schwierigkeiten waren, erlaubten wir unserer Buchhalterin Betty nicht, die Zahlungen an uns selbst zu kürzen und die Rechnungen zu bezahlen, sondern setzten alles auf den Verkauf, das Marketing und die Werbung. Wir investierten Zeit, Geld und Energie, um unser Einkommen zu steigern. Wir kürzten die Ausgaben nicht.

Am Arbeitsplatz gibt es viele Eigentümer oder Manager, die die Schwachen ausnutzen, Menschen, die ihren Arbeitsplatz und das Geld brauchen. Es gibt Menschen, die die Schwäche der Arbeiter nutzen, um sie schwächer zu machen. Zum Beispiel gibt es viele große Unternehmen, die Ihr Gehalt kürzen und/oder Ihre Aufgaben erweitern, damit Sie härter arbeiten müssen. Wenn Sie aufgeben, wissen sie, dass jemand anderes Ihren Platz einnehmen wird. So wird das Spiel gespielt.

So war es bei Xerox. Als ich gut war, verkleinerten sie mein Territorium, anstatt mir eine Gehaltserhöhung zu geben, erhöhten meine Quote und kürzten sogar mein Gehalt. Es war ihre Art, mich zu höherer Produktivität anzustacheln. Zuerst wurde ich sehr wütend. Ich wollte aufhören ... und ich habe fast das Handtuch geschmissen.

Ohne meinen reichen Vater hätte ich vielleicht aufgehört. Stattdessen wies der reiche Vater darauf hin, dass Xerox mich in den Regeln der Wirtschaft trainierte. Sie trainierten mich, mit weniger mehr zu erreichen. Sie machten mich stärker. Als ich den Nutzen für diese Art von Geschäft sah, wurde ich tatsächlich zu einem besseren Geschäftsmann. Ich lernte, den Druck anzunehmen und ihn zu meinem Vorteil zu nutzen.

Als Kim und ich zu Betty, der Buchhalterin, sagten, sie solle uns zuerst bezahlen, bevor wir unsere Steuern und Rechnungen zahlten, war das unsere Art, uns stärker zu machen und uns besser für die Geschäftswelt zu rüsten. Anstatt zu weinen, zurückzuschrecken und zu bezahlen, als die Gläubiger uns anriefen und bedrohten, nutzten wir die Energie unserer Gläubiger, um uns dazu anzutreiben, mehr Geld zu verdienen.

Wenn Leute mich kritisieren und Lügen erzählen, um mich niederzumachen, nutze ich ihre Negativität, um meinen Optimismus zu stärken und mich entschlossener auf den Gewinn zu konzentrieren.

Wenn Probleme auftreten, nutze ich sie, um mich intelligenter zu machen und über das Problem hinauszuwachsen.

Gehen Sie es einen Tag nach dem anderen an

Es ist äußerst wichtig, den Prozess des Budgetierens zu erlernen und zu meistern. Gehen Sie den Prozess einen Tag nach dem anderen an. Anstatt wegen Geld zu streiten, nutzten Kim und ich den Prozess, um mehr über Geld und uns selbst zu diskutieren und zu erfahren. Positive Dinge geschahen nicht über Nacht, aber sie geschahen. Wenn Sie ernsthaft daran arbeiten, einen Überschuss zu erzielen, wird Ihr Leben reicher werden. Das ist es, worum es bei der Haushaltsplanung geht – das, was man hat, einzusetzen, auch wenn das, was man hat, kein Geld ist, um einen besser, stärker und reicher zu machen.

Wie arm zu sein Sie reich machen kann

Nochmals, die Definition eines Budgets lautet: ein Plan für die Koordination von Ressourcen und Ausgaben. Sie werden feststellen, dass nicht von einem Plan für die Koordination des Geldes die Rede ist. Es geht um die Koordination der Ressourcen. Eine sehr wichtige Lektion meines reichen Vaters war, dass ein finanzielles Problem eine Ressource ist – wenn man das Problem löst. Wenn Sie lernen, finanzielle Probleme wie zu wenig Geld, einen schlechten Chef oder einen Schuldenberg zu akzeptieren und sie als Ressourcen und Möglichkeiten zum Lernen zu nutzen, werden Sie langsam, aber sicher einen Haushaltsüberschuss erschaffen.

In der Lektion, die mein reicher Vater mir über finanzielle Intelligenz beibrachte, geht es eigentlich darum, einfallsreich zu sein. Er lehrte seinen Sohn und mich, einfallsreich zu sein und Probleme in Chancen zu verwandeln. Er sagte: »Als ich ein Kind war, war ich arm. Ich bin heute reich, weil ich sah, dass Armut eine Chance ist, eine sehr wichtige Quelle, die Gott mir gegeben hat, um reich zu werden.«

Gute und schlechte Schulden

Es gibt zwei Arten von Schulden: gute und schlechte Schulden. Einfach gesagt, sind gute Schulden die Art von Schulden, die Sie reicher machen und die jemand anderes für Sie amortisiert (begleicht). Schlechte Schulden sind die Art von Schulden, die Sie arm machen und die Sie selbst begleichen müssen.

Geld verleitet manche Leute dazu, alberne Dinge zu tun. Viele Menschen tun zum Beispiel etwas finanziell Verrücktes, wie ein großes Haus zu kaufen, einen Swimmingpool einzubauen, Kreditkarten zu benutzen, um die Rechnungen zu bezahlen, und dann das Eigenkapital Ihres Hauses zu benutzen, um die Kreditkartenrechnungen zu bezahlen. Dies ist ein Beispiel dafür, wie man eine schlechte Situation nimmt und noch schlimmer macht – und so ein Haushaltsdefizit schafft.

Unsere Regierung tut dasselbe. Viele Menschen in der Regierung denken, dass Geld nötig ist, um Probleme zu lösen, deshalb werden die Probleme größer und erfordern mehr Geld, was zu einem Haushaltsdefizit führt.

Die übermäßigen schlechten Schulden sind ein sehr ernstes Problem in der heutigen Welt. Schlechte Schulden sind Forderungen aus einer Verbindlichkeit. Sie sind eine Belastung für die Staaten, Unternehmen und Einzelpersonen. Eine Möglichkeit, reich zu werden, besteht darin, schlechte Schulden als eine Chance zu sehen, um Sie reicher und nicht ärmer zu machen.

Wenn schlechte Schulden Sie zurückhalten, dann sind Sie vielleicht Ihr eigener schlimmster Feind. Wenn die Menschen schlechte Schulden aufhäufen, um Probleme zu lösen, werden die Probleme definitiv schlimmer und größer. Mein Vorschlag ist, das Problem der schlechten Schulden als eine Möglichkeit zu betrachten, zu lernen und klüger zu werden.

Als eines meiner Unternehmen gescheitert war, verlor ich fast 1 Million Dollar. Nach dem Verkauf von Privat- und Firmenvermögen hatte ich noch etwa 400.000 Dollar Schulden. Um dieses Problem mit den schlechten Schulden zu lösen, arbeiteten Kim und ich einen Plan aus, um sie vollständig loszuwerden. Noch einmal, anstatt unsere Ausgaben zu kürzen, wiesen wir Betty, die Buchhalterin, an, uns auf Kurs zu halten, und wir nutzten das Problem, um reicher und nicht ärmer zu werden. Mit anderen Worten, wir wurden reicher, während wir gleichzeitig all diese Schulden beglichen. Wir spendeten weiterhin, sparten und investierten, während wir gleichzeitig unsere gesamten schlechten Schulden in großen Schritten abbauten.

(Wenn Sie mehr darüber wissen möchten, wie Kim und ich aus den schlechten Schulden herausgekommen sind, haben wir eine CD mit dem Titel *How we got out of bad debt** und eine kleine Arbeitsmappe erstellt, um diejenigen anzuleiten, die tief in schlechten Schulden stecken. Sie können sie auf unserer Website *Richdad.com* zu einem geringen Preis zuzüglich Versandkosten bestellen.)

* Zu Deutsch: Wie wir aus den schlechten Schulden herauskamen.

Wenn ich auf unsere Berge von schlechten Schulden zurückblicke, bin ich froh, dass Kim und ich durch unser Problemlösen klüger bei der Budgetierung geworden sind. Obwohl ich nie wieder so viel Schulden machen will, bin ich froh, dass wir aus dem Problem gelernt und es gelöst haben.

Als Kim und ich knapp bei Kasse waren, nutzten wir dieses Problem als Mittel, um mehr Geld zu verdienen. Anstatt im Rahmen unserer Möglichkeiten zu leben oder noch mehr schlechtes Geld zu leihen, um für schlechte Schulden zu bezahlen, nutzten wir unsere Probleme als Hilfsmittel, um einfallsreich zu werden, und als Möglichkeiten, daraus zu lernen und reicher zu werden.

Denken Sie daran

Der dritte Aspekt des finanziellen IQs: Das Budgetieren Ihres Geldes, wird genauso wie der zweite Aspekt des finanziellen IQs in Prozent gemessen, dem Prozentsatz des Einkommens, der in Ihre Vermögensspalte gelangt.

Wenn es Ihnen zu schwerfällt, 30 Prozent Ihres Einkommens beiseitezulegen, dann beginnen Sie mit 3 Prozent. Wenn Sie beispielsweise 1.000 Dollar verdienen, dann leiten Sie, anstatt 300 Dollar oder 30 Prozent in Ihre Vermögenswertspalte zu stecken, 3 Prozent oder 30 Dollar in Ihre Vermögenswertspalte um. Wenn diese 3 Prozent Ihr Leben schwieriger machen, ist das gut. Ein hartes Leben ist gut, wenn es Sie einfallsreicher macht.

Je höher der Prozentsatz, den Sie in Ihre Vermögenswertspalte umlenken, desto höher ist der dritte Aspekt Ihres finanziellen IQs. Heute leiten Kim und ich etwa 80 Prozent unserer Einkünfte direkt in die Vermögenswertspalte um und tun unser Bestes, um mit 20 Prozent zu überleben. Außerdem sagen wir nie, »wir können es uns nicht leisten«, und *wir weigern uns, im Rahmen unserer Möglichkeiten zu leben.* Indem wir weiterhin eine herausfordernde Umgebung schaffen, werden wir erfinderischer und schaffen ein Leben im Überfluss und einen Haushaltsüberschuss.

Kapitel 6

Der 4. Aspekt des finanziellen IQs: Nutzen Sie die Hebelwirkung

Am 9. August 2007 brach die Börse um fast 400 Punkte ein. Die US-Notenbank und die Zentralbanken auf der ganzen Welt begannen, Milliardensummen in die Wirtschaft zu pumpen, um sicherzustellen, dass sich die Panik nicht weiter ausbreitete.

Am nächsten Tag hatte sich der Markt immer noch nicht beruhigt. Als ich mich morgens fertig machte, fragte eine Nachrichtensprecherin in einer Morgensendung drei Finanzplaner nach ihrer Meinung. Ihr einstimmiger Rat lautete: »Keine Panik. Bleiben Sie auf Kurs.«

Als sie um weitere Ratschläge gebeten wurden, sagten alle drei: »Sparen Sie Geld, bauen Sie Ihre Schulden ab und investieren Sie langfristig in ein gut diversifiziertes Portfolio mit Fondsanteilen.« Als ich mit dem Rasieren fertig war, fragte ich mich, ob diese Finanzexperten alle dieselbe Papageienschule absolviert hatten.

Schließlich nahm sich eine Beraterin einen Moment Zeit, um etwas anderes zu sagen. Sie gab dem Immobilienmarkt die Schuld am Chaos auf dem Aktienmarkt und machte gierige Investoren, skrupellose Immobilienmakler und räuberische Hypothekengeber für die Subprime-Krise verantwortlich, die zum Zusammenbruch der Börse geführt hatte.

Sie sagte: »Ich habe meinen Kunden gesagt, dass Immobilien riskant sind, und meine Empfehlung hat sich nicht geändert. Immobilien sind eine riskante Investition, und Investoren sollten langfristig in Blue Chips und Fonds investieren.«

Als die Finanzplanerin im Fernsehen mit ihrem Angriff auf Immobilien zum Schluss kam, kam meine Frau Kim herein und sagte: »Denk daran, dass wir heute den Kauf des Apartmenthauses mit 300 Wohneinheiten abschließen.«

Ich nickte mit dem Kopf und sagte: »Ich werde da sein.«

Als ich mit dem Anziehen fertig war, dachte ich: »Es ist schon komisch: Die Finanzberaterin sagt, dass Investitionen in Immobilien riskant sind. Die Immobilienmärkte brechen ein, und Kim und ich kaufen ein 17 Millionen Dollar teures Apartmenthaus in Tulsa, Oklahoma – und wir sind begeistert davon. Leben wir eigentlich auf dem gleichen Planeten?«

Der neue Kapitalismus

Als am 9. und 10. August 2007 Investoren Milliarden von Dollar verloren, pumpte die US-Notenbank Milliarden an Dollar in das Bankensystem und tat ihr Bestes, um die Panik an den Immobilien-, Aktien- und Anleihemärkten zu stoppen. Diese Geldspritze ist ein Beispiel dafür, wie der neue Kapitalismus funktioniert, ein Wirtschaftssystem, das auf Schulden und Manipulationen durch Zentralbanker basiert, die mit der weltweiten Geldmenge herumspielen. Es ist fast so, als ob Sie und ich eine Kreditkarte benutzen würden, um unsere Kreditkartenrechnungen zu bezahlen.

Später in dieser Woche wurde ich gebeten, Gast in zwei Fernseh- und drei Radioprogrammen zu sein, um den Crash zu kommentieren. Die Moderatoren wollten wissen, was ich davon halte, und sie wollten auch wissen, wie ich darüber denke, dass die US-Notenbank Geld in einen zusammenbrechenden Markt pumpt und ob die US-Notenbank den Markt durch eine Senkung der Zinssätze retten sollte. In all meinen Interviews sagte ich: »Ich mag es nicht, wenn die Zentralbanken die Märkte manipulieren. Ich glaube nicht, dass die Regierung die reichen Hedgefonds und Finanzinstitute retten und sie vor ihren eigenen aus Gier begangenen Fehlern schützen sollte.« Ich sagte auch: »Ich habe Mitgefühl mit dem kleinen Mann. An ein und demselben Tag müssen Millionen hart arbeitender Leute – Menschen, die nicht mit Geld herumspielen, mit ansehen, wie ihre Häuser auf dem Immobilienmarkt, ihre Ersparnisse auf dem Anleihenmarkt und ihr Portfolio zur Altersvorsorge an der Aktienbörse an Wert verlieren.«

Als ich gefragt wurde, ob ich weiterhin investiere, sagte ich: »Ja.« Auf die Frage, ob ich es für riskant halte, in fallende Märkte zu investieren, antwortete ich: »Es ist immer ein Risiko dabei.« Dann beendete ich meinen Gedankengang mit den Worten: »Das Auf und Ab der Märkte hat keinen Einfluss darauf, *warum* oder in *was* ich investiere.«

Zwei Sichtweisen

Obwohl die Frage nicht gestellt wurde, dachte ich, die Frage ist eher: Wo liegt der Unterschied zwischen der Finanzplanerin, die negativ zum Thema Immobilien eingestellt war, und meinem Standpunkt zu Investitionen in Immobilien? Oder auch, warum ich begeistert mehr Immobilien kaufte, während so viele Menschen in Panik gerieten?

Die Antworten auf diese Fragen werden in diesem Kapitel durch zwei Finanzkonzepte erklärt: *Kontrolle* und *Hebelwirkung*.

Wie in diesem Buch immer wieder erwähnt, haben sich die Regeln des Geldes nach 1971 und 1974 geändert. Es gibt neue Regeln und einen neuen Kapitalismus. 1974 begann es, dass Millionen von Arbeitnehmern ihr lebenslanges Gehalt verloren, das als Leistungszusage für die Renten bekannt ist. Sie mussten nun für ihren Ruhestand in Altersvorsorgepläne mit festgelegten Beiträgen sparen und investieren. Das Problem ist, dass die meisten Menschen nur über sehr geringe finanzielle Bildung oder finanzielles Training verfügen, um in ihren Ruhestand richtig zu investieren. Ein weiteres Problem sind die neuen Regeln des Kapitalismus, die von den Arbeitnehmern verlangen, in Vermögensanlagen zu investieren, bei denen sie *keine Kontrolle* und *keine Hebelwirkung* haben. Bei Marktzusammenbrüchen können die meisten nur hilflos zusehen, wie der Finanztsunami ihren Reichtum und ihre finanzielle Sicherheit auffrisst.

Im neuen Kapitalismus wird das Geld von Millionen von Arbeitnehmern in Investitionen gesteckt, die ihnen sehr wenig Kontrolle oder Hebelwirkung zugestehen. Da ich die Kontrolle über meine Investments habe, in diesem Beispiel ein Apartmenthaus mit 300 Wohneinheiten, bin ich von Marktzusammenbrüchen nicht so stark betroffen. Da ich die Kontrolle habe, bin ich zuversichtlich, eine viel größere Hebelwirkung nutzen zu können. Durch Kontrolle und Hebelwirkung kann ich in kürzerer Zeit und mit sehr geringem Risiko einen höheren Reichtum erwirtschaften und die Auswirkungen des Auf und Ab der Märkte auf meine Anlagen minimieren.

Der Markt befindet sich bereits seit Langem im Zusammenbruch

Wie ich bereits schrieb, führte *USA Today* eine Umfrage durch und stellte fest, dass die größte Angst der Amerikaner nicht dem Terrorismus gilt, sondern nicht genügend Geld für den Ruhestand zu haben. Ich bin sicher, dass sich die Angst nach dem 9. und 10. August 2007 ein wenig mehr verbreitete.

Die Menschen, die sich Sorgen machen, haben guten Grund dazu. Wenn Sie sich die beiden folgenden Diagramme ansehen, sehen Sie die Auswirkungen der Regeländerungen von 1971 und 1974 auf den Wert des Aktienmarktes. Wie Sie sehen können, ist der Markt tatsächlich bereits seit Langem im Zusammenbruch begriffen.

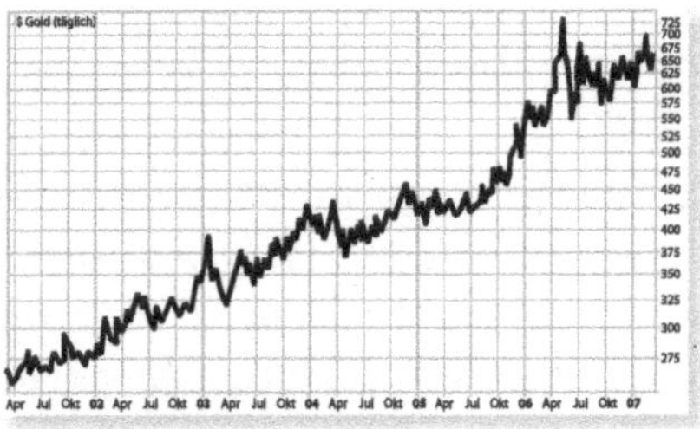

Dow Jones in Dollar

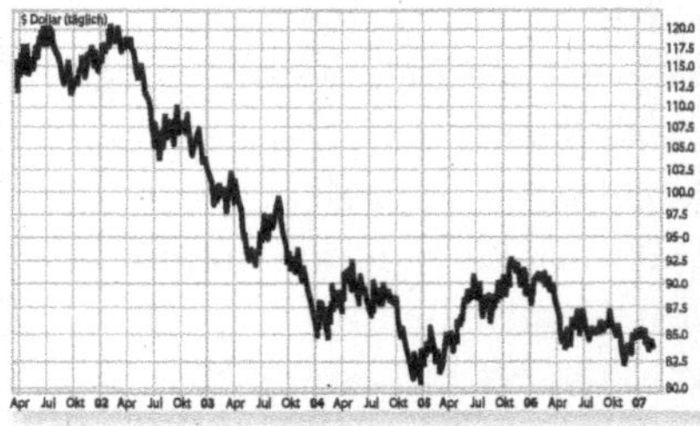

Dow Jones in Gold

Genauso ist es auf dem Wohnungsmarkt: Wenn der Dow Jones steigt, fällt die Kaufkraft. Dieser Kaufkraftverlust gefährdet die finanzielle Zukunft der meisten Arbeitnehmer. Diese Schaubilder zeigen, dass ihre Zukunft sie mehr Geld kosten und teurer werden wird.

Ohne Hebelwirkung können die meisten Arbeitnehmer nicht genug Geld für ihre Zukunft beiseitelegen, denn je mehr Geld sie sparen, desto weniger wertvoll wird es. Eine lustige Geschichte über die deutsche Wirtschaft kurz vor der Machtübernahme Hitlers veranschaulicht dieses Konzept. Die Geschichte besagt, dass eine Frau mit einem mit Geld gefüllten Schubkarren zur Bäckerei ging, um einen Laib Brot zu kaufen. Als sie einen Preis für das Brot ausgehandelt hatte, verließ sie die Bäckerei, um ihr Geld zu holen, und musste feststellen, dass jemand ihre Schubkarre gestohlen und ihr Geld zurückgelassen hatte. Genauso ergeht es derzeit dem amerikanischen Sparer.

Wie viel wird ein Rentner an Ersparnissen benötigen, um sich in einer derart inflationären Wirtschaft den Ruhestand leisten zu können? Was passiert, wenn Sie im Ruhestand sind und eine lebensrettende Operation benötigen, die von den staatlichen medizinischen Programmen nicht übernommen wird? Was tun Sie, wenn Ihr Problem darin besteht, nicht genug Geld zu haben, um während Ihres Ruhestands davon leben zu können?

Aus diesem Grund ist der vierte Aspekt des finanziellen IQs: Nutzen Sie die Hebelwirkung, so wichtig. Die Hebelwirkung lässt Ihr Geld härter für Sie arbeiten, indem Sie das Geld anderer Leute nutzen. Und wenn Sie einen hohen finanziellen IQ beim dritten Aspekt haben, zahlen Sie immer weniger und weniger Steuern.

Was ist die Hebelwirkung?

Ganz einfach ausgedrückt, lautet die Definition von Hebelwirkung, *mit weniger mehr zu erreichen.* Ein Mensch, der zum Beispiel Geld bei der Bank anlegt, nutzt keine Hebelwirkung. Es ist das eigene Geld. 1 Dollar Sparguthaben hat einen Hebelfaktor von 1:1. Der Sparer bringt das ganze Geld auf.

Für meine Investition in das Apartmenthaus mit 300 Wohneinheiten brachte mein Banker 80 Prozent der 17 Millionen Dollar an Investition in diese Immobilie ein. Indem ich das Geld meines Bankers verwende, ist meine Hebelwirkung 1:4. Für jeden Dollar, den ich in den Deal investiere, leiht mir die Bank 4 Dollar.

Warum sagte die Finanzplanerin im Fernsehen dann, dass Immobilien eine so riskante Investition sind? Noch einmal, die Antwort ist Kontrolle. Wenn einem Anleger die finanzielle Intelligenz fehlt, um die Investition zu kontrollieren, ist der Einsatz eines Hebels sehr riskant. Da die meisten Finanzplaner den Menschen Investitionen vermitteln, bei denen diese keine Kontrolle haben, sollten sie von der Hebelwirkung auch keinen Gebrauch machen. Die Hebelwirkung einzusetzen, um in etwas zu investieren, das Sie nicht kontrollieren können, ist wie ein Auto ohne Lenkrad zu kaufen und dann das Gaspedal durchzutreten.

Die meisten der Menschen, die durch den Zusammenbruch des Immobilienmarkts in Mitleidenschaft gezogen wurden, sind Menschen, die auf den weiter steigenden Immobilienmarkt gesetzt hatten und dadurch den Wert ihres Hauses steigern wollten. Viele Menschen haben sich Geld geliehen und den aufgeblähten Wert ihres Hauses als Sicherheit verwendet. Jetzt ist ihr Haus vielleicht weniger wert als ihre Schulden. Sie haben keine Kontrolle über die Investition und sind dem Markt ausgeliefert.

Viele Hausbesitzer, die ihre Hypothekenzahlungen immer noch leisten können, fühlen sich schlecht, weil der Wert ihres Hauses gefallen ist. Sie müssen mit ansehen, wie der Marktwert ihres Hauses immer weiter sinkt. Wenn die Immobilienpreise sinken, haben viele Hausbesitzer das Gefühl, dass sie Geld verlieren. Dies wird manchmal als *Vermögenseffekt* bezeichnet. Aufgrund der Inflation, die nicht wirklich ein Anstieg des Vermögenswertes, sondern vielmehr ein Verlust der Kaufkraft des Dollars ist, fühlen sich viele Menschen wohlhabender, da der Wert ihres Hauses zu steigen scheint. Wenn sie sich wohlhabender fühlen, leihen sie sich mehr Geld (Hebelwirkung) und geben mehr Geld für Verbindlichkeiten aus. Dies ist ein direktes Ergebnis des neuen Kapitalismus, einer wirtschaftlichen Expansion, die auf dem Verfall des Dollars und einem Anstieg der Schulden basiert

Mein Wert basiert nicht auf dem Eigenkapital

Der Vermögenseffekt basiert auf der Illusion des Eigenkapitals. Das Eigenkapital ist der Wert Ihres Vermögens abzüglich Ihrer Schulden. Wenn ein Haus an Wert zunimmt, haben die meisten Menschen das Gefühl, dass ihr Eigenkapital gestiegen ist. Diejenigen unter Ihnen, die meine anderen Bücher gelesen haben, wissen vielleicht bereits, dass ich Eigenkapital aus den folgenden drei Gründen für wertlos halte:

1. Das Eigenkapital ist oft eine Schätzung, die auf *Meinungen* und nicht auf *Fakten* basiert. Der Wert eines Hauses ist nur eine Schätzung. Sie werden den wahren Preis erst kennen, wenn das Haus verkauft ist. Das bedeutet, dass viele Menschen den geschätzten Wert ihres Hauses übermäßig aufblasen. Erst wenn sie ihr Haus verkaufen, kennen sie die Fakten: den realen Preis und den realen Wert. Leider war (und ist) es möglich, dass viele Leute sich Geld in Höhe des wahrgenommenen Wertes ihres Hauses geliehen haben und nun mehr schulden, als sie für das Haus im Falle eines Verkaufs erhalten würden.
2. Das Eigenkapital basiert oft auf Eigentum, das einen sinkenden Wert hat. Wenn ich einen Kreditantrag ausfülle, darf ich die meisten meiner Besitztümer in der Spalte für Vermögenswerte auflisten. Ich darf meine Geschäftsanzüge, Hemden, Krawatten und Schuhe als Vermögenswerte auflisten, genauso wie ich meine Autos auflisten kann. Sie und ich wissen, dass ein gebrauchtes Hemd sehr wenig Wert und ein gebrauchtes Auto wesentlich weniger Wert hat als ein neues Auto.
3. Der Anstieg des Eigenkapitals wird oft durch den fallenden Wert des Dollars verursacht. Ein Teil des geschätzten Wertes eines Hauses ist auf

den Wertverlust des Dollars zurückzuführen. Mit anderen Worten, das Haus gewinnt nicht an Wert. Es ist nur mehr Geld notwendig, um das gleiche Haus zu kaufen, weil die Regierung und die Zentralbanken immer mehr wertlose Währung in das System pumpen, um die Wirtschaft am Laufen und die Wohlstandsillusion am Leben zu erhalten.

Die größte Angst eines Politikers

Der Grund, warum ich das Wort »Wohlstandsillusion« verwende, ist, dass Politiker und Bürokraten am meisten davor Angst haben, dass sich die Menschen schlecht fühlen. Im Verlauf der Geschichte wurden Könige, Königinnen und Herrscher gestürzt und sogar hingerichtet, wenn sich das Volk schlecht fühlte. Sie erinnern sich vielleicht daran, dass das französische Volk seine Königin Marie Antoinette köpfen und das russische Volk den letzten Zaren, seine Frau und seine Kinder hinrichten ließ.

Der alte Kapitalismus basierte auf handfesten wirtschaftlichen Grundlagen. Dieser neue Kapitalismus basiert auf einer *Wohlfühlökonomie*. Solange das Eigenkapital des Menschen steigt, bleibt die Wohlstandsillusion erhalten, die auf Schulden und nicht auf Produktion basiert. Wer braucht schon Freiheit, wenn er genug Dinge hat? Solange die Weltwirtschaft es der US-Regierung und den US-Verbrauchern erlaubt, Kredite aufzunehmen und auszugeben, wird die märchenhafte Weltwirtschaft bestehen bleiben. Wenn der Traum zum Albtraum wird und die Wohlfühlblase platzt, werden wieder Köpfe rollen. Sie werden vielleicht nicht im wörtlichen Sinn rollen, aber Köpfe werden politisch, beruflich und finanziell gesehen rollen müssen.

Wert, der nicht auf der Inflation basiert

Der Wert meines 17-Millionen-Dollar-Apartmenthauses basiert nicht auf Inflation oder dem Preis des Gebäudes. Obwohl der Preis wichtig ist, rechne ich nicht damit, dass der Preis des Gebäudes aufgrund einer magischen, unsichtbaren Marktlage steigen wird. Ich rechne nicht mit einem Anstieg des Eigenkapitals, um mich gut zu fühlen, oder mache mir Sorgen um einen Marktcrash und fühle mich deswegen schlecht. Deshalb beunruhigen mich das Auf und Ab der Märkte nicht so sehr.

Der Wert meines Apartmenthauses basiert auf der von den Mietern zu zahlenden Miete. Mit anderen Worten, *der wahre Wert der Immobilie ist der Wert, den meine Mieter der Immobilie zuweisen.* Wenn ein Mieter der Meinung ist, dass für die Wohnung eine monatliche Miete von 500 Dollar akzeptabel ist, dann ist das der Wert der Immobilie. Wenn ich den Wert, den meine Mieter der Immobilie zuschreiben, steigern kann, habe ich den Wert der Immobilie gesteigert und nicht der Markt. Wenn ich die Mieten erhöhe, ohne dass bei den Mietern eine entsprechende Wertsteigerung wahrgenommenen wird, ziehen diese in eine andere Wohnung in der Nähe, vielleicht sogar nur eine Straße weiter.

Der Wert von Mietobjekten, in diesem Fall meiner Apartmenthäuser, ist abhängig von Arbeitsplätzen, Gehältern, Demografie, lokaler Industrie sowie Angebot und Nachfrage nach erschwinglichem Wohnen. Während einer Immobilienkrise steigt die Nachfrage nach Mieteinheiten oft, was bedeutet, dass Nachfrage und Mieten steigen. Wenn die Mieten steigen, kann der Wert meiner Mietimmobilie steigen, auch wenn der Wert von Wohnimmobilien sinkt.

Es gibt drei konkrete Gründe, warum ich mir keine Sorgen über Marktcrashs mache, wenn es um den Kauf meines Apartmenthauses mit 300 Wohneinheiten geht. Ein Grund dafür ist, dass Tulsa in Oklahoma eine Stadt ist, die am Öl-Boom teilhat. Hochbezahlte Arbeitsplätze sind reichlich vorhanden. Die Ölindustrie braucht Arbeitskräfte, und Saisonarbeiter brauchen Mietwohnungen. Der zweite Grund ist, dass eine lokale Hochschule in der Nähe des Apartmenthauses die Zahl ihrer Studenten verdoppelt, nicht aber die Zahl der Wohnungen auf dem Campus, was die Nachfrage nach Mietwohnungen erhöht. Wie viele von Ihnen wissen, gibt es einen weiteren Babyboom, der allgemein als Echo-Boom bezeichnet wird. Dabei handelt es sich um eine Generation, die gerade erst in die Hochschulen strömt und 73 Millionen Menschen umfasst. Die meisten von ihnen werden Mieter sein. Der dritte Grund ist, dass der feste Zinssatz für das bestehende Darlehen sehr niedrig ist. Niedrige Zinszahlungen, geringere Kosten und steigende Einnahmen erhöhen den Immobilienwert, nicht die Marktschwankungen.

Das bedeutet, dass mir das Apartmenthaus mit 300 Wohneinheiten sowohl Kontrolle als auch Hebelwirkung bietet. Meine Aufgabe als Investor dieses Apartmenthauses ist es, meine Hebelwirkung von 1:4 auf möglicherweise 1:10 zu erhöhen, das heißt, den Wert der Immobilie durch Transaktionen zu verdoppeln, nicht mithilfe der Marktlage. Ich kann das tun, solange ich die Kontrolle habe.

Hebelwirkung ist nicht riskant

Viele Finanzberater werden Ihnen sagen, dass höhere Renditen ein höheres Risiko bedeuten. Mit anderen Worten, Hebelwirkung ist riskant. Das ist absolut falsch. Hebelwirkung ist nur dann riskant, wenn Menschen in Vermögenswerte investieren, über die sie keine Kontrolle haben. Wenn man die Kontrolle hat, kann der Hebel mit sehr geringem Risiko angewendet werden. Der Grund, warum die meisten Finanzberater sagen, dass höhere Renditen ein höheres Risiko bedeuten, ist schlicht und ergreifend der, dass sie nur Geldanlagen verkaufen, die nur sehr wenig Kontrolle ermöglichen.

Wie bereits erwähnt, ist mein 17-Millionen-Dollar-Apartmenthaus in Tulsa eine gute Investition, mit der ich einen Hebel nutzen kann, weil ich die Kontrolle über die Transaktionen habe, und diese (das heißt die Höhe der Einnahmen, die durch Mieten erzielt werden) bestimmen den Wert der Investition. Ein Eigenheim ist keine gute Investition, und die Hebelwirkung ist bei einem Haus riskant, weil Sie den Wert des Hauses nicht kontrollieren. Der Wert eines Eigenheims basiert auf dem Markt und der Kaufkraft der Währung, mit der es gekauft wurde. Diese Dinge liegen außerhalb Ihrer Kontrolle.

Was ist Kontrolle?

Der größte Nachteil bei Wertpapieren wie zum Beispiel Ersparnissen, Aktien, Anleihen, Investment- und Indexfonds ist die mangelnde Kontrolle. Und weil Sie keine Kontrolle haben, ist es schwierig und riskant, einen Hebel einzusetzen. Da diese Wertpapiere sehr wenig Kontrolle bieten, ist es schwierig, eine Bank zu überzeugen, Ihnen Geld zu leihen, um in diese Anlageform zu investieren. Was ist also Kontrolle?

Das Diagramm der Einkommensaufstellung veranschaulicht vier der wichtigsten Möglichkeiten der Kontrolle, die ein professioneller Anleger und ein Banker wollen.

Einkommensaufstellung

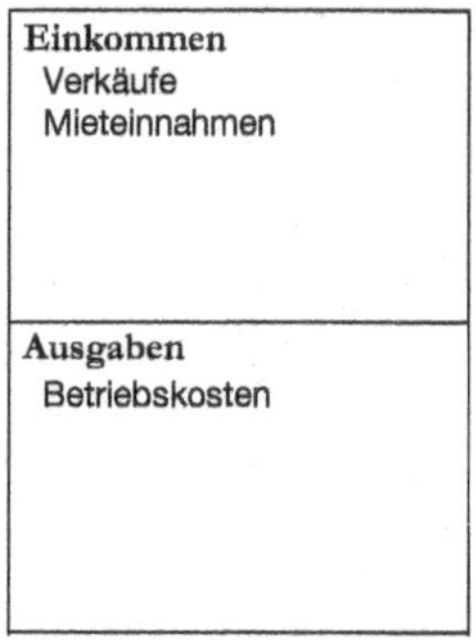

Bilanz

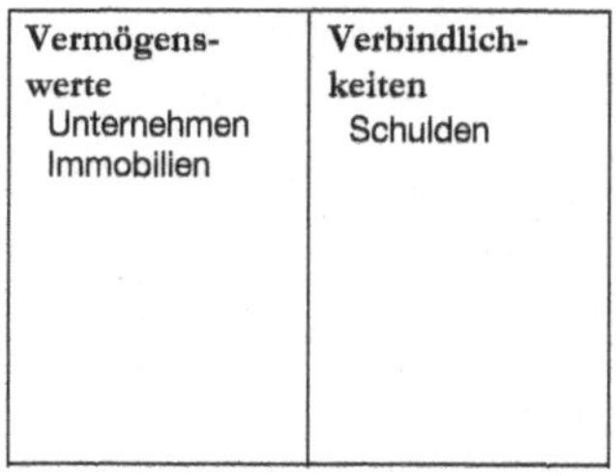

Als Unternehmer habe ich die Kontrolle über die vier Spalten in der Vermögensaufstellung meines Unternehmens. Als Immobilieninvestor habe ich auch die Kontrolle über die vier Spalten der Vermögensaufstellung meiner Anlageimmobilie.

Finanzielle Intelligenz ist der Schlüssel zur Kontrolle

Finanzielle Intelligenz ist der Schlüssel zur Kontrolle. Finanzielle Intelligenz erhöht die Kontrolle, und der finanzielle IQ misst die finanziellen Erträge aus finanzieller Intelligenz. Nehmen wir das Apartmenthaus mit 300 Wohneinheiten in Tulsa als Beispiel:

1. **Die Einkommensspalte.** Der erste Schritt nach dem Erwerb der Immobilie ist die Erhöhung der Miete. Die Immobilie ist bereits profitabel, und das Geld fließt aufgrund vorhandener Mieten. Mit anderen Worten, ich verdiene bereits vom ersten Tag an Geld. Dennoch ist es das Ziel oder der Geschäftsplan, die Miete pro Einheit in den nächsten drei Jahren um weitere 100 Dollar pro Monat zu erhöhen, und zwar durch folgende Maßnahmen:

1. Erhöhung der bestehenden, unter dem Marktwert liegenden Mieten.
2. Installation von Waschmaschinen und Trocknern in allen Einheiten und Erhebung von Mietzuschlägen.
3. Fertigstellung von Verbesserungen am Grundstück wie Maßnahmen im Bereich Garten- und Landschaftsbau sowie neue Anstriche.

All dies kann erreicht werden, indem ich das Geld der Bank einsetze anstatt das eigene. Als wir der Bank unseren Businessplan zur Verfügung stellten, waren diese Verbesserungen Teil davon und wurden in den gesamten Kreditbetrag mit einbezogen. Durch die Multiplikation der 300 Einheiten mit 100 Dollar über drei Jahre erhöht sich das monatliche Einkommen des gesamten Projekts um 30.000 Dollar pro Monat oder zusätzliche 360.000 Dollar pro Jahr. Diese Steigerung ist ein Beispiel für Kontrolle und Hebelwirkung.

Wenn der Plan funktioniert, wird der vierte Aspekt meines finanziellen IQs (Hebelwirkung) in drei Jahren unendlich sein, denn die Steigerung der Erträge wird ohne zusätzliches Kapital der Investoren erreicht, sondern lediglich durch gute Kenntnisse darüber, wie man den Vermögenswert (Kontrolle) bewirtschaftet, damit er immer rentabler wird. Die Steigerung dieses Aspekts des finanziellen IQs ist unendlich, da die Steigerung der Erträge durch die Kontrolle durch Investoren und das Geld der Bank erreicht wird.

2. Die Ausgabenspalte. Das nächste steuerbare Ziel ist die Senkung der Kosten. Dies geschieht auf unterschiedlichen Wegen. Ein konkretes Beispiel ist die Reduzierung der Arbeitskosten durch reduzierte Verwaltungskosten. Da wir auch andere Immobilien besitzen, können viele Kosten auf das Hauptunternehmen zurückgeführt werden. Diese werden manchmal als »Abwicklungsspesen« bezeichnet. Das sind die Kosten für Steuerberater, Buchhalter, Anwälte und Verwaltungspersonal. Weitere senkbare Ausgaben sind Versicherungen, Grundsteuern, Wasserverbrauch, Wartung und Gartenpflege durch ein besseres Kostenmanagement und Wirtschaftlichkeit. Außerdem können die Kosten gesenkt und die Einnahmen gesteigert werden, indem die Fluktuation niedrig gehalten wird, sowie durch Einsparungen bei der Zeit, die für die Wiedervermietung einer Wohnung benötigt wird. Wenn ein Mieter beispielsweise der Verwaltungsgesellschaft mitteilt, dass er auszieht, wird eine Anzeige geschaltet, die die Verfügbarkeit der Wohnung anzeigt. Gleich am Tag des Auszugs kommt ein Reinigungstrupp, und die Wohnung kann einem potenziellen neuen Mieter noch am Abend gezeigt werden. Und in vielen Fällen wird eine Wohnung schon vor dem Auszug des Mieters weitervermietet.

Offensichtlich gelingt es vielen inkompetenten Investoren nicht, die Kosten zu reduzieren, sondern sie erhöhen sie sogar noch, und dadurch wird die Immobilie für sie erst recht eine schlechte Investition. Oftmals gelingt es ihnen nicht, die Qualität der Mieter und die Attraktivität der Immobilie sicherzustellen, weil sie versuchen, Geld zu sparen. In den meisten Fällen verliert die Immobilie sogar an Wert. Gerade diese schlecht bewirtschafteten Immobilien kaufen wir gern, weil wir sie durch eine gute Hausverwaltung in gute Investitionen verwandeln können. Mit anderen Worten, wir verdienen gutes Geld von schwachen Anlegern.

Immobilienverwaltung ist ein wichtiges Kontrollelement

Wie Sie wissen, ist die Immobilienverwaltung einer der Schlüssel zur Rentabilität von Immobilien. Die Immobilienverwaltung hat einen entscheidenden Einfluss. Wie die meisten Investoren hasse ich die Immobilienverwaltung. Deshalb habe ich Ken McElroy, den Autor von *The ABCs of Real Estate Investing*, zum Partner. Seine Firma ist die beste. Wenn Sie gern mehr Informationen über die Immobilienverwaltung bekommen möchten oder darüber, wie Sie den Wert von Immobilien durch die Immobilienverwaltung steigern können, bietet The Rich Dad Company mehrere Bücher und Audioprodukte an, die von meinem Freund und Investmentpartner Ken erstellt wurden. Seine Firma ist eine der führenden Immobilienverwaltungsgesellschaften im Südwesten der Vereinigten Staaten.

Kontrolle = Hohes Risiko

Von den meisten Aktien und Investmentfonds halte ich mich fern, weil ich keine Kontrolle über die Kosten habe – insbesondere die Managergehälter, Boni und Gebühren. Mir wird übel, wenn ich von der Gehaltserhöhung eines gierigen CEOs lese, wenn gleichzeitig das Aktionärsvermögen sinkt. Zum Beispiel erhielt Robert Nardelli, CEO von Home Depot, 38 Millionen Dollar Gehalt pro Jahr und einen garantierten Bonus von 3 Millionen Dollar pro Jahr. Leider lief es nicht gut, und Nardelli trat schließlich zurück, aber erst nachdem der Vorstand zugestimmt hatte, ihm dafür 210 Millionen Dollar zu zahlen.

Für mich ist das übermäßig teuer und Abzockerei. Deshalb mag ich keine Wertpapiere. Die meisten Wertpapiere werden von studierten Betriebswirten verwaltet, Angestellten, die mehr an ihre persönlichen Finanzen denken als an die finanzielle Sicherheit ihrer Investoren. Übrigens, die Vergütung der Führungskräfte von Home Depot ist zwar hoch, aber nicht unbedingt eine Ausnahme. Das ist eher die Norm.

3. **Die Verbindlichkeiten.** Mein Apartmenthaus mit 300 Wohneinheiten hatte einen laufenden Darlehenszins von nur 4,95 Prozent. Das niedrige Zinsniveau erhöht den Vermögenswert der gesamten Immobilie. Indem wir eine zweite Hypothek zu 6,5 Prozent hinzufügten, schufen wir einen Mischzins von etwa 5,5 Prozent (unter Berücksichtigung der unterschiedlichen Beträge der beiden Darlehen). Dieser niedrige Zinssatz ist ein wichtiges Instrument für die Kontrolle und Hebelwirkung. Ein Prozentpunkt auf Millionen von Dollar hat einen großen Einfluss auf den Nettoertrag.

Eine Einsparung von zum Beispiel 1 Prozent bei einer 10-Millionen-Dollar-Hypothek bedeutet 100.000 Dollar zusätzliches Einkommen pro Jahr. Wie das Diagramm oben auf Seite 130 veranschaulicht, ist die Reduzierung des Fremdkapitals und der Zinsaufwendungen auf Fremdkapital auch ein Beispiel für Hebelwirkung.

4. **Die Vermögenswerte.** Durch die Erhöhung der Mieten, die Reduzierung der Kosten und der Verschuldung oder der Zinsen auf die Verschuldung steigt der Vermögenswert der Immobilie.

Wie Sie aus der Vermögensaufstellung unten auf Seite 130 entnehmen können, sind Kontrolle und die Bewegung der Zahlen in die gewünschte Richtung eine Form des Hebels und hängen von der finanziellen Intelligenz ab.

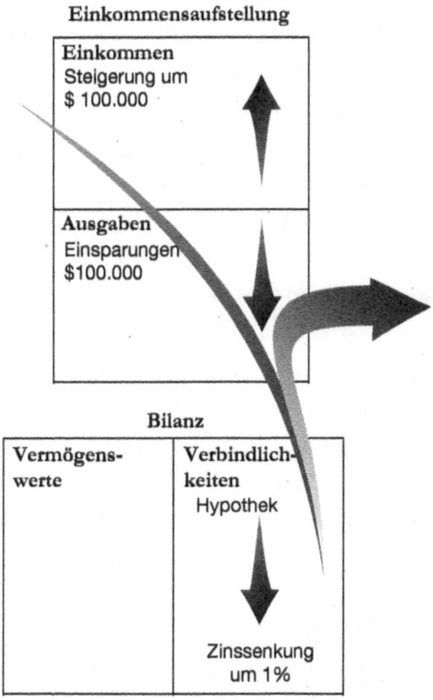
Einkommensaufstellung
Einkommen
Steigerung um $ 100.000
Ausgaben
Einsparungen $100.000
Bilanz
Vermögenswerte
Verbindlichkeiten
Hypothek
Zinssenkung um 1%

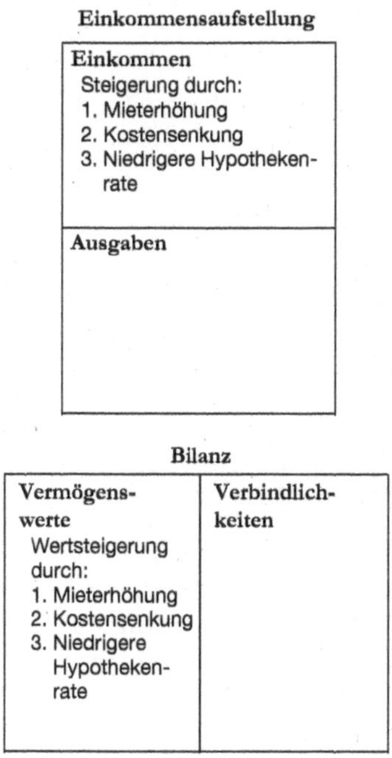
Einkommensaufstellung
Einkommen
Steigerung durch:
1. Mieterhöhung
2. Kostensenkung
3. Niedrigere Hypothekenrate
Ausgaben
Bilanz
Vermögenswerte
Wertsteigerung durch:
1. Mieterhöhung
2. Kostensenkung
3. Niedrigere Hypothekenrate
Verbindlichkeiten

Nach Äpfeln schnappen

Durch das Auf und Ab der Preise auf den Märkten sehen viele Investoren aus wie Volksfestbesucher in den alten Zeiten, die nach in einer Wanne mit Wasser schwimmenden Äpfeln schnappten. Es sieht lustig aus, aber ich möchte das nicht jeden Tag tun müssen, um Geld zu verdienen.

Anstatt den Preis meiner Aktien oder Investmentfonds auf dem Markt ständig steigen und fallen zu sehen, will ich die Kontrolle über mein Vermögen. Dadurch, dass ich die finanzielle Intelligenz habe, Einnahmen, Ausgaben, Schulden und letztlich den Wert meiner Investition zu kontrollieren, habe ich die Kontrolle über mein finanzielles Schicksal.

Der Kapitalanleger hat in keiner der vier Spalten der Vermögensaufstellung Kontrolle oder Hebelwirkung im Falle von Sparguthaben, Aktien, Anleihen, Investmentfonds oder Indexfonds.

Eine Pause, bevor es weitergeht

Bevor wir zu höheren Formen der Hebelwirkung und Kontrolle übergehen und es noch komplexer wird, halte ich es für wichtig, die bisher behandelten Punkte zusammenzufassen und zu wiederholen. Hier sind die sieben wichtigsten Punkte:

1. Es gibt viele Arten von Hebeln. Die finanziellen Hebel, die den meisten Menschen vertraut sind, ist die Hebelwirkung von Schulden, sprich dem Geld anderer Menschen. Es gibt andere Arten von finanziellen Hebeln, wie zum Beispiel die Hebelwirkung von finanzieller Intelligenz, die bei der Kontrolle über die Finanzen eingesetzt wird. Tatsächlich sind alle fünf Aspekte der finanziellen Intelligenz, die das Einkommen erhöhen – der Schutz vor »Finanz«-Räubern, die Budgetplanung, die Hebelwirkung und Informationen –, Formen von Hebeln. Hebelwirkung ist etwas, das Ihnen die Arbeit ein wenig erleichtert. Es ist einfacher, ein schweres Objekt mit einem Gabelstapler zu bewegen, und es ist einfacher, eine anspruchsvolle Investitionsentscheidung mit einem höheren finanziellen IQ zu treffen.

2. Die meisten Anleger investieren in Wertpapiere. Vermögenswerte, über die sie nur sehr wenig Kontrolle haben. Beispiele für Wertpapiere sind Sparbücher, Aktien, Anleihen, Investment- und Indexfonds. Da diese Vermögenswerte wenig bis gar keine Kontrolle zulassen, haben diese Investoren sehr wenig Hebelwirkung und niedrige Renditen, und das bezeugt einen niedrigen finanziellen IQ. Ein Beispiel für einen niedrigen finanziellen IQ ist eine 5-prozentige Rendite auf Sparguthaben, auf die man noch Steuern zahlen muss. Die Inflation löscht dann schließlich diesen Wert fast vollständig aus.

3. Eine Steigerung der Rendite bedeutet nicht, dass das Risiko steigt. Wenn Finanzberater sagen, dass eine Steigerung der Rendite eine Erhöhung des Risikos bedeutet, haben sie recht, wenn sie über Wertpapiere sprechen. Es ist falsch, wenn sie das über alle Vermögenswerte behaupten.

Vermögenswerte wie ein Unternehmen oder eine Immobilie erfordern eine höhere finanzielle Intelligenz, ermöglichen mehr finanzielle Kontrolle und einen höheren Grad an Hebelwirkung bei sehr geringem Risiko. *Der Schlüssel zu einem niedrigen Risiko ist eine höhere finanzielle Intelligenz.* Deshalb empfehle ich den Menschen, klein anzufangen und klein zu bleiben, da sie auf diese Weise ihrer finanziellen Intelligenz zu wachsen erlauben. Mit zunehmender finanzieller Intelligenz steigen ihre Kapitalrenditen. Wenn die finanzielle Intelligenz gering ist, dann kann die Hebelwirkung ihrer finanziellen Intelligenz einen Schlag versetzen, der messbaren Kapitalrendite.

4. Die meisten Finanzberater sind selbst keine Investoren. Finanzberater sind nichts weiter als Verkäufer. Die meisten Finanzberater, sogar viele Immobilienmakler, investieren nur in Wertpapiere, wenn sie überhaupt investieren. Die meisten nutzen beruflich und finanziell gesehen sehr wenig Hebelwirkung. In vielen Fällen ist das Verhältnis ihres Hebels beruflich und finanziell 1:1. Ein berufliches Verhältnis von 1:1 bedeutet, dass sie für ihre Arbeit bezahlt werden und nur für ihre Arbeit – ein Tageslohn für einen Tag Arbeit.

Als Unternehmer arbeiten Tausende von Menschen, um mich zu unterstützen. Als Investor, wie am Beispiel des Apartmenthauses in Tulsa, habe ich 300 Mieter, die mir helfen, meine Investition zu bezahlen. Die Bank, die mir 4 Dollar für jeden meiner Dollar leiht, und das Finanzamt, das mir Steuererleichterungen auf mein Einkommen gewährt. Dies sind Beispiele für verschiedene Arten von Hebel.

5. Finanzielle Bildung erhöht die finanzielle Intelligenz. Die meisten Menschen investieren in Wertpapiere wie zum Beispiel Spareinlagen, Aktien,

Anleihen, Investment- und Indexfonds, weil sie keine Kontrolle benötigen oder wollen. Sie möchten lediglich ihr Geld an einen Anlageberater übergeben, der hoffentlich gute Arbeit leistet. Aus den Augen, aus dem Sinn. Wenn die Menschen mehr Kontrolle wollen, ist das Erste, was sie kontrollieren müssen, ihre finanzielle Bildung, die ihre finanzielle Intelligenz erhöht und hoffentlich auch ihre finanzielle Kontrolle und die Hebelwirkung.

6. Die Hebelwirkung kann auf zwei Arten funktionieren. Hebelwirkung kann Sie reich machen, und sie kann Sie auch arm machen. Aus diesem Grund erfordert Hebelwirkung finanzielle Intelligenz und finanzielle Kontrolle.

Bei Aktien kann ein Trader die Hebelwirkung von Optionen nutzen. Wenn ein Trader glaubt, dass der Markt steigt, kann er eine Call-Option nutzen, die das Recht beinhaltet, eine Aktie zu einem bestimmten Preis innerhalb einer bestimmten Zeit zu kaufen. Zum Beispiel, wenn die Aktie heute 10 Dollar kostet und der Trader glaubt, dass der Preis höher steigen wird, kann der Trader eine Call-Option für 1 Dollar kaufen. Wenn der Trader richtig liegt und die Aktie auf 20 Dollar steigt, hat er 10 Dollar mit 1 Dollar verdient. Und wenn der Trader denkt, dass der Markt sinkt, kann er eine Put-Option verwenden oder die Aktie shorten.

Mit anderen Worten, ein Trader hat die Möglichkeit, Geld zu verdienen, wenn der Aktienkurs steigt oder fällt. Das Problem ist jedoch, dass der Händler keine Kontrolle über den Vermögenswert hat, sondern nur Kontrolle über die Bedingungen seines Trades. Wie erwartet, sagen die meisten Finanzberater, die Investmentfonds verkaufen und Diversifikation empfehlen, dass der Handel mit einer Aktie riskant ist – und zwar für diejenigen, denen es an Übung und Erfahrung mangelt.

Es ist ein wichtiger Bestandteil der finanziellen Bildung eines Investors, das Handeln am Markt zu lernen, und das auch mit Immobilien. Auch Immobilieninvestoren verwenden Optionen. In der Immobilienbranche wird eine Call-Option als Anzahlung bezeichnet. Wenn Sie eine Immobilie nur kaufen, um sie dann schnell wieder zu verkaufen, können fallende Immobilienpreise katastrophal für Sie sein.

Da die meisten meiner Immobilieninvestitionen auf Mietpreisen und Betriebskosten einer Immobilie basieren, wirken sich steigende und fallende Preise im Immobilienbereich nicht so stark auf mich aus. Obwohl ich gelegentlich eine Immobilie schnell wieder verkaufe, besonders wenn jemand bereit ist, mir einen sehr hohen Preis dafür zu zahlen, kaufe ich eine

Immobilie eher, um langfristig Mieten und andere Einnahmen zu erzielen. Dann suche ich nach einer anderen Immobilie zum Kaufen und Halten.

Für diejenigen, die daran interessiert sind, etwas über das Investieren in auf- und absteigenden Märkten zu lernen, haben wir unser Brettspiel CASHFLOW® 202 entwickelt, ein Spiel, das Ihnen beibringt, mit Spielgeld zu traden. CASHFLOW® 202 ist eine Ergänzung zu CASHFLOW® 101. Es wird dringend empfohlen, mit CASHFLOW® 101 anzufangen, bevor Sie zu CASHFLOW® 202 übergehen.

Es gibt CASHFLOW®-Clubs auf der ganzen Welt, für Menschen, die die Spiele erlernen wollen, bevor sie sie kaufen. Finanzielle Bildung ist unerlässlich für jeden, der mehr Hebelwirkung nutzen will.

7. Auch wenn die meisten Finanzberater Diversifikation empfehlen, diversifizieren sie nicht wirklich. Es gibt zwei Gründe, warum die von ihnen empfohlene Diversifizierung keine echte Diversifizierung ist. Der erste Grund ist, dass Finanzberater nur in eine einzige Kategorie von Vermögenswerten investieren: Wertpapiere. Wie der Marktcrash vom 9. und 10. August 2007 zeigte, schützte die Diversifizierung den Wert der Wertpapiere nicht. Der zweite Grund ist, dass ein Investmentfonds bereits ein diversifiziertes Investment ist. Es ist ein Mischmasch aus guten und schlechten Aktien. Wenn jemand mehrere Investmentfonds kauft, ist es wie die Einnahme mehrerer Multivitaminpräparate. Wenn man mehrere Multivitaminpräparate einnimmt, ist der einzige Ort, an dem ein Wertzuwachs gemessen werden kann, der Urin dieses Menschen.

Professionelle Investoren diversifizieren nicht. Wie Warren Buffett sagt: »Diversifikation ist ein Schutz gegen Unwissenheit. Diversifikation ist nicht erforderlich, wenn jemand weiß, was er tut.«

Mein reicher Vater sagte: »Gegen wessen Unwissenheit willst du dich schützen? Deine eigene Unwissenheit, die Unwissenheit deines Beraters oder eure gemeinsame Unwissenheit?«

Statt zu diversifizieren, tun professionelle Anleger zwei Dinge. Das eine ist, sich nur auf großartige Investitionen zu konzentrieren. Das spart Geld und erhöht die Rendite. Die zweite Aufgabe ist die Absicherung. Hedging ist ein anderes Wort für Versicherung. Bei meinem Apartmenthaus mit 300 Wohneinheiten verlangt die Bank zum Beispiel die verschiedensten Arten von Versicherungen. Wenn die Immobilie niederbrennt, zahlt die Versicherung meine Hypothek und baut das Gebäude wieder auf. Das Beste daran ist, dass die Kosten für die Versicherung aus den Mieterträgen bezahlt werden.

Zwei der Hauptgründe, warum ich Investmentfonds nicht mag, sind, dass die Zertifikate bei den Banken als Sicherheit für einen Kredit zählen und Versicherungsgesellschaften mir keine Versicherung gegen katastrophale Schäden anbieten, wenn der Markt zusammenbricht – und alle Märkte brechen irgendwann einmal zusammen.

Auf zu größerer Hebelwirkung, höherer Rendite und geringerem Risiko

Fokussierung und nicht Diversifikation ist entscheidend für gesteigerte Hebelwirkung, höhere Renditen und geringeres Risiko. Fokussierung erfordert eine höhere finanzielle Intelligenz. Finanzielle Intelligenz beginnt damit zu wissen, wofür Sie investieren. In der Welt des Geldes gibt es zwei Dinge, nach denen Investoren bei ihren Investitionen Ausschau halten: Kapitalzuwachs und Cashflow.

1. **Kapitalzuwachs.** Ein weiterer Grund, warum so viele Menschen das Investieren für riskant halten, ist, weil sie investieren, um Kapitalzuwachs zu erhalten. In den meisten Fällen ist die Investition für einen Kapitalzuwachs ein Glücksspiel oder Spekulation. Wenn jemand sagt: »Ich kaufe diese Aktien, diesen Investmentfonds oder diese Immobilie«, dann investiert er oder sie für Kapitalzuwachs durch einen Preisanstieg des Vermögenswerts. Wenn ich beispielsweise das Apartmenthaus für 17 Millionen Dollar gekauft und gehofft hätte, dass ich es für 25 Millionen Dollar verkaufen könnte, dann würde ich wegen dem Kapitalzuwachs investieren. Wie viele von Ihnen wissen, bedeutet das Investieren, um Kapitalzuwachs zu erhalten, in einigen Ländern eine Steuererhöhung.

2. **Cashflow.** Investieren, um Cashflow zu erhalten, ist um einiges weniger riskant. Investieren, um Cashflow zu erhalten, bedeutet investieren, um ein Einkommen zu generieren. Wenn ich Ersparnisse zur Bank bringe und 5 Prozent Zinsen darauf erhalte, investiere ich, um Cashflow zu erhalten. Die Zinsen bei Ersparnissen sind zwar risikoarm, das Problem dabei ist aber, dass die Erträge niedrig sind, die Steuern hoch sein können und der Dollar weiter an Wert verliert. Als ich das Apartmenthaus mit den 300 Wohneinheiten kaufte, investierte ich, um Cashflow zu erhalten. Der Unterschied ist, dass ich investierte, um Einkommen zu generieren, und setzte dafür das

Geld meines Bankers für eine höhere Kapitalrendite ein und zahlte weniger Steuern. Das ist eine bessere Nutzung der Hebelwirkung.

Mit welchem Ziel investieren Sie?

Die meisten Finanzberater empfehlen den Leuten, in Wachstumsfonds zu investieren, wenn sie jung sind. Investieren, um Wachstum zu erhalten, bedeutet zu investieren, um Kapitalzuwachs zu generieren. Sie raten älteren Investoren, ihre Wachstumsfonds dann in Einkommensfonds oder Annuitäten umzuschichten. Mit anderen Worten, sie empfehlen den älteren Kunden zu investieren, um Cashflow zu erhalten. Sie glauben, dass der Cashflow weniger riskant und sicherer ist.

Drei Arten von Investoren

Hinsichtlich der Entscheidung, ob für Kapitalzuwachs oder Cashflow investiert wird, gibt es drei allgemeine Arten von Investoren. Das sind:

1. Diejenigen, die nur investieren, um Kapitalzuwachs zu erhalten. In der Welt der Aktien werden diese Menschen als *Trader* bezeichnet, und auf dem Immobilienmarkt werden sie in den USA *Flipper* genannt. Ihre Anlageziele sind in der Regel, billig zu kaufen und teuer zu verkaufen. Wenn Sie sich den CASHFLOW-Quadranten ansehen, sind Trader und Flipper sogar im S-Quadranten angesiedelt, nicht im I-Quadranten. Sie gelten als professionelle Trader, nicht als Investoren. Darüber hinaus werden in Amerika Trader und Flipper mit den höheren Steuersätzen des S-Quadranten besteuert und genießen die Vorteile der Steuervergünstigung, die der I-Quadrant nicht erhält.

2. Diejenigen, die nur investieren, um Cashflow zu erhalten. Viele Anleger mögen Ersparnisse oder Anleihen wegen des stabilen Einkommens. Einige Anleger lieben Kommunalanleihen, weil diese eine steuerfreie Rendite zahlen. Wenn ein Anleger beispielsweise eine steuerfreie Kommunalanleihe mit 7 Prozent Zinsen kauft, entspricht der effektive *Return on Investment* (ROI) dem Erhalt einer steuerpflichtigen Rendite von 9 Prozent.

Im Immobilienbereich in den Vereinigten Staaten lieben viele Investoren dreifache Nettopachten *triple net leases*, NNN). Mit NNNs erhalten

Investoren Einnahmen ohne Kosten für Steuern, Reparaturen und Versicherungen. Diese Kosten trägt der Mieter. In vielerlei Hinsicht ist eine dreifache Nettopacht wie eine Kommunalanleihe, da ein Großteil der Erträge steuerfrei sein oder die Fälligkeit der Steuern aufgeschoben werden kann.

Obwohl ich dreifache Nettopachten liebe, ist es – wie zu erwarten – nicht leicht, eine gute Immobilie mit einem guten Mieter zu finden, der bereit ist, eine hohe Rendite zu zahlen. Während ich das heute schreibe, liefern die meisten NNN-Immobilien nur noch etwa 5 bis 6 Prozent Rendite. Nicht so spannend. Die gute Nachricht ist, dass ich, wenn ich tiefer grabe, darauf gehe ich später ein, vielleicht eine Immobilie mit einer viel höheren Rendite finden kann, gleichzeitig eine größere Hebelwirkung und das Geld meiner Bank verwende, um mein Risiko zu senken, und deshalb bevorzuge ich dreifache Nettopachten im Vergleich zu steuerfreien Kommunalanleihen. Dies führt uns zur dritten Art von Investoren.

3. Der Investor, der investiert, um sowohl Kapitalzuwachs als auch den Cashflow zu erzielen. Vor Jahren investierten die Aktienanleger der alten Generation, um sowohl Kapitalgewinne als auch Cashflow zu erhalten. Alte Hasen sprechen immer noch über den steigenden Preis einer Aktie, die außerdem dem Anleger eine Dividende einbringt. Aber das war in der alten Wirtschaft, im alten Kapitalismus.

Im neuen Kapitalismus suchen die meisten Wertpapierinvestoren nach dem schnellen Geld, um einen Reibach zu machen. Heute stellen die großen Investmenthäuser die intelligentesten Senkrechtstarter frisch von der Universität ein und nutzen die Leistung von Supercomputern und Computermodellen, um nach den kleinsten Marktmustern zu suchen, aus denen sie Kapital schlagen können. Zum Beispiel, wenn der Computer eine Differenz von 1 Prozent findet, zum Beispiel bei Tech-Aktien, wird das Investmenthaus Millionen von Dollar darauf setzen, in der Hoffnung, daraus 1 Prozent mit Millionen von Dollar in ein paar Stunden zu gewinnen. Das hat eine sehr hohe Hebelwirkung und ist sehr riskant.

Diese Computermodelle verursachen auch einen Großteil der Volatilität an den Märkten und lösen oft einen Crash aus. Wenn die Börse bekannt gibt, dass der Programmhandel gestoppt wurde, spricht sie davon, dass diese Computerprogramme gestoppt werden. Die Märkte stürzen ab, wenn die Computer sagen, dass sie verkaufen. Wenn die Computer sagen, kaufen, boomt der Markt, und dann stürzen sie ab. Mit anderen Worten, die Preise können ohne fundamentalen oder geschäftlichen Grund steigen oder fallen. Ein Aktienkurs steht möglicherweise in keinem Verhältnis zum Wert des Unternehmens, da die Computer ein künstliches Angebot oder eine künstliche Nachfrage erzeugten. Wenn Sie sich an die Dotcom-Ära erinnern, da wurden Unternehmen, die keine Unternehmen, sondern nur gute Ideen waren, mit Milliarden von Dollar bewertet, und die Aktienkurse von Unternehmen, die wirklich wertvoll waren, wurden vernichtet, als der Dotcom-Boom einsetzte.

Als Investor der alten Generation in dieser neuen Ära des Kapitalismus muss ich klug genug sein und investieren, um Kapitalzuwachs, Cashflow, Verschuldungshebel und Steuervorteile zu erhalten und über den Turbulenzen zu stehen, die die Senkrechtstarter und Supercomputer auf dem Markt verursachen.

Zum Beispiel habe ich kürzlich eine Aktie gekauft, obwohl ich keine Kontrolle darüber habe, weil das Unternehmen, ein altes, langweiliges Unternehmen aus dem Industriezeitalter, historisch gesehen eine stabile Dividende von 11 Prozent zahlt. Als der Aktienkurs während des jüngsten Marktcrashs fiel, kaufte ich die Aktie, weil der Preis für diesen Cashflow günstiger wurde. So kaufe ich gelegentlich zwar Wertpapiere, aber ich tendiere dazu, wegen des Cashflows zu kaufen. Als kleiner Mann und ohne Kontrolle über das Unternehmen nutze ich keine Hebelwirkung. Ich investiere nur Geld, das ich mir leisten kann zu verlieren, wenn ich falsch liege. Wenn diese bestimmte Aktie im Preis steigt, kann ich verkaufen, weil ich gern investiere, sowohl um Cashflow als auch um Kapitalgewinne zu erhalten. Mein ROI, der Return on Investment, steigt, falls und wenn ich sowohl Cashflow als auch Kapitalgewinne erzielen kann.

Man braucht drei Dinge, um ein guter Immobilieninvestor zu sein. Das sind:

1. **Gute Partner.** Wie Donald Trump sagt: »Mit schlechten Partnern kann man kein gutes Geschäft machen.« Das bedeutet nicht, dass schlechte Partner schlechte Menschen sind. Sie können lediglich schlechte oder falsche Partner für Sie sein. Damit dieses Projekt mit dem Apartmenthaus mit 300 Wohneinheiten funktioniert, muss ich sicher sein, dass ich gute Partner habe. Meine Partner sind meine Frau Kim, Ken und Ross. Wir haben viele Geschäfte gemeinsam gemacht und viel Geld verdient. Wir hatten auch viele Herausforderungen, und bei der Lösung dieser Probleme wurden wir intelligentere und bessere Partner.

2. Gute Finanzierung. Immobilien sind in erster Linie eine Finanzierungsaufgabe. Viele Leute sagen: »Lage, Lage, Lage.« Ich sage: »Finanzierung, Finanzierung, Finanzierung.« Wenn Sie eine gute Finanzierung beschaffen können, funktioniert der Deal. Wenn Sie eine schlechte Finanzierung haben, wird der Deal nicht funktionieren. Um es anschaulicher zu machen: Sagen wir, der Verkäufer erklärt: »Ich will 35 Millionen Dollar für meine 17-Millionen-Dollar-Wohnung.« Wenn der Verkäufer mich den 35-Millionen-Dollar-Kaufpreis bei 1 Dollar pro Monat für 30 Jahre mit einer Schlussrate von 35 Millionen Dollar am Ende der Laufzeit finanzieren lässt, würde ich den Deal annehmen und dem Verkäufer den Angebotspreis zahlen. Bei 1 Dollar pro Monat für 30 Jahre kann ich es mir leisten, 35 Millionen Dollar für ein 17-Millionen-Dollar-Objekt zu zahlen. Wie man in der Finanzwelt sagt: »Ich gebe dir deinen Preis, wenn du mir meine Bedingungen gibst.«

Ich weiß, dass einige von Ihnen denken, dass 35 Millionen Dollar nur ein Beispiel für einen extrem hohen Preis sind. Das ist es eigentlich nicht. In der Finanzwelt ist es üblich, extrem hohe Preise zu zahlen. Oftmals geht es nur darum, wer Käufer und Verkäufer sind und wie sie in der Lage sind, den Hebel der Finanzierung zum Erreichen ihrer Ziele zu nutzen.

Zum Beispiel wurde vor einigen Jahren in der Nähe meines Büros ein Grundstück zum Verkauf angeboten. Als ich den Makler fragte, was der Preis sei, sagte er 2 Millionen Dollar. Ich lachte, sagte, er mache wohl Witze, und ging. Ich dachte, das Objekt sei bestenfalls 750.000 Dollar wert. Heute setzt eine große Hotelkette ein Vorzeige-Hotel auf dieses Stück Dreck. Ich weiß nicht, was es heute wert ist, aber es sind definitiv mehr als 2 Millionen Dollar. Wie mein Freund Ken McElroy sagt: »Wer den besseren Plan hat, gewinnt.« Und wie Donald Trump sagt: »Denke groß.« Immer wenn ich an diesem Grundstück vorbeifahre, sage ich mir: »Denke größer.«

3. Gutes Management. Einer der Gründe für mein Vertrauen in das 17-Millionen-Dollar-Apartmenthaus mit 300 Wohneinheiten ist, dass ich gute Partner habe. Ken besitzt eine Immobilienverwaltungsgesellschaft und sein Partner Ross eine Immobilienentwicklungsfirma. In den folgenden Abschnitten werde ich weiter erläutern, wie Immobilienverwaltung und -entwicklung für die Erhöhung der Mieten, die Senkung der Ausgaben und die Steigerung des Vermögenswerts unerlässlich sind.

Wenn ich schlechte Partner, schlechte Finanzierung und schlechtes Management hätte, wäre das Apartmenthaus mit 300 Wohneinheiten eine finanzielle Katastrophe. Wenn ich alleine investieren müsste, würde ich es nicht tun. Es ist ein zu großes und komplexes Projekt.

Durch die Kontrolle über diese drei Komponenten, gute Partner, gute Finanzierung und gutes Management, bin ich eher bereit, Schulden als Hebel einzusetzen. Ohne Kontrolle würde ich wahrscheinlich keine Fremdfinanzierung nutzen. Wenn das Risiko höher ist, wie zum Beispiel beim Spekulieren mit einer Aktie oder einem Rohstoff, verwende ich gern nur Geld, dessen Verlust mir nicht wehtut.

Höhere Renditen mit weniger Risiko

Ich werde im Folgenden mein Vertrauen in die Investition erklären (dank meiner Partner und der Kontrolle über das Apartmenthaus mit 300 Wohneinheiten), warum ich bereit bin, eine große Hebelwirkung zu nutzen, warum ich das Risiko für gering halte, wie ich mehr Einnahmen erziele und wie ich weniger Steuern zahle. Es gibt drei fortgeschrittene Anlagestrategien, solche, die ein höheres Maß an finanzieller Intelligenz erfordern. Die drei fortgeschrittenen Strategien mit Hebelwirkung sind OPM (*Other People's Money* – das Geld anderer Leute), ROI (*Return on Investment*) und IRR (*Internal Rate of Return* – Interne Rendite).

1. OPM: Das Geld anderer Leute. Es gibt viele Möglichkeiten, das Geld anderer Leute zu nutzen. Bei dem Apartmenthaus mit 300 Wohneinheiten nutze ich 80 Prozent Hebelwirkung. Das Schöne daran, wenn man Geld von der Bank verwendet, ist, dass es sich um steuerfreies Geld handelt. Die anderen Vorteile des Geldes von der Bank sind:

	Ich	Bank
1. Höherbewertung	100 %	0 %
2. Einkommen	100 %	0 %
3. Steuervorteile	100 %	0 %
4. Amortisation	100 %	0 %

Wie Sie aus diesen Zahlen ersehen können, bringt die Bank 80 Prozent des Geldes auf, aber ich erhalte 100 Prozent der Vorteile. Was für ein großartiger Partner.

2. ROI: Return on Investment. Ein verwirrendes Konzept für viele Investoren ist die Rendite ihres Geldes, der ROI. Wenn Sie zum Beispiel Finanzzeitschriften lesen, behaupten viele von ihren Investmentfonds, dass diese um 10 Prozent gestiegen sind. Aber meine Frage ist, ging irgendetwas von den 10 Prozent an den Investor? Und wie hat man diese 10 Prozent gemessen? Einige Fonds messen die 10 Prozent am steigenden Preis der Anteile des Fonds. Wenn zum Beispiel vor einem Jahr der Preis pro Aktie des Fonds 10 Dollar betrug und heute 11 Dollar, können sie eine Rendite von 10 Prozent angeben. In diesem Fall wurde die Rendite in Kapitalgewinnen gemessen.

Als Investor, der investiert, um sowohl Kapitalgewinne als auch Cashflow zu erhalten, ist die einzige Rendite, die ich zähle, der Cashflow. Wenn ich zum Beispiel 10 Dollar investiere und jedes Jahr nach Steuern 1 Dollar aus dem Cashflow in meine Tasche stecke, beträgt meine Rendite 10 Prozent. Ich zähle die Rendite aus der Wertsteigerung des Vermögenswerts nicht mit, weil es sich um eine Schätzung handelt, die nur Realität wird, wenn ich den Vermögenswert verkaufe.

Der Unterschied besteht darin, dass das eine Maß für den ROI im Preis der Aktie liegt und das andere Maß für den ROI ist das Geld in meiner Tasche. Ich möchte tatsächlich sowohl 10 Prozent Wertsteigerung und 10 Prozent Bargeld in meiner Tasche haben. Aber der Cashflow ist die einzige Rendite, die spürbar gemessen werden kann, während ich den Vermögenswert halte.

Mehr Hebelwirkung, höhere Renditen

Je höher die Hebelwirkung ist, desto höher auch die Rendite. Aus diesem Grund ist die Hebelwirkung so wichtig. Wenn ich zum Beispiel eine Mieteinheit im Wert von 100.000 Dollar mit meinem Geld kaufe und ich 10.000 Dollar pro Jahr Nettoeinkommen erhalte, beträgt meine direkte Rendite 10 Prozent. Wenn ich mir 50.000 Dollar leihe und trotzdem eine Rendite von 10.000 Dollar erhalten kann, beträgt meine direkte Rendite 20 Prozent. Wenn ich die gesamten 100.000 Dollar finanziere und trotzdem eine Rendite von 10.000 Dollar erhalte, ist meine Rendite unendlich. Unendliche Renditen bedeuten Geld für nichts. 10.000 Dollar fließen in meine Tasche, und nichts fließt heraus. Die Mieter übernehmen meine Kosten, und ich erhalte die Einnahmen.

Geld für nichts

In meinem nächsten Beispiel, wiederum unter Verwendung des Apartmenthauses mit seinen 300 Wohneinheiten, werde ich erklären, wie ich durch den Einsatz von Hebelwirkung eine unendliche Rendite erziele. Dies geschieht durch Erhöhung der Mieten und der Ausstattung jeder der 300 Einheiten mit Waschmaschinen und Trocknern. So funktionieren die Zahlen mit stark vereinfachten Begriffen:

Einkommensaufstellung

Einkommen
$ 50 Mieterhöhung $ 50 Mietsteigerung durch Waschmaschinen und Trockner
Ausgaben
$10 monatlich für Waschmaschinen und Trockner

Bilanz

Vermögenswerte	**Verbindlichkeiten**
	$ 1000 für Waschmaschinen und Trockner, sowie Renovierung des Appartements

Der Nettoanstieg der Mieten um 100 Dollar pro Monat ist auf höhere, konkurrenzfähige Mieten zurückzuführen, auf Verbesserungen im Außenbereich und die Ausstattung jeder Einheit mit einer Waschmaschine und einem Trockner.

Diese Einkommenssteigerung von 100 Dollar pro Monat ist eine zu 100 Prozent finanzierte Transaktion. Wir bekommen zusätzliches Geld von der Bank, um die Renovierung durchzuführen. Wir haben die Kontrolle. Der Anstieg der Verschuldung ist durch unsere Ertragssteigerung mehr als ausgeglichen. Diese zusätzlichen 100 Dollar sind technisch gesehen eine *unendliche Rendite*, da alle Kosten von der Bank getragen werden und alle Renditen in meine Tasche fließen.

Die Erhöhung von 100 Dollar pro Monat wird mit 300 Einheiten multipliziert. Das ist eine Steigerung des Bruttoeinkommens um 30.000 Dollar pro Monat und 360.000 Dollar pro Jahr zusätzlich zum Cashflow, den wir bereits erhalten. Diese 360.000 Dollar sind eine unendliche Rendite, gemessen am verfügbaren Cashflow, nicht an einem fiktiven Kapitalgewinn auf dem Papier.

Zusammenfassend lässt sich sagen, dass die Bank 100 Prozent des Geldes für diese Verbesserungen aufbringt und wir die Ertragssteigerung erhalten. Die Mieter bezahlen die Kosten und die Hypothek.

3. IRR: Interne Rendite. Eine der komplexeren, anspruchsvolleren und oft verwirrenden Kennzahlen des ROI ist die interne Rendite. Wenn Investoren wirklich wissen, was sie tun, können sie ihren ROI erhöhen, indem sie die interne Rendite verstehen. Das folgende Diagramm verdeutlicht so einfach wie möglich diese fortgeschrittene Art der Ermittlung der tatsächlichen Anlegerrendite.

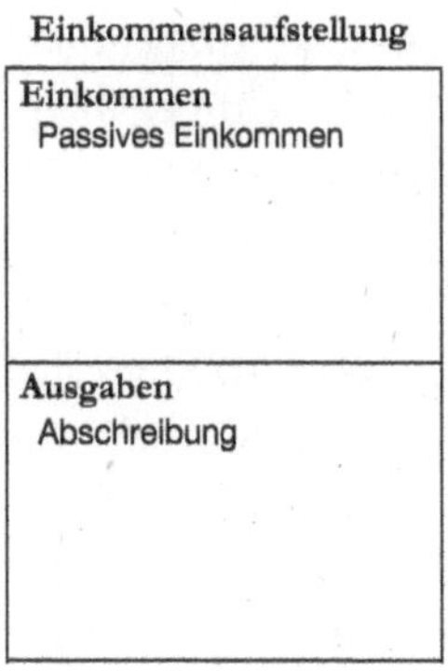

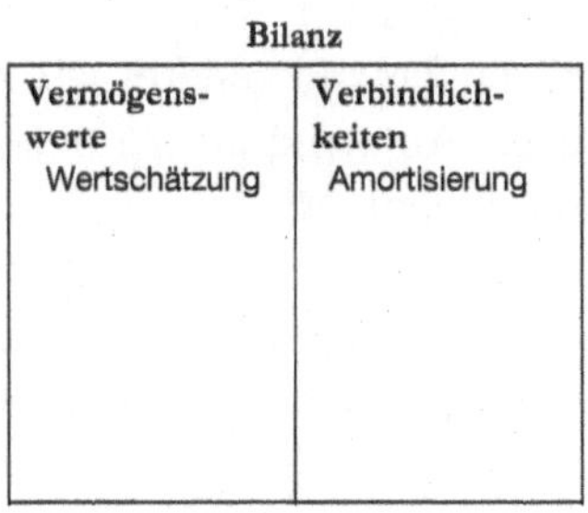

Sehr stark vereinfacht ausgedrückt, misst die interne Rendite (IRR) die anderen Renditen und anderen Hebelwirkungen, die eine gut kontrollierte Investition bieten kann.

1. *Einkommensspalte: Passives Einkommen.* Die meisten Menschen wissen, dass die Bruttomieten Teil der Einkommensspalte sind. Die interne Rendite misst aber auch andere Einkommensformen. Das passive Einkommen unterliegt niedrigeren Steuersätzen als das Lohneinkommen. In den USA unterliegt das passive Einkommen nicht der Sozialversicherungssteuer oder der Steuer für berufliche Selbstständigkeit. Das heißt, diese Steuern werden nicht als Aufwand in der Aufwandsspalte ausgewiesen, was technisch gesehen eine Einkommenssteigerung ist.
2. *Ausgabenspalte: Abschreibungen.* In den USA gibt das Finanzamt einigen Investoren ein zusätzliches Einkommen, das tatsächlich wie eine Ausgabe aussieht. Dieses Einkommen wird als Abschreibung bezeichnet. Ein weiterer Begriff für Abschreibungen ist »Phantomeinkommen«. Es handelt sich um ein Phantomeinkommen, weil es ein Einkommen ist, das woanders auftaucht. Sagen wir zum Beispiel, meine Steuerrechnung beträgt 1.000 Dollar. Das Finanzamt kann mir erlauben, meine Investition um 200 Dollar abzuschreiben, was mir ermöglicht, nur 800 Dollar an Steuern zu zahlen. Diese zusätzlichen 200 Dollar sind Phantomeinkommen oder Geld, das ich nicht bezahlen musste. Es sind 200 Dollar, die in meiner Tasche bleiben, anstatt zur Regierung zu wandern.
   Abschreibung ist zulässig auf Dinge wie Kühlschränke, Deckenventilatoren, Teppiche, Möbel und andere Gegenstände, die mit zunehmendem Alter an Wert verlieren. Ein Steuerberater kann Ihnen dies erklären, wenn Sie ein Unternehmen oder eine Immobilie besitzen. Für Anleger von Wertpapieren gibt es keine Abschreibung.
3. *Spalte Verbindlichkeiten: Amortisation.* Eine weitere Form des Einkommens für den Investor ist die Amortisation, was ein schickes Wort für die planmäßige Rückzahlung von Schulden ist. Wenn Sie gute Schulden haben, Schulden, die jemand anderes wie zum Beispiel ein Mieter für Sie bezahlt, wird die Amortisation zu einem Einkommen für Sie. Mit anderen Worten, wenn ein Mieter meine Schulden zurückzahlt, ist diese Zahlung technisch gesehen ein Einkommen für mich. Einkommen, das bezahlt wird, um meine Schulden zu reduzieren, während mein Geld in meiner Tasche bleibt, bereit für die nächste große Investitionsgelegenheit, die sich mir bieten mag. Während mein Mieter meine Schulden abbezahlt, erhalte ich noch alle Steuervorteile, die mit meiner Investition verbunden sind.
4. *Spalte Vermögenswerte: Wertsteigerung.* Wertsteigerung bezieht sich auf die Erhöhung des Vermögenswerts. Das ist für Sie ebenfalls ein Einkommen.

Dies ist keine Wertsteigerung, die auf der Vorstellung eines Gutachters von einer Erhöhung des Verkaufspreises auf der Grundlage von vergleichbaren Verkäufen in der Region beruht. Die Art und Weise, wie ich Wertsteigerung messe, ist durch die tatsächliche Erhöhung des Einkommens in meiner Einkommensspalte. Zum Beispiel ist die Einkommenssteigerung über 360.000 Dollar aus meinem Apartmenthaus mit 300 Wohneinheiten messbar.

Dies ist keine genaue Methode zur Definition der internen Rendite, aber sie gibt Ihnen eine Vorstellung davon, wie ein Anleger seine Kapitalrendite weitaus mehr steigern kann, als die meisten Anleger aus Wertpapieren erwirtschaften können. Zumindest haben Sie eine Vorstellung davon, was eine interne Rendite ist. Ich schätze, dass 95 Prozent der Investoren noch nie von einer internen Rendite gehört haben. Sie sind jetzt intelligenter und schlauer als 95 Prozent der Investoren da draußen.

Die Exit-Strategie

Das Schöne an der Exit-Strategie für den Apartmentkomplex mit 300 Wohneinheiten ist einmal mehr die Nutzung von Hebelwirkung, um noch reicher zu werden. Anstatt die Immobilie zu verkaufen und mit erheblichen Kapitalertragssteuern auf den Gewinn konfrontiert zu werden, ziehen wir das Geld durch Refinanzierung heraus. Dies ist möglich, weil wir durch unsere Verbesserungen und unser Management den Wert der Immobilie gesteigert haben. Die Bank erkennt diese Wertsteigerung an, und es ist uns möglich, dafür einen Kredit zu bekommen. Indem wir uns den Wert der Immobilie voll zunutze machen, ziehen wir Geld aus der Immobilie heraus – steuerfrei, und die verbesserten Transaktionen decken die höhere Hypothekenzahlung durch höhere Einnahmen. Indem wir leihen, anstatt zu verkaufen, erhalten wir unsere Anzahlung zurück – steuerfrei –, und wir können den Vermögenswert behalten. An diesem Punkt ist das Einkommen der Immobilie eine unendliche Rendite, denn wir haben kein Geld in das Geschäft investiert, aber wir erhalten das Einkommen. Dies ist die ultimative Hebelwirkung.

Nehmen wir an, nach fünf Jahren sind wir in der Lage, die Immobilie zu refinanzieren und 4 Millionen Dollar steuerfrei herauszuholen. Die Zahlen sind im Diagramm auf Seite 146 dargestellt.

Die 4 Millionen Dollar aus der Refinanzierung gehen an die Investoren und zahlen das gesamte Ursprungskapital und noch etwas mehr zurück. Noch besser, wir behalten immer noch die Kontrolle über die 300 Einheiten, und die erhöhte Darlehenszahlung über 280.000 Dollar ist durch die Steigerung des Einkommens um 360.000 Dollar gedeckt.

Der Anstieg der Mieteinnahmen um 360.000 Dollar, abzüglich der erhöhten Zinsaufwendungen über 280.000 Dollar, führt zu einem passiven Einkommen von 80.000 Dollar netto. Diese 80.000 Dollar sind eine unendliche Rendite, da die Investoren ihre anfängliche Investition zurückbekommen haben, aber dennoch weiterhin einen Cashflow erhalten. Es ist kostenloses Geld. Die Investoren erhalten 4 Millionen Dollar zurück und kaufen einen weiteren Apartmentkomplex.

Einkommensaufstellung

Einkommen
Steigerung um 360.000 $ 4 Mio. $ steuerfrei
Ausgaben
280.000$ zusätzliche Zinszahlungen zu 7%

Bilanz

Vermögenswerte	**Verbindlichkeiten**
Apartmenthaus	zusätzlich 4 Mio. $ Schulden

Dies ist ein Beispiel für den Einsatz von Kontrolle und Hebelwirkung. Es ist ein Beispiel dafür, wie man nach den Regeln des neuen Kapitalismus reich wird, des Kapitalismus, der auf den Einsatz von Schulden basiert, um reicher zu werden. Anstatt hart zu arbeiten, um aus der Verschuldung herauszukommen, wie es diejenigen tun, die die Regeln des alten Kapitalismus befolgen, arbeiten wir hart daran, Wege zu finden, um in mehr gute Schulden zu kommen und mehr Hebelwirkung einzusetzen.

Mit nichts anfangen

Für einige von Ihnen hört sich ein 17 Millionen Dollar teurer Apartmentkomplex mit 300 Wohneinheiten nach einer großen Investition an. Für einige von Ihnen ist es eine kleine Investition. Vor zehn Jahren schien der Kauf eines Objekts mit 300 Wohneinheiten Kim und mir sehr groß. In zehn Jahren bin ich mir sicher, dass es uns wie eine kleine Investition erscheinen wird. Kim, Ken und ich planen bereits viel größere Projekte. Donald Trump und ich haben ein riesiges Projekt im Auge, das unweit meiner Heimat liegt, bei dem wir in zehn Jahren den ersten Schritt tun werden.

Ich erwähne die Größe und die Summen der Projekte, um drei Dinge festzustellen:

1. **Arm und finanziell ungebildet geboren zu sein bedeutet nicht, dass man nicht reich werden kann.** Nur sehr wenige Menschen werden reich genug geboren, um einen 17 Millionen Dollar teuren Wohnkomplex kaufen zu können. Und niemand ist so klug geboren, dass er einen 300-Einheiten-Wohnkomplex selbst erwerben, finanzieren und verwalten könnte. Mit anderen Worten, kein Geld oder finanzielle Bildung zu haben ist keine Ausrede, um nicht anzufangen. Und doch lassen sich Milliarden von Menschen durch das Problem, kein Geld oder nicht genügend Bildung zu haben, davon abhalten, reich zu werden. Sie gehen nicht den ersten Schritt. Und wenn sie den ersten Schritt tun und dann scheitern, einen Fehler machen, Geld verlieren oder in Schwierigkeiten geraten, geben viele auf. Deshalb wird für Milliarden von Menschen ein 17-Millionen-Dollar-Projekt immer wie ein großes Projekt aussehen, ein Projekt, das größer ist als ihre Träume.

2. **Fangen Sie klein an und machen Sie winzige Schritte.** Im Jahr 1989 tätigte Kim ihre erste Investition in ein Häuschen für 45.000 Dollar mit zwei Schlafzimmern und einem Badezimmer in Portland, Oregon. Sie investierte 5.000 Dollar und verdiente 25 Dollar im Monat. Sie war extrem nervös, als sie ihren ersten Schritt machte. Heute ist ein 17 Millionen Dollar teurer Apartmentkomplex für sie langweilig. Sie ist bereit für größere Projekte.

1997 begann Ken McElroy mit einer Wohnung, die ausgestattet war mit zwei Schlafzimmern und zwei Bädern, in Scottsdale, Arizona. Die Wohnung kostete 115.000 Dollar, und er investierte 23.000 Dollar. Er verdiente 50 Dollar pro Monat an Cashflow. Heute kontrolliert er ein Immobilienportfolio im Wert von Hunderten Millionen Dollar.

Ich kaufte meine erste Anlageimmobilie im Jahr 1973. Ich hatte kein Geld auf der hohen Kante, um zu investieren. Ich war noch bei der Marineinfanterie und hatte gerade mein erstes Haus gekauft. Anstatt mich von niedrigen Löhnen und fehlendem Geld aufhalten zu lassen, meldete ich mich für einen Kurs in Immobilieninvestitionen für 385 Dollar an. Innerhalb weniger Monate kaufte ich für 18.000 Dollar auf der Insel Maui meine erste Anlageimmobilie, eine Wohnung mit einem einzigen Schlafzimmer. Die Immobilie war in der Zwangsvollstreckung, und die Bank wollte die Einheit loswerden. Sie ließ mich die Anzahlung von 2.000 Dollar mit meiner Kreditkarte bezahlen. Die Immobilie brachte mir ungefähr 35 Dollar im Monat ein, nachdem ich meine Hypotheken- und Kreditkartenrechnung gezahlt hatte, die eine unendliche Rendite darstellen, da ich 100 Prozent des Geldes geliehen hatte. Nachdem ich der Bank bewiesen hatte, dass ich die Immobilie verwalten konnte, ließ sie mich zwei weitere Einheiten kaufen. Meine Karriere als Investor hatte begonnen.

Etwa ein Jahr später verkaufte ich jedes der drei Objekte für circa 48.000 Dollar und steckte fast 90.000 Dollar in meine Tasche. Keine schlechte Rendite für ein Seminar, das 385 Dollar gekostet hatte und meine Kreditkartenanzahlungen.

Obwohl ich es so gemacht habe, empfehle ich den Leuten nicht, für die Leistung der Anzahlung die Kreditkarte zu benutzen. Ich empfehle jedoch, Bücher zu lesen und Seminare zu besuchen, bevor man investiert. Einer der Gründe, warum die Rich Dad Company intensive Investmentseminare anbietet, ist, dass ich stark an die Kraft unseres Geistes glaube. Unser Geist ist unsere wichtigste Form eines Hebels.

Bei unseren Seminaren sind die Referenten fabelhaft. Ich muss zugeben, dass sie bessere Lehrer sind als ich. Sie sind viel fokussierter und gründlicher mit ihrem Inhalt und ihrer Umsetzung. Sie sind gut ausgebildet, engagieren sich für Ihren Erfolg und vor allem praktizieren sie das, was sie lehren. Die meisten Teilnehmer berichten, dass unsere Kurse ihren Geist für eine Welt neuer Möglichkeiten öffnen, für verschiedene Wege, finanziell frei zu werden und ihr Leben für immer zu verändern. Weitere Informationen finden Sie auf unserer Website Richdad.com.

3. Träumen Sie groß. Die meisten von uns wissen, dass man einem Kind das Träumen erlauben muss. Das Gleiche gilt für Erwachsene. Als Paar haben Kim und ich große Träume. Unsere Träume halten unsere Ehe reich, jung und unterhaltsam. Größere Investitionsprojekte ermöglichen es uns, gemeinsam zu lernen, im Team zu arbeiten und zusammenzuwachsen, anstatt uns auseinanderzuleben. Anstatt unter unseren Verhältnissen zu leben, träumen wir groß, lernen und investieren sorgfältig, um über unsere Verhältnisse hinauszuwachsen. Es geht nicht nur um Geld ... es geht um das Leben. Persönlich denken Kim und ich, dass es eine Tragödie ist, unter den Möglichkeiten leben zu müssen.

Zum Abschluss

Am 9. und 10. August 2007, als die Märkte der Welt zusammenbrachen, hatten viele Menschen keine Ahnung, was der Zusammenbruch bedeutete. Die meisten Menschen haben keine Ahnung, wie es ihr Leben beeinflusst. Die meisten Menschen haben keine Ahnung, welchen Einfluss die Änderung der Regeln in den Jahren 1971 und 1974 auf ihr Leben hat.

Heutzutage verdienen selbst im reichsten Land der Welt, den USA, Millionen von gebildeten, fleißigen Menschen weniger, selbst wenn ihnen mehr bezahlt wird. Sie sparen Geld, das an Wert verliert, klammern sich an ihre Häuser, während deren Wert sinkt, und benutzen Kreditkarten zur Bezahlung ihrer Rechnungen.

Zu allem Übel denken aufgrund eines Marktzusammenbruchs Millionen von gebildeten, fleißigen Menschen, dass Investitionen riskant sind und dass man, um höhere Renditen zu erzielen, größere Risiken eingehen muss. Es gibt nur wenige Menschen, die wissen, dass Kontrolle der Schlüssel zur Hebelwirkung ist, und der Schlüssel zur Kontrolle ist die finanzielle Intelligenz.

Die gute Nachricht ist: Je höher Ihre finanzielle Intelligenz ist, desto mehr Geld verdienen Sie, ohne Geld zu brauchen. In diesem neuen Kapitalismus ist es wirklich möglich, Geld aus nichts zu erschaffen. Im Informationszeitalter ist Wissen die ultimative Hebelwirkung. Je mehr Geld Sie ohne Geld verdienen, desto höher sind Ihr Return on Investment und Ihre interne Rendite, und desto höher ist Ihr finanzieller IQ.

Da der finanzielle IQ das numerische Maß für die finanzielle Intelligenz ist, bedeutet dies, dass eine unendliche Rendite einen unendlichen finanziellen IQ bedeutet. Sagen Sie das Ihrem Banker und Finanzberater, wenn er Ihnen das nächste Mal sagt, dass 5 Prozent Zinsen auf Ersparnisse oder 10 Prozent Rendite auf Investmentfonds eine starke Rendite sind.

Kapitel 7

Der 5. Aspekt des finanziellen IQs: Verbesserte Informationsverarbeitung

Im Januar 1972 wurde ich von Camp Pendleton, Kalifornien, zu einem Flugzeugträger vor der Küste Vietnams versetzt. Es war meine zweite Reise nach Vietnam. Mein erster Aufenthalt dort war 1966 gewesen. Die amerikanische Handelsflottenakademie schickte die Studenten für ein Jahr auf See. Mein Projekt war das Studium von militärischen Frachtvorgängen in einer Kriegszone – genauer gesagt, wie man Bomben sicher ein- und entladen kann, ohne sich selbst dabei umzubringen. Meine zweite Reise als Militärpilot war eine ganz andere Erfahrung, als den Krieg als Student zu beobachten.

An Bord des Flugzeugträgers war ich hauptsächlich als Hubschrauberkampfpilot im Einsatz. Mein Hauptauftrag war es, als Begleiter für die größeren Truppenhubschrauber zu fliegen. Unsere Staffel bestand hauptsächlich aus Truppentransporthubschraubern, den Doppelrotorhubschraubern CH-46 und CH-53, auch bekannt als Jolly Green Giants. Wenn die Zone vom Feind unter Beschuss genommen wurde, war es die Aufgabe des Kampfhubschraubers, die Truppentransporthubschrauber in der Zone zu schützen. Ich selbst war glücklich, ein Kampfpilot zu sein. Es war viel besser, als ein Truppentransportpilot zu sein. Die Transportpiloten mussten extrem mutig sein. Sie flogen große Hubschrauber in eine gefährliche Zone und hielten sich einfach ruhig, während die Truppen ein- oder ausstiegen.

Streng geheimer Auftrag

Mein Zweitjob war Assistent des Offiziers für Geheiminformationen der Schwadron. Es war ein äußerst interessanter Job. Stundenlang saßen wir da, hörten zu, beobachteten, sammelten und verarbeiteten streng geheime Informationen. In regelmäßigen Abständen am Tag und in der Nacht hielten wir für den kommandierenden Offizier und sein Team Briefings. Unsere Aufgabe war es, Rohdaten aus dem Krieg in relevante Informationen zu übertragen.

Lebensentscheidende Informationen

Als Informationsoffizier gewann ich einen enormen Respekt vor der Macht von Informationen. Vor Vietnam hatte ich nie viel über das Thema nachgedacht. In der Schule dachte ich, das Studieren von Informationen sei ein Scherz. Für mich waren Informationen nur Daten, sinnlose Fakten und Zahlen, Daten und Zeiten, die auswendig gelernt werden mussten, um Tests zu bestehen. In Vietnam waren Informationen wichtiger. Sie konnten über Leben oder Tod meiner Mitpiloten entscheiden.

Heute glaube ich, dass ich aufgrund meiner Position als Informationsoffizier ein besserer Unternehmer und Investor bin. Heute weiß ich, dass Informationen Leben oder Tod im Krieg bedeuten können und den Unterschied zwischen reich oder arm in der Wirtschaft.

Informationen wichtiger als das Leben

Im Zuge der Vorbereitung auf die Reise nach Vietnam wurden wir geschult, unendlich große Informationsmengen zu verarbeiten und unter intensivem Druck Entscheidungen in Bruchteilen von Sekunden zu treffen. Waren wir gut darin, die Informationen zu verarbeiten, überlebten wir. Wenn nicht, riskierten wir den Tod. Als ich erkannte, dass mein Leben und das Leben anderer von der Qualität der Informationen abhängig waren, die ich empfing, wurden sie wichtiger als mein eigenes Leben.

In einem früheren Buch schrieb ich über den ersten Tag, an dem ich in Vietnam unter Beschuss kam. Ich beschrieb die Angst und die Erkenntnis, dass der Typ, der auf mich schoss, genauso sehr nach Hause gehen wollte wie ich. In diesem Buch erzählte ich von den Weisheiten meines Crewchefs, die mich daran erinnerten, dass es im Krieg keinen zweiten Platz und keine Silbermedaille gab. Es hieß Gold oder nichts. Als ich die echten Kugeln kreischend auf uns zukommen sah, wurde mir klar, dass unsere Schulzeit offiziell vorbei war. Als wir auf dem Weg in unseren Tod waren, wurden jahrelange Schulungen und Informationen zu einer Entscheidung, einer Aktion verarbeitet. Die gute Nachricht ist, dass meine Crew und ich in dieser Nacht nach Hause zurückkehrten, die Vietnamesen traurigerweise allerdings nicht. Es gab keinen zweiten Platz.

Der wichtigste Vermögenswert

Ein Freund von mir, der Bibelwissenschaftler ist, sagt oft: »Ohne Wissen wird mein Volk untergehen.« Heute gehen viele Menschen zugrunde, weil sie kein Wissen über Geld haben. Wir leben im Informationszeitalter. Selbst in den abgelegensten Gebieten der Welt habe ich junge Menschen beobachtet, wie sie den Eselskarren der Familie steuerten und dabei SMS-Nachrichten versendeten. Noch nie zuvor war die ganze Welt so schnell miteinander verbunden.

Informationen sind der größte Vermögenswert in diesem Zeitalter. In früheren Zeiten besaß man Fabriken, Viehfarmen, Goldminen, Ölquellen oder Wolkenkratzer, um reich zu sein. Im Informationszeitalter können Informationen allein Sie sehr reich machen. Sie benötigen keine materiellen Ressourcen wie Land, Gold oder Öl. Die Jungunternehmer, die MySpace und YouTube gründeten, haben das bewiesen. Mit nur wenigen Dollar, einigen Informationen und dem Einsatz von Technologie sind diese 20-Jährigen zu Milliardären geworden.

Gleichermaßen sind schlechte oder falsche Informationen eine Verbindlichkeit. Schlechte Informationen erschaffen arme Menschen. Einer der Gründe, warum so viele Menschen finanziell zu kämpfen haben, ist einfach, dass sie veraltete, auf Vorurteilen basierende, irreführende oder fehlerhafte Informationen haben, die ihren stärksten Vermögenswert antreiben, ihr Gehirn. Viele Menschen haben deshalb zu kämpfen, weil sie im Informationszeitalter Informationen aus dem industriellen oder landwirtschaftlichen Zeitalter verwenden. Beispiele für Informationen aus dem Industriezeitalter sind Ideen wie: »Ich brauche eine gute Ausbildung, um einen gut bezahlten Job zu bekommen.« Ein Beispiel für Informationen aus dem Agrarzeitalter ist: »Land ist die Grundlage allen Reichtums.«

Kapitel 7

Die vier Zeitalter der Menschheit

Es gab vier wirtschaftliche Zeitalter der Menschheit:

1. **Das Jäger-und-Sammler-Zeitalter.** Während dieser Zeit lieferte die Natur den Reichtum. Stämme folgten ihren Herden oder suchten nach Nahrung. Wenn sie jagen und sammeln konnten, überlebten sie. Wenn sie es nicht konnten, starben sie. Der Stamm *war* das soziale Netz. Sozioökonomisch gesehen waren alle gleich. Der Anführer hatte keinen höheren Lebensstandard als der Rest des Stammes. Er mag zuerst gegessen haben und mehr Frauen gehabt haben, aber im Grunde waren alle Feuer und alle Höhlen gleich. Was das Geld angeht, gab es nur *eine* Gesellschaftsklasse. Alle waren arm.

2. **Das landwirtschaftliche Zeitalter.** Sobald die Menschen gelernt hatten, Samen zu säen und Tiere zu zähmen, wurde Land die Basis von Reichtum. Könige und Königinnen besaßen das Land, und alle anderen arbeiteten darauf und zahlten eine Steuer an die Angehörigen der königlichen Familie. Deshalb bedeutet *real estate,* das englische Wort für »Immobilien«, wörtlich übersetzt »königliches Eigentum« (engl.: *royal estate*). Mit dem Aufkommen von Haustieren ritten die Könige auf Pferden, und die Bauern gingen zu Fuß. Deshalb leitet sich das englische Wort *peasant* (dt.: »Bauer«) von einer Reihe von Wörtern ab, die insgesamt auf den Bedeutungen von »auf dem Land« und »zu Fuß« gründen. Bauern besaßen nichts. Sozioökonomisch gab es *zwei* Gruppen, die Reichen und die Bauern.

3. **Das Industriezeitalter.** 1492 machten sich Christoph Kolumbus und andere Entdecker auf die Suche nach Handelsrouten, Land und Ressourcen. Für mich begann damit eigentlich das Industriezeitalter. Im Industriezeitalter waren Ressourcen wie Öl, Kupfer, Zinn und Gummi Reichtum. Während dieser Zeit veränderte sich der Wert von Immobilien. In der Agrarzeit musste das Land fruchtbar sein und für den Anbau von Getreide geeignet oder zur Tierzucht. Im Industriezeitalter wurde nicht landwirtschaftlich verwertbares Land wertvoller. Zum Beispiel baute Henry Ford seine Autowerkstatt in Detroit, weil er große steinige Gebiete, unfruchtbares und nicht landwirtschaftlich verwertbares Land zu einem günstigen Preis kaufen konnte. Heutzutage haben Industrieflächen einen höheren Wert als landwirtschaftliche Flächen. Sozioökonomisch gesehen, entstand eine

neue Bevölkerungsschicht, die Mittelschicht. Es gab jetzt *drei* Gruppen von Menschen: die Reichen, die Mittelschicht und die Armen.

4. **Das Informationszeitalter.** Dieses Zeitalter begann offiziell mit der Erfindung von Computern. Im Informationszeitalter bilden Informationen, die durch Technologie wirksam eingesetzt werden, den Reichtum, und sehr preiswerte und reichlich vorhandene Ressourcen, wie Silizium, produzieren diesen Reichtum. Mit anderen Worten, der Preis, um reich zu werden, ist gesunken. Zum ersten Mal in der Geschichte ist Reichtum verfügbar, leistbar und reichlich vorhanden für jeden, unabhängig davon, wo er lebt. Sozioökonomisch gibt es heute *vier* Gruppen von Menschen: die Armen, die Mittelschicht, die Reichen und die Superreichen. Bill Gates ist das offensichtlichste Beispiel für die Superreichen des Informationszeitalters.

Die Superreichen

Heute können die Superreichen ihren Reichtum von Informationen aus jedem Zeitalter beziehen. Es ist möglich, ein superreicher Jäger und Sammler zu sein, wie es die Maori aus Neuseeland durch ihre Fischfangrechte sind. Sie können auch ein superreicher Viehzüchter oder Landwirt aus dem Agrarzeitalter und ein superreicher Autohersteller aus dem Industriezeitalter sein. Wie bereits erwähnt, gibt es 20 Jahre alte sehr reiche Milliardäre des Informationszeitalters, junge Menschen, die mit den preiswerten und reichlich vorhandenen Ressourcen von Technik, Information und ihren Ideen superreich wurden. Diese Menschen haben eines gemeinsam: Die Kombination all dieser Informationen ermöglicht die Koordination der Ressourcen auf einer viel schnelleren und höheren Ebene als je zuvor. Es ist diese Koordination, die die Gesellschaftsschicht der Superreichen schafft.

Die Kluft

Gleichzeitig gibt es Menschen, die aufgrund veralteter oder unzureichender Informationen untergehen. Es gibt indigene Stämme, die durch die Abholzung ihrer Wälder ausgelöscht werden. Es gibt Bauern, die pleitegehen, und Autohersteller, die Tausende von Arbeitern entlassen. Ehemals wohlhabende Ketten von Plattenläden werden nun durch Musikdownloads ausgelöscht.

In Amerika, dem reichsten Land der Welt, haben wir Millionen von Menschen, die tief verschuldet sind, sich an die Überreste der Arbeitsplatzsicherheit festklammern und sich fragen, wie sie sich die Ausbildung für ihre Kinder und den Ruhestand für sich selbst leisten sollen. Millionen haben in diesem reichen Land zu kämpfen, weil sie weiterhin in der Ideenwelt des Zeitalters der Jäger und Sammler, der Agrarwirtschaft oder der Industrie leben.

Die wachsende Kluft zwischen den Superreichen und allen anderen entsteht durch Informationen. Die gute Nachricht ist, dass die Informationen reichlich vorhanden und kostenlos sind. Heute ist es für einen Menschen, auch für sehr arme oder junge Menschen, relativ einfach, von null auf superreich zu kommen, ohne viel Geld aufzuwenden. Um heute reich zu sein, muss man kein Eroberer sein, der in fremde Länder segelt und den indigenen Völkern ihre Ressourcen raubt. Sie brauchen keine Millionen von Dollar an der Börse zu beschaffen, um eine Autofabrik zu bauen, oder Tausende von Arbeitern zu beschäftigen. Heute können Informationen und ein sehr kostengünstiger Computer Sie von zu Hause aus aus der Armut in die Gesellschaftsschicht der Superreichen befördern. Alles, was man dazu braucht, sind die richtigen Informationen.

Informationsüberflutung

Die gute Nachricht ist also, dass die Informationen reichlich vorhanden und kostenlos sind. Die schlechte Nachricht ist, dass – Informationen reichlich vorhanden und kostenlos sind. Die Ironie des Informationszeitalters ist, dass es zu viel davon gibt. Heute beklagen sich die Menschen über die Informationsüberflutung. Die Menschen können jederzeit fernsehen, im Internet surfen und am Telefon sprechen – während sie an riesigen Monitoren mit digitaler Werbung vorbeifahren. In früheren Zeiten beschwerte sich niemand über zu viel Land oder Öl. Doch im Informationszeitalter beschweren sich die Menschen darüber, dass sie zu viel Information haben und mit genau dem Vermögenswert überlastet sind, der sie superreich machen könnte.

Militärische Information

In Vietnam lernte ich, die Macht der Information zu respektieren. Mir wurde die Macht der Informationen, zu töten und Leben zu retten, schmerzhaft bewusst. Es ist für mich nicht mehr sinnvoll, militärische Information zu nutzen, um zu töten. Heute verwende ich Informationen lieber, um Leben zu fördern, nicht um es zu nehmen.

Als Informationsmanager war ich auch mit Informationsüberflutung konfrontiert. Während des Krieges gab es gigantische Mengen an Informationen zu verarbeiten. Wir mussten sehr schnell lernen, wie man riesige Mengen an Informationen aus mehreren verschiedenen Quellen sortiert, kategorisiert, aussortiert und verarbeitet. Wenn wir das nicht schafften, konnte das zu unserem eigenen oder dem Tod anderer führen.

Informationen klassifizieren

Um die Informationsüberflutung zu bewältigen, unternimmt das Militär große Anstrengungen bei der Einordnung von Informationen. Ohne Einordnung sind alle Informationen gleich und praktisch wertlos. Als Informationsmanager in Vietnam habe ich gelernt, Informationen nach einer Reihe von Merkmalen einzuordnen.

1. **Zeit.** Im Krieg und in der Wirtschaft können Informationen in einem Moment nützlich und im nächsten veraltet sein. Der Krieg ist fließend und immer in Bewegung. Das gilt auch für Unternehmen und Investitionen. Feindliche Truppen können sich heute an einem Ort und morgen hundert Meilen entfernt befinden. Im Geschäftsleben kann ein Geschäftsvorteil heute von unschätzbarem Wert sein und morgen schon wieder wertlos.

2. **Glaubwürdigkeit.** Wir mussten wissen, von wem die Informationen kamen. Waren unsere Quellen glaubwürdig und zuverlässig? Leider erhalten die meisten Menschen in der Welt des Geldes ihre finanziellen Informationen von Menschen, mit denen sie arbeiten, oder von Verkäufern, die ebenfalls finanziell gesehen zu kämpfen haben. Sie mögen gute, ehrliche Menschen sein, aber sie sind keine glaubwürdigen oder zuverlässigen Quellen für finanzielle Informationen.

3. **Klassifizierung.** Beim Militär lernte ich, Informationen in Kategorien einzuordnen. Beispielsweise waren streng geheime Informationen nur für Personen mit Sicherheitsfreigabe zugänglich.

In der Geschäftswelt und der Welt der Investitionen werden streng geheime oder klassifizierte Informationen als *Insiderinformationen* bezeichnet. Wenn der durchschnittliche Anleger den Begriff hört, denkt er an illegale Informationen, und manchmal stimmt das. Insiderinformationen sind illegal, wenn jemand Informationen von jemandem in einem börsennotierten Unternehmen erhält und diese zum Kauf oder Verkauf von Aktien dieses Unternehmens verwendet.

In Wirklichkeit handelt es sich bei allen Informationen um Insiderinformationen. Wichtiger ist es, sich zu fragen, wie weit sind Sie vom Zentrum des Unternehmens entfernt? Zu dem Zeitpunkt, zu dem jemand einen heißen Tipp zum neuen Produkt eines Unternehmens hört oder die Nachricht erhält, dass ein Unternehmen in Schwierigkeiten steckt, haben die Mitarbeiter, die zum inneren Kreis gehören und näher am Zentrum sitzen, bereits mit diesen Informationen gehandelt. Die Schlacht ist bereits gewonnen, und der durchschnittliche Investor hat verloren. Lassen Sie mich klarstellen, dass ich den illegalen Insiderhandel mit Informationen nicht ermutige oder billige. Worauf ich abziele, ist die Bedeutung, zum inneren Kreis zu gehören und aus der Nähe an die Informationen heranzukommen. Ich liebe es unter anderem, Unternehmer und Immobilieninvestor zu sein, da ich ein legaler Insider bin, der mit Insiderinformationen handeln kann. Da ich kein börsennotiertes Unternehmen leite, kann ich auch meinen Freunden frei sagen, was ich weiß und wie ich investiere.

An der Börse wissen die Experten, dass Amateure mit dem Schnee von gestern handeln. So verdienen sie ihr Geld. Sie verdienen an den Amateuren. Ein Beispiel ist Herr Mustermann, ein Investor, der aufsteht, die Zeitung bei einer Tasse Kaffee liest und eine Pressemitteilung von seinem bevorzugten börsennotierten Unternehmen bemerkt. Dann ruft er seinen Broker an oder geht online, um seinen Trade zu tätigen. Obwohl die Informationen nur einige Stunden alt sind, ist Herr Mustermann bereits in einer Verlustposition. Herr Mustermann kommt zu spät zur Party, weil er nie eingeladen wurde. Er ist nicht eingeweiht. Er ist ein Außenstehender.

Mein reicher Vater ermutigte mich, meine finanzielle Intelligenz zu entwickeln, hauptsächlich aus dem Grund, dass ich Zugang zu Insiderinformationen erlangen könnte. Je näher die Quelle Ihrer Informationen am Zentrum des Geschehens ist, desto reicher werden Sie.

4. Relative Informationen. Wenn wir beobachteten, wie sich die Informationen vom Schlachtfeld Tag für Tag ändern, waren wir als Informationsmanager in der Lage, frühere und aktuelle Informationen zu interpretieren, um *zukünftige* Informationen zu prognostizieren. Wenn wir zum Beispiel wussten, dass die gegnerischen Truppen am Dienstag in einer Position, am Mittwoch in einer anderen Position und am Donnerstag in einer weiteren Position waren, konnten wir anfangen vorherzusagen, wohin sie gingen und was ihre Ziele sein könnten. Mit anderen Worten, wir mussten wissen, wie Informationen mit anderen Informationen zusammenhängen.

In der Geschäftswelt und der Welt der Investitionen wird diese Beschaffung vergangener, gegenwärtiger und zukünftiger Informationen als Beobachtung der Trends bezeichnet.

5. Täuschende Informationen. Im Krieg versuchte der Feind oft, uns zu täuschen, indem er irreführende Informationen schickte. Gelegentlich taten sie dies mit Ablenkungstaktiken. Beispielsweise konnten sie eine große Anzahl von Truppen und Ausrüstung bewegen und dabei viel Lärm machen und Staub aufwirbeln, nur um uns von ihren wahren Motiven und Zielen abzulenken. Oder sie erlaubten uns, ein Mitglied ihrer Truppen zu fangen, das falsche Informationen lieferte. Oder sie benutzten einen Spion, jemanden, von dem wir dachten, er sei auf unserer Seite, um uns fehlerhafte Informationen zu liefern.

Marktmanipulationen – »pump and dump«

Unternehmen und Investitionen wuchern mit irreführenden Informationen. Ein Unternehmer und Investor muss ständig wachsam sein und sich vor irreführenden Informationen schützen. Beispielsweise wird Ihnen ein Finanzexperte oft etwas sagen und dann genau das Gegenteil tun. Diese Person kann im Fernsehen auftreten und sagen, dass sie auf steigende Tendenz einer Aktie eingestellt ist und sie kauft. Dieser Informationsbrocken veranlasst andere Leute, die Aktie zu kaufen, was den Aktienkurs in die Höhe treibt. Sobald der Preis gestiegen ist, verkauft die Person, die die Aktie empfohlen hat, und erzielt einen großen Gewinn. Dies wird als Marktmanipulation oder *pump and dump* bezeichnet.

Der Taschenspielertrick

Eine andere Form der Täuschung ist als der *Taschenspielertrick* bekannt, eine Technik, die nach einem Zaubertrick benannt wird. Wenn ein Magier auf seinen Zylinder klopft, werden Ihre Augen auf den Hut gerichtet und weg von dem, was er mit seiner anderen Hand hinter seinem Rücken tut.

Im Geschäftsleben werden die Verbraucher oft auf die gleiche Weise getäuscht. Zum Beispiel kann auf einer Packung Frühstücksflocken in großen Lettern »Fettarm« stehen. Verbraucher, die sich Sorgen um die Gewichtszunahme machen, kommen zu dem Schluss, dass dies für sie gute Frühstücksflocken sind. Bei genauerer Betrachtung des Kleingedruckten stellen sie jedoch fest, dass die Flocken zwar fettarm sind, aber übermäßig viel Zucker enthalten.

Bei den Investitionen kann ein Investmentfonds mit »Höchste Rendite aller Fonds« werben. Was die Schlagzeile nicht verrät, ist, dass keiner der anderen Fonds Geld eingebracht hat, ebenso wenig dieser Fonds. Es ist, als würde man sagen: »Ich habe die größten kleinen Fische.«

Informationen sortieren, um reicher zu werden

Es gibt eine Reihe von Lektionen, die ich beim Militär über die Klassifikation von Informationen gelernt habe, die für die Unternehmen relevant sind:

Lektion Nr. 1: Fakten im Gegensatz zu Meinungen. Den Unterschied zwischen Fakten und Meinungen zu kennen ist der Schlüssel zur militärischen Intelligenz. Das Gleiche gilt für die finanzielle Intelligenz. So viele Menschen denken, dass Investitionen riskant sind, gerade weil sie den Unterschied zwischen Fakten und Meinungen nicht kennen. Einige Beispiele für Meinungen sind:

- Wenn jemand sagt, dass die Aktien eines Unternehmens steigen werden, ist dies eine Meinung, weil es um ein zukünftiges Ereignis geht.
- Wenn jemand sagt, dass der Nettowert eines Menschen 1 Million Dollar beträgt, ist das eine Meinung, weil die meisten Bewertungen Meinungen sind.
- Wenn jemand sagt: »Er ist sehr erfolgreich«, ist das eine Meinung, weil die Definition von Erfolg relativ ist.

Lektion Nr. 2: Unsinnige Lösungen. Eine unsinnige Lösung kommt zustande, wenn jemand Informationen, bei denen es sich um Meinungen handelt, als Tatsachen verwendet. Im Krieg kann Sie das umbringen. In der Geschäftswelt kann es Sie ruinieren. Zum Beispiel:

> Frage: »*Warum haben Sie das Haus gekauft, obwohl Sie wussten, dass Sie es sich nicht leisten können?*«
> Antwort: »Ich habe es gekauft, weil mein Broker sagte, dass es an Wert gewinnen würde. Ich dachte, ich könnte das Haus kaufen, darin leben und es dann für einen Gewinn verkaufen, was meine Geldprobleme lösen würde.«
>
> Frage: »*Warum haben Sie ihn geheiratet, obwohl Sie wussten, dass er ein Frauenheld und fauler Sack ist?*«
> Antwort: »Nun, er war so süß. Ich hatte Angst, dass ich ihn verlieren würde. Ich wollte nicht, dass eine andere ihn mir wegnimmt. Also, obwohl ich wusste, dass er untreu ist und nicht gern arbeitet, dachte ich, dass ich ihn ändern könnte, nachdem wir geheiratet und Kinder bekommen haben.«
>
> Frage: »*Warum haben Sie in einer Anstellung gearbeitet, die Sie so viele Jahre lang gehasst haben?*«
> Antwort: »Ich dachte, ich könnte befördert werden.«
>
> Frage: »*Warum investieren Sie in diese Investmentfonds?*«
> Antwort: »Weil meine Vorgesetzte es mir gesagt hat. Sie sagte, es sei eine gute Investition.«

Lektion Nr. 3: Riskante Handlungen. Im Krieg riskierte man den Tod, wenn man Informationen nicht überprüfte und blind darauf reagierte. Ein waghalsiger Investor investiert auf der Grundlage von Meinungen. Leider beschreibt dies die meisten Investoren. Da die meisten Investoren investieren, um Kapitalgewinne zu erzielen, basiert ihre Investitionsentscheidung auf *Meinungen* über die Zukunft. Viele Anleger investieren in Investmentfonds, basierend auf der Meinung, dass die Börse jährlich um 8 bis 10 Prozent steigt. Wenn die Meinung falsch ist, verlieren sie.

Ein kluger Investor kennt den Unterschied zwischen Fakten und Meinungen. In der Regel investiert jemand, der auf Kapitalgewinne aus ist, in eine Meinung. Ein Cashflow-Investor investiert in Fakten. Wenn möglich, wird ein intelligenter Investor für seine Investitionsentscheidung sowohl Meinungen als auch Fakten verwenden und investieren, um sowohl Cashflow als auch Kapitalgewinne einzufahren.

Wenn Sie in Aktien, Investmentfonds, Immobilien oder Unternehmen investieren, fragen Sie sich, ob die Informationen, auf die Sie Ihre Entscheidung stützen, Tatsachen oder Meinungen sind.

Lektion Nr. 4: Kontrolle über den Vermögenswert. Eine wichtige Information, die ich brauche, ist die in Bezug darauf, wie viel Kontrolle ich habe. Im vorherigen Kapitel über den vierten Aspekt des finanziellen IQs: Der wirksame Einsatz Ihres Geldes, habe ich erklärt, dass es wichtig ist, die Investition kontrollieren zu können, bevor man mit Hebelwirkung arbeitet. Wenn ich keine Kontrolle habe, nutze ich nicht viel Hebelwirkung. Ich kontrolliere meinen Vermögenswert, indem ich meine Mieten kontrolliere. Mein Vermögenswert basiert nicht auf einer Marktbewertung, die in 99 Prozent der Fälle eine Meinung ist.

Banker verlangen oft hohe Anzahlungen für Immobilien, ganz einfach, weil sie dem geschätzten Wert nicht vertrauen. Von dieser Praxis kamen sie natürlich ab, als Kredite billig wurden. Mit einfachen Krediten und billigem Geld stiegen die Immobilienpreise in die Höhe, als das Herz die Führung übernahm, um dem Narrengold nachzujagen. Mehr Käufer bedeuteten, dass die Preise stiegen. Mit steigenden Preisen stiegen die Immobilienbewertungen. Und als die Bewertungen stiegen, fühlten sich die Familien reich, weil sie der Meinung waren, dass ihr Haus an Wert gewann. Viele nahmen auf der Grundlage ihrer neuen Bewertungen Hypotheken auf ihr Eigenheim auf. Sie kauften neue Autos, Ferienhäuser, machten Kreuzfahrten und gingen einkaufen. Dann erschien ein Riss im Ballon, ein winziger Schlitz, der als das Problem mit Subprime-Hypotheken bekannt ist. Während der winzige Riss sich immer mehr vergrößert, beginnt der Ballon, wieder zurück zur Erde zu schweben.

Solche Probleme entstehen, wenn man eine Meinung (Kapitalgewinne) und nicht eine Tatsache (Cashflow) als Bewertungsgrundlage verwendet. Dies gilt nicht nur für Immobilien, sondern für alle Vermögenswertklassen. Deshalb muss ich bei der Suche nach finanzieller Information wissen, ob es sich um eine Tatsache oder eine Meinung handelt. Finanzieller Wahnsinn entsteht, wenn Meinungen mit Fakten verwechselt werden.

Narren überstürzen

Wenn Sie eine Investitionsentscheidung treffen, summen Sie doch einmal diese beiden Lieder: »Fools Rush In« von Johnny Mercer und Rube Bloom und »The Gambler« von Don Schlitz, gesungen von Kenny Rogers. Die Zeile, die ich von »The Gambler« liebe, lautet: »Man zählt nie sein Geld, solange man noch am Tisch sitzt.« Wenn jemand sagt »Mein Nettovermögen beträgt xy Dollar« oder »Der Wert meines Heims wurde mit xy beziffert«, dann weiß ich, dass ich mit einem Spieler spreche, einer Person, die ihr Geld zählt, während sie am Tisch sitzt. Mein reicher Vater sagte: »Der Grund, warum du dein Geld nicht zählst, während du noch am Tisch sitzt, ist, dass das Geld dir nicht gehört, solange du noch am Tisch sitzt. In dem Moment, in dem du dich vom Tisch entfernst, ist das Geld in deiner Tasche deins, und du kannst es zählen.« Heute zählen Millionen von Arbeitnehmern mit Rentenkonten ihr Geld, während sie am Tisch sitzen. Da die meisten Anleger in Geldmarktvermögen und um des Kapitalgewinns willen investieren, haben die meisten keine Kontrolle und hoffen, dass *Meinungen* zu *Fakten* werden. Das ist sehr riskant.

Das bedeutet nicht, dass ein kluger Investor nur auf Basis der Fakten investiert. Ein kluger Investor ist jemand, der sowohl aufgrund von Meinungen als auch aufgrund von Fakten investiert. Ein kluger Investor weiß, dass Fakten und Meinungen wertvolle Informationen sein können. Mit einfachen Worten ausgedrückt: »Eine Tatsache wird durch die Überprüfung des physischen Beweises bewiesen. Eine Meinung ist etwas, das vielleicht auf einer Tatsache beruht oder auch nicht.« Mit anderen Worten, eine Meinung kann eine Tatsache sein, aber sie bleibt eine Meinung, bis sie sich bestätigt. Wie mein guter Freund und Geschäftspartner Ken McElroy sagt: »Haben Sie Vertrauen, aber überprüfen Sie die Informationen.«

Lektion Nr. 5: Wie lauten die Regeln? Regeln und Gesetze sind sehr wichtige Arten von Informationen. Viele Menschen geraten in Schwierigkeiten, nur weil sie die Regeln nicht kennen, die Regeln ignorieren oder gegen die Regeln verstoßen.

Persönlich mochte ich Regeln nie. In Vietnam mochte ich sie noch weniger. Eines der Dinge, die ich hasste, war, dass wir nach einem Regelwerk und der Feind nach einem anderen kämpften. Eine Regel, die ich im Krieg lächerlich fand, war die Regel, dass wir den Feind nicht über die Grenzen hinweg verfolgen konnten. Der Feind kämpfte nahe der Grenze und flüchtete dann über die Grenze in Sicherheit. Viele Male mussten wir einen Kampf abbrechen, weil der Vietcong wieder nach Laos zurückkehrte.

Eine weitere Regel, die mir nicht gefiel, war, dass ich eine Uniform tragen musste, die Feinde jedoch nicht. Eines der schwierigsten Dinge beim Kämpfen war, keine Information darüber zu erhalten, wer ein Feind war und wer nicht. Eine Uniform stellte diese Informationen bereit.

Regeln erhöhen den Vermögenswert

Es war mein reicher Vater, der meine Einstellung zu Regeln änderte. Er sagte: »Wenn es keine Regeln gibt, gibt es keinen Vermögenswert.« Weiter erklärte er: »In einer Nachbarschaft, in der die Regeln gebrochen werden, ist die Kriminalität hoch, und die Eigentumswerte sinken.« Er sagte auch: »Wenn man Sport treibt und es keinen Schiedsrichter gibt, der die Regeln durchsetzt, wird das Spiel zu Chaos. Wenn du auf der Autobahn fährst und die Polizei die Regeln nicht durchsetzt, sterben Menschen. Deshalb sind Regeln wichtig.«

Regeln können einen Menschen sehr reich oder sehr arm machen. Deshalb sind Informationen über Regeln so wichtig. Vor nicht allzu langer Zeit brachen die Führungskräfte von Enron die Regeln; das Unternehmen verschwand vom Markt, die Angestellten verloren ihren Arbeitsplatz, und die Investoren verloren ihr Geld. In der Welt der Investitionen gelten für verschiedene Vermögenswerte unterschiedliche Regeln. Ein Grund, warum ich Investmentfonds nicht mag, ist, dass mir die Regeln nicht gefallen. Ich habe keine Kontrolle. Ich bevorzuge die Regeln der Immobilien, die es mir ermöglichen, mehr Geld zu verdienen und auf legale Weise weniger Steuern zu zahlen. Wenn ich die Regeln der Immobilien auf Investmentfonds anwenden würde, würde ich ins Gefängnis kommen.

Für Menschen, die reich sein wollen, ist es wichtig, gute Buchhalter und Anwälte zu haben. Heutzutage gibt es so viele Gesetze, Regeln und Vorschriften, dass es einer einzelnen Person unmöglich ist, sie alle zu kennen oder zu verstehen. Die Einstellung eines Anwalts oder Buchhalters mag teuer erscheinen, aber der Schmerz, den sie Ihnen ersparen, und das Geld, das sie für Sie verdienen können, können viel höher sein als die Gebühren, die Sie zahlen.

Merken Sie sich zwei Dinge: Regeln bieten eine wertvolle Informationsquelle darüber, wie das Spiel um Geld gespielt wird. Und ohne Regeln verliert das Vermögen an Wert.

Lektion Nr. 6: Trends. Ein Trend entwickelt sich, wenn ein Investor Informationen aus einer Reihe von Fakten entnimmt und sich dann eine *Meinung* bildet. Lassen Sie mich Ihnen eine Geschichte erzählen, die einen großen Einfluss auf mein Leben hatte.

Ende 1972 durchquerte die Nordvietnamesische Armee (NVA) die entmilitarisierte Zone (DMZ). Die NVA war auf dem Weg nach Saigon, das heute als Ho-Chi-Minh-Stadt bekannt ist. Die erste Großstadt südlich der DMZ war Quảng Tri. Wir wussten, dass der Krieg verloren sein würde, wenn wir sie nicht dort aufhalten würden.

Als wir anfingen, den Kampf um Quảng Tri zu verlieren, bemerkte ich, dass etwas andere Nachrichten kursierten. Eine Information war, dass das südvietnamesische Volk seine Währung, den vietnamesischen Piaster, gegen Blattgold tauschte. Ich fand diese obskure Information interessant.

Wie bereits in diesem Buch erwähnt, ist der Dollar kein Geld mehr, sondern wurde 1971 zu einer Währung. 1973, während ich in Vietnam war, konnte ich die Änderung der Geldregeln anhand der Informationen über die Panik im Leben der südvietnamesischen Bevölkerung direkt beobachten. Sie wussten, dass der Krieg verloren war, und sie waren auf der Verliererseite.

Im Jahr 1971 wurde der Wert von Gold auf 35 Dollar pro Unze festgelegt. 1973 beobachtete ich, wie der Preis auf über 80 Dollar pro Unze stieg. Als die Nordvietnamesen ihren Marsch nach Süden begannen, schlug die Angst in Panik um. Die Reichen, die sich auf die Seite der USA gestellt hatten, machten sich bereit zu fliehen. Anstatt sich an den Piaster oder an den Dollar zu klammern, kauften sie alles Gold, das sie in die Finger bekommen konnten. Ein Geheimdienstbericht, den ich erhielt, lautete: »Das Vertrauen ist verloren. Menschen sind bereit zu fliehen. Tauschen Dollar und Ps (Piaster) gegen Gold.«

Als ich im Top-Secret-Raum saß, wurde mir klar, dass die Leute Gold wollten. Ich nahm an, dass sie wussten, dass Gold ihnen die Überfahrt in ein anderes Land ermöglichen würde. Ich konnte ihre Qualen spüren. Sie wussten, dass Gold ihr Leben retten konnte.

Ich kannte die Fakten. Die USA waren dabei, den Krieg zu verlieren. Der Feind gewann an Boden. International sank der Dollar, und der Goldpreis stieg an. Aus dem Geheimdienstbericht wusste ich, dass das südvietnamesische Volk in Panik geriet und seine Währung gegen Gold austauschte. Für mich war dieser Trend eine Investitionsmöglichkeit. Ich nutzte ihn, um mir eine Meinung zu bilden.

Ein paar Tage später flogen ein Freund und ich nach Norden, direkt hinter die feindlichen Linien, in der Hoffnung, etwas Gold kaufen zu können. Wir waren der *Meinung*, dass die vietnamesischen Goldminenarbeiter verzweifelt ihr Gold an uns verkaufen würden, da die NVA gerade ihr Dorf gestürmt hatte. Wir waren der *Meinung*, dass die Bergleute die Gelegenheit nutzen würden, unseren Dollar zu nehmen. Wir waren der *Meinung*, dass wir in einer guten Position wären, um Gold mit einem Rabatt zu kaufen. Aufgrund unserer Meinung, basierend auf ein paar Fakten, waren wir bereit, ein paar Regeln zu brechen und unser Leben zu riskieren, nur um ein paar Dollar zu verdienen.

Anstatt den großen Reibach zu machen, wurde ich fast getötet. Anstatt Gold mit einem Rabatt zu kaufen, lernte ich eine wertvolle Lektion über Gold und Währungen. An diesem Tag erfuhr ich, dass der Goldpreis auf der ganzen Welt *wirklich* der gleiche Preis war. An diesem Tag lag der Preis bei etwa 82 Dollar pro Unze. Ich fand heraus, dass der Preis für Gold, ob ich nun in den USA oder in der NVA kaufte, derselbe war.

Hinter feindlichen Linien zu stehen, in der Hoffnung, Gold zu einem niedrigeren Preis zu kaufen, ist ein perfektes Beispiel dafür, wie man durch Dummheit schlau wird. Ich erwarb einen MBA in Internationalem Finanzwesen, als ich vor dem Bambushütten-Verkaufsbüro der Mine stand und mich mit einer alten Frau stritt, deren Zähne vom Betelnusskauen schon ganz rot waren. Obwohl ich sie nicht gefragt habe, bezweifle ich aufrichtig, dass diese Frau eine Harvard-Absolventin war. Ich bezweifle, dass sie überhaupt eine formale Ausbildung hatte, aber sie war eine großartige Lehrerin. Obwohl sie nicht gut ausgebildet oder für den Erfolg gekleidet war, beherrschte sie ihr Handwerk, wenn es um den Wert und den Preis von Gold ging. Sie war finanziell intelligent und hartgesotten. Sie ließ nicht zu, dass ein paar junge amerikanische Piloten sie mit ihrem Süßholzgeraspel und im Wert schnell sinkenden Dollar um ihr Gold brachten.

Bis heute erinnere ich mich lebhaft daran, wie wir vor ihr standen und um einen Rabatt von 5 Dollar stritten. Ich war bereit, 77 Dollar zu zahlen, nicht den Weltmarktpreis von 82 Dollar. Anstatt unser Geld zu nehmen, schüttelte sie einfach weiter den Kopf und kaute an ihren Betelnüssen. Sie kannte den Preis. Sie kannte die lokalen und geopolitischen Wirtschaftskräfte in der Welt. Sie war informiert, sie verfolgte dem Trend auf dem Goldmarkt, sie war cool, und sie hatte keine Eile, ihr Gold zu verkaufen. Sie wusste, dass der Trend auf ihrer Seite lag und nicht auf unserer, und dass es Menschen gab, die viel verzweifelter nach ihrem Gold suchten als zwei Piloten, die versuchten, ein paar Dollar zu verdienen.

Sobald es mir klar wurde, dass sie nicht nachgeben würde, sagte ich leise zu mir selbst: »Ich bin tot. Heute werde ich sterben, hinter feindlichen Linien stehend und um einen Rabatt von 5 Dollar feilschend. Niemand wird uns finden. Niemand wird jemals erfahren, was mit uns passiert ist. Wir werden als ›im Gefecht vermisst‹ gelten, und wir sind nicht einmal in einem Gefecht. Ich sterbe hier nicht für eine edle Sache. Ich sterbe bei dem Versuch, ein paar Dollar am Preis einer internationalen Ware zu sparen. Ich werde sterben, weil ich billig und dumm bin. Wenn ich hier noch länger stehe, werde ich von hinten erschossen, während ich mit dieser Frau um einen Rabatt streite. Ich bin so dumm, dass ich den Tod verdient habe.«

Der Trend ist dein Freund

Es gab drei Lektionen, die ich an diesem Tag lernte. Die Erste bezog sich auf die Macht der globalen Märkte. Ein globaler Markt bedeutet, dass der Preis auf der ganzen Welt gleich ist. Gold wird auf internationalen Märkten bewertet. Immobilien werden auf einem lokalen Markt bewertet. Die alte Frau gewann, weil sie Informationen sowohl vom globalen als auch vom lokalen Markt hatte. Sie gewann, weil sie bessere Informationen und eine höhere Intelligenz hatte.

Heute verstehe ich, dass ich wissen muss, welche Informationen sowohl lokal als auch global wichtig sind. Heute liebe ich Immobilien, weil sie ein Vermögenswert sind, der mehr von lokalen als von globalen Informationen abhängt. Bei Immobilien kann ich der Experte in meinem kleinen Bereich sein. Mit lokalen Informationen kann ich schlauer sein als die großen institutionellen Investoren in New York, London, Hongkong oder Tokio. Genau wie David Goliath besiegte, kann ein kleiner Investor mit überlegenen Informationen und Intelligenz den Riesen schlagen.

Die zweite Lektion, die ich an diesem Tag lernte, betraf die Kraft der Trends. Wenn ich die Trends und den Goldpreis besser verstanden hätte, hätte ich viel Geld verdient, ohne mein Leben hinter feindlichen Linien zu riskieren. Ich musste nicht hinter die feindlichen Linien gehen, um zu investieren. Ich brauchte keinen Rabatt zu verlangen. Ich musste nur mit dem Trend investieren. Ich hätte in einer beliebigen Stadt der Welt in ein Münzgeschäft gehen und Gold für den gleichen Preis kaufen können. Bis 1979 hatte der Trend Gold auf fast 800 Dollar pro Unze gebracht. Ich musste mein Leben nicht riskieren. Hätte ich dem Trend vertraut, hätte ich viel Geld verdient. Ich brauchte keinen Rabatt, um Geld zu verdienen.

Die dritte und wertvollste Lektion an diesem Tag war, dass Informationen nur Informationen sind. *Intelligenz ist die Fähigkeit, Informationen aufzunehmen und ihnen einen Sinn zu geben.* Die alte Frau mit den roten Zähnen hatte die gleichen Informationen wie ich. Doch ihre Intelligenz lieferte ihr das Verständnis und die Bedeutung, die ich nicht hatte. Sie war eine erfahrene Spielerin. Sie kannte das Spiel. Ich war der Neuling, ein neuer Spieler in einem alten Spiel.

Als die Märkte zusammenbrachen und die Menschen am 9. August 2007 in Panik gerieten, dachte ich an diese alte Frau. An diesem Tag überprüfte ich zunächst einmal die Trends. Anstatt mit der Masse zu agieren und in den Panikmodus zu wechseln, hielt ich einfach meine Angst in Schach und konzentrierte mich wieder auf die Trends auf dem Markt, nicht auf dessen Höhen und Tiefen. Ich bestätigte mir die Fakten aufs Neue und bildete mir eine eigene Meinung über die Zukunft.

Ich suchte nach Informationen über die Maßnahmen der Zentralbanken. Wieder einmal druckten sie mehr wertloses Geld, anstatt das Problem zu lösen. Als ich erfuhr, dass die internationalen Zentralbanken Geld in die zusammenbrechenden Märkte pumpten, wusste ich, dass meine Meinung, die Kaufkraft des Dollars würde nach unten tendieren, bestätigt war.

Statt zu diversifizieren, konzentriere ich mich heute lieber auf einige wenige kleine Anlagen, bemerke Trends und investiere mit ihnen. Da ich weiß, dass ein Trend sich umkehren und die Richtung ändern kann, *investiere ich nicht blind in langfristige Anlagen.* Im Informationszeitalter ist immer alles im Wandel, und ich muss flexibel sein und kein Roboter.

Einige der Trends, in die ich heute investiere, sind:

Trends in Öl. Wie Sie wissen, steigt die Nachfrage nach Öl umso stärker, je mehr China, Indien und Osteuropa verwestlicht werden. Selbst mit der Dringlichkeit der Suche nach alternativen Energiequellen wird Öl auch in den kommenden Jahren eine primäre Energiequelle bleiben. Wie wenig ich auch die Umweltschäden, die das Öl verursacht, mag, die harte Realität ist, dass wir es alle verwenden, selbst die treuesten Umweltschützer. Ich glaube, dass der langfristige Trend für den Ölpreis nach oben geht, in naher Zukunft möglicherweise bis zu 200 Dollar pro Barrel. Dieser hohe Preis wird gravierende Auswirkungen auf die Weltwirtschaft haben, was später zu weiteren Trends führen wird, die es wert sind, verfolgt zu werden, da alternative Energietechnologien wie die Solarenergie Fortschritte machen.

Trends in Silber. Ich glaube, dass im Jahr 2007 Silber die beste Investition ist. Ich glaube, es ist eine bessere Investition als Öl. Es gibt zwei Gründe, warum ich das sage. Der erste Grund dafür ist, dass Silber ein Gebrauchsmetall in der Industrie ist. Das bedeutet, dass es verbraucht wird. Silber ist das Metall der Wahl für die Elektronik. Es wird in Computern, Handys, Fernsehern und anderen Geräten verwendet. Schätzungen zufolge sind 95 Prozent des gesamten Silbers bereits verbraucht. Es wird immer knapper. Mit Gold verhält es sich anders. Schätzungen zufolge sind 95 Prozent des jemals gefundenen Goldes noch vorhanden. Anstatt wie Silber konsumiert zu werden, wird Gold gehortet. In vielerlei Hinsicht ist Silber dadurch wertvoller als Gold.

Der zweite Grund ist, dass Silber auch ein Edelmetall ist, eine Form von Geld. Da der Dollar an Kaufkraft verliert, werden mehr Menschen nach etwas Ausschau halten, das echtes Geld darstellt oder zumindest seinen Wert behält. Während ich schreibe, ist Silber im Vergleich zu Gold sehr günstig. Der Preis liegt bei etwa 13 Dollar pro Unze, während der Goldpreis etwa 600 Dollar pro Unze beträgt. In der Vergangenheit kostete Gold nur das 14-Fache des Silberpreises, was bedeutet, wenn Silber 10 Dollar pro Unze kostete, wurde Gold bei 140 Dollar pro Unze gehandelt. Bei den heutigen Preisen werden Gold und Silber mit einem Faktor von 50 gehandelt. Für mich hat Silber aufgrund historischer Trends und der Tatsache, dass es ein Verbrauchsmetall ist, eine größere Chance, im Preis anzusteigen.

Vor etwa einem Jahr stellten viele Börsen dem Anleger, der keine Silbermünzen oder -barren horten oder in Silberminenaktien investieren wollte, *Exchange Traded Funds* (ETFs) auf Silber zur Verfügung. Der ETF auf Silber erleichterte den Investoren, in Silber zu investieren. Ein ETF auf Silber ist wie das alte US-Geld ein mit Silber hinterlegtes Stück Papier, bekannt als *Silber-Zertifikat.* Der Unterschied ist, dass der Wert eines ETF mit den Schwankungen des Weltpreismarktes für Silber auf und ab schwanken kann. Ich glaube, der Zuwachs des ETF auf Silber bedeutet, dass sich die Welt darauf vorbereitet, immer mehr Silber zu horten, während die Kaufkraft der Weltwährungen weiter sinkt.

Dass Silber ein Verbrauchsmaterial und ein Edelmetall ist, macht es zur Investitionsmöglichkeit des Jahrzehnts. Berichten zufolge gibt es auf der Erde weniger als 300 Millionen Unzen Silber. Das bedeutet, dass Silber weltweit bis zum Jahr 2020 knapp werden könnte. Aus diesem Grund haben ein paar Silberexperten das Gefühl, dass Silber in einigen Jahren so teuer sein wird wie Gold. Ich glaube nicht, dass der Preis so hoch gehen wird. Aufgrund der Angebots- und Nachfragetrends glaube ich jedoch, dass Silber eine einmalige Gelegenheit ist. Heute ist dies eine billige, risikoarme Investition, die sich jeder in der westlichen Welt leisten kann. Deshalb beobachte ich die Trends und kaufe jedes Mal Silber, wenn der Silbermarkt an Wert verliert. Natürlich könnte ich mich irren, also ist es am besten, Ihre eigenen Nachforschungen anzustellen und Ihre eigenen Informationen zu finden, bevor Sie in diesen Trend investieren.

Trends im Wohnungswesen. Einer der Gründe für den hohen Preis von Rohstoffen ist, dass die Welt mehr Wohnungen braucht und will. So führte beispielsweise die Nachfrage nach Beton in China zu einem Mangel an Beton in den USA, wodurch der Betonpreis in die Höhe schoss.

Einer der Gründe, warum ich gern in Mehrfamilienhäuser investiere, ist, dass die Menschen, ob reich oder arm, für ein Dach über dem Kopf bezahlen. In Amerika wird die Bevölkerung in den nächsten zwei Jahrzehnten schätzungsweise von 300 Millionen auf über 400 Millionen anwachsen. Ich glaube also, dass der Preis für Wohnungen weiter steigen wird.

Da Immobilien teurer und schwieriger zu finanzieren sein werden, und Löhne sinken, glaube ich, dass diese Trends mehr Mieter erzeugen. Kim und ich gerieten während des Crashs am 9. August 2007 unter anderem deshalb nicht in Panik, weil wir Immobilien wegen des Cashflows vermieten. Wir verkaufen keine Immobilien. Menschen, die wegen Kapitalgewinnen investieren, kaufen Immobilien, um sie wieder zu verkaufen.

Als der Subprime-Hypothekenmarkt zusammenbrach, gerieten die Verkäufer in Panik. Menschen, die wegen des Cashflows investiert hatten, diejenigen, die Immobilien an andere vermieten, gerieten nicht in Panik. Tatsächlich sahen sie Möglichkeiten. In fallenden Märkten gibt es mehr Mieter als Käufer, sodass ein Crash im Allgemeinen gut für Vermieter, aber nicht für Verkäufer ist.

Die alte Frau, die an Betelnüssen kaute und Gold verkaufte, wusste, dass die Panik sie reich machen würde. Der Trend war auf ihrer Seite. Menschen, die ihre Immobilie vermieten, wissen, dass der Trend auf ihrer Seite ist. Diejenigen, die Immobilien verkaufen oder auf eine Wertsteigerung ihrer Immobilie setzen, müssen befürchten, dass die kurzfristigen Trends gegen sie wirken. Anstatt dass die Preise steigen, werden sie wahrscheinlich sinken oder niedrig bleiben. Der Boom ist für Verkäufer vorbei und fängt für Vermieter gerade erst an.

Demografie ist Schicksal

Eine sehr wertvolle Informationsquelle ist die Demografie. Wie ein Sprichwort sagt: »Demografie ist Schicksal.« Mit anderen Worten, beobachten Sie einfach die Menschen, wie ich es in Vietnam tat, und Sie werden wissen, wie Sie investieren sollen. Sobald ich wusste, dass Menschen, wenn sie in Panik geraten, mit ihrer Währung Rohstoffe kaufen, hatte ich sehr wertvolle Informationen, um meine Meinungen auf Trends zu stützen. Als der Goldpreis unter 400 Dollar pro Unze sank, begann ich, ein wenig davon zu kaufen, und ich fing an, viel davon zu kaufen, als er 275 Dollar pro Unze erreichte. Dann begann der Preis, wieder nach oben zu steigen. Mit anderen Worten, ich folgte dem Trend nach unten und kaufte viel, bevor sich der Trend umkehrte. Einer der Gründe, warum ich Gold und Silber mag, ist, dass es immer einen Markt dafür gibt. Es ist relativ frei handelbar, und wenn ich Bargeld brauchen sollte, kann ich ziemlich schnell Bargeld dafür bekommen.

Weniger Liquidität, mehr Informationen

Bei Immobilien ist der momentane Trend, dass ein großer Teil der Babyboomer nach Arizona und Nevada ziehen, wenn sie in den Ruhestand gehen. Deshalb investiere ich in diese Staaten. Aufgrund des Verlustes von Arbeitsplätzen in Detroit ziehen die Menschen aus Detroit weg, was die Immobilienpreise und Mieten nach unten drückt. Es wird noch einige Jahre dauern, bis sich dieser Trend ändert. Da Immobilien viel weniger liquide sind als Gold, Silber und Aktien, muss mir der Trend viel besser bewusst sein.

Nach dem 9. August 2007 fällt es vielen Hausbesitzern, Immobilienspekulanten und Immobilienentwicklern mit überteuerten Eigentumswohnungen schwer, wieder liquide zu werden. Anstatt zu verkaufen, um herauszukommen, ist alles, was man tun kann, hilflos zuzusehen, wie der Wert seiner Immobilie in den Sonnenuntergang sinkt. Die Lektion lautet: Je weniger liquide eine Investition ist, desto mehr Trendinformationen benötigen Sie. Viele Leute kauften zu hohen Preisen und sind jetzt gezwungen, zu niedrigen Preisen zu verkaufen. Ein kluger Investor weiß, wie man Trends verfolgt, um günstig zu kaufen und teuer zu verkaufen.

Der finanzielle Raubvogel

Jedes Mal, wenn ich Baukräne von Entwicklern sehe, die auf Hochhäusern stehen, weiß ich, dass das Ende des Trends nahe ist. Wann immer Sie Baukräne sehen, die man auch als Raubvögel betrachten kann, die auf der Skyline sitzen, wissen Sie, dass der Boom kurz vor dem Ende steht. Das bedeutet, dass der Zyklus seinen Höhepunkt erreicht hat, und im Allgemeinen geht es von da an nur noch abwärts. Wenn Sie das nächste Mal mehr als zwei Baukräne an der Skyline sehen, verkaufen Sie jedes beliebige Grundstück, das Sie nicht mehr möchten.

Geschichte und Zyklen

Ein letzter Gedanke zu Trends ist die Bedeutung von Geschichte und Zyklen. Nachdem ich eine Reihe von Marktschwankungen überlebt hatte, lernte ich viel aus der Geschichte. Es gibt einen historischen finanziellen Trend, den zu beobachten ich für wert halte. Dieser Trend ist der zwanzigjährige Zyklus der Aktien und Rohstoffe. Als jemand, der für eine Ölgesellschaft auf den Weltmeeren unterwegs war und Hubschrauber auf der Suche nach Gold flog, wurde ich neugierig, warum die Rohstoffpreise stiegen, als die Aktienkurse zurückgingen. Vor einigen Jahren stieß ich auf ein Buch von Jim Rogers, einem meiner Lieblingsautoren, mit dem Titel *Rohstoffe – Der attraktivste Markt der Welt*. Rogers stellte fest, dass die Aktienkurse zwanzig Jahre lang stiegen, während die Rohstoffpreise fielen.

So stiegen beispielsweise von 1960 bis 1980, als ich volljährig wurde, die Rohstoffpreise wie zum Beispiel für Öl und Gold. 1980 sanken die Öl-, Gold-, Silber- und Immobilienpreise rapide, als die Aktienkurse anfingen zu steigen. Zwischen 1980 und 2000 war der Aktienmarkt der richtige Ort zum Investieren, und Öl, Gold und Silber waren wenig erfolgreich. Während der Rohstoffmarkt darniederlag, kaufte ich so viel Öl, Gold, Silber und Immobilien, wie ich konnte. Pünktlich im Jahr 2000, auf dem Höhepunkt des Dotcom-Booms, sanken die Aktienkurse planmäßig, und die Rohstoffpreise stiegen wieder an. Wenn sich die Geschichte wiederholt, bedeutet dies, dass die Rohstoffe im Jahr 2020 sinken werden und Aktien werden wieder der Markt sein, in dem man investiert sein sollte.

Ganz offensichtlich besitze ich keine Kristallkugel. Aber die Geschichte scheint sich zu wiederholen, und ich bin alt genug, um einige Wiederholungen gesehen zu haben. Wenn Sie weitere Informationen darüber wünschen, wie ein Weltklasseinvestor wie Jim Rogers Trends analysiert, empfehle ich Ihnen, *Rohstoffe – Der attraktivste Markt der Welt* oder irgendein anderes Buch von ihm zu lesen. Er ist ein brillanter Investor und Schriftsteller, der Trends scharfsinnig beobachtet. Denken Sie daran: »Der Trend ist auf Ihrer Seite.« Wenn Sie den Trend ignorieren, werden die Raubvögel Ihre Knochen sauber abziehen.

Zum Abschluss

Letztendlich ist es nicht der Vermögenswert, der Sie reich macht. Informationen machen Sie reich oder arm. Wenn ich zum Beispiel 1979 Gold für 800 Dollar pro Unze gekauft hätte, würde ich heute immer noch darauf warten, mein Geld zurückzuverdienen. Wenn man berücksichtigt, wie stark der Dollar an Kaufkraft verloren hat, müsste ich warten, bis das Gold einen Wert von 1.500 Dollar erreicht, um heute meine Verluste auszugleichen.

Das Gleiche gilt für alle Vermögenswerte. Beispielsweise verlieren die meisten Investoren in Immobilien das Geld aufgrund unzureichender Informationen und Intelligenz. Deshalb beantworte ich die Frage »Sind Immobilien eine gute Investition?« mit: »Ich weiß es nicht. Sind Sie ein guter Investor?«

Die meisten Unternehmen scheitern an einem Mangel an guten Wirtschaftsinformationen und Intelligenz und nicht an fehlendem Geld. Wenn mich die Menschen fragen »Ich habe eine großartige Idee für ein neues Unternehmen, und ich suche nach etwas Geld, wären Sie daran interessiert, in mein neues Unternehmen zu investieren?«, lautet meine Antwort: »Ich weiß es nicht. Wie viele erfolgreiche Unternehmen haben Sie gegründet?«

Wie sich herausstellte, war es eines der intelligentesten Dinge, die ich je getan habe, mich freiwillig für den Einsatz in Vietnam zu melden. Wenn ich mich nicht freiwillig gemeldet hätte, hätte ich diese alte, Betelnuss kauende Frau nie getroffen. An diesem Tag, als ich hinter den feindlichen Linien stand, lehrte sie mich eine sehr wichtige Lektion. Sie gewann, weil sie wusste, dass der *Goldpreis* nichts mit dem *Goldwert* zu tun hatte. Weil sie den Wert verstand, wusste sie, warum Menschen kauften und warum Gold für sie wichtig war. An diesem Tag lernte ich, dass es nicht der Vermögenswert ist, der einen reich macht ... Informationen und Intelligenz machen Sie reich. Wenn ich Geld verlieren kann, wenn ich in Gold investiere, was echtes Geld ist, kann ich Geld bei allen anderen Investitionen verlieren. An diesem Tag schwor ich, klüger zu werden, weil sie mich lehrte, dass es Informationen und Intelligenz sind, die mich reich machen – nicht das Gold.

Kapitel 8
Die Integrität des Geldes

»Integrität« ist ein interessanter Begriff. Ich habe gehört, dass er auf viele unterschiedliche Arten und in verschiedensten Zusammenhängen verwendet wird. Ich glaube, es ist eines der am meisten missverständlich verwendeten, häufig verwechselten und missbrauchten Wörter in unserer Sprache. Oft höre ich jemanden sagen »Er hat keine Integrität« oder »Wenn sie eine Integrität hätten, wären sie erfolgreicher«. Jemand anderes sagt vielleicht: »Das Design dieses Hauses hat die Integrität.« Bevor ich über die Integrität von Geld spreche, sollte ich am besten meine Definition von »Integrität« klarstellen.

Webster's bietet drei Definitionen für »Integrität« an. Dies sind:

1. *Zuverlässigkeit*: ein einwandfreier Zustand.
2. *Unbestechlichkeit*: feste Einhaltung eines Codes von besonders moralischen oder künstlerischen Werten.
3. *Vollständigkeit*: die Qualität oder der Zustand, vollständig oder ungeteilt zu sein.

Die Integrität eines Autos

Alle drei Definitionen sind erforderlich, um von Integrität im Zusammenhang mit Geld zu sprechen. Um es besser zu veranschaulichen, benutze ich das Beispiel der Integrität eines Autos. Ein Auto besteht aus Systemen: dem Bremssystem, Kraftstoffsystem, elektrischen System, Hydrauliksystem und so weiter. Wenn die Systeme nicht einwandfrei funktionieren, wird das Auto nicht funktionieren, denn es ist nicht in einwandfreiem Zustand. Wenn beispielsweise das Kraftstoffsystem beschädigt ist, bleibt das Fahrzeug als Ganzes stehen. Die Integrität des Fahrzeugs ist gefährdet und defekt. Das Auto ist nicht *ganz*.

Die Integrität von Gesundheit und Wohlstand

Ein ähnliches Beispiel kann anhand des menschlichen Körpers angeführt werden. Einige der Systeme des Körpers sind das Blutkreislauf-System, das Atmungssystem, das Nervensystem, das Skelett, das Verdauungssystem und so weiter. Wenn die Integrität der Systeme des menschlichen Körpers nicht einwandfrei ist, beispielsweise durch verstopfte Arterien, ist die Gesundheit beeinträchtigt, und bald folgen Krankheit oder Tod.

So, wie die *Gesundheit* aus einem buchstäblichen Mangel an Integrität ausfallen kann, so kann auch der *Wohlstand* durch einen Mangel an Integrität beeinträchtigt werden. Anstelle von Krankheit oder Tod, die auf einen Zusammenbruch der Integrität des Körpers zurückzuführen sind, sind niedriges Einkommen, lähmende Steuern, hohe Ausgaben, übermäßige Schulden, Konkurs, Zwangsvollstreckung, erhöhte Kriminalität, Gewalt, Traurigkeit und Verzweiflung Symptome eines Mangels an finanzieller Integrität.

Zuvor habe ich die fünf verschiedenen Aspekte der finanziellen Intelligenz aufgelistet. Es sind:

1. Aspekt des finanziellen IQs: Mehr Geld verdienen.
2. Aspekt des finanziellen IQs: Schützen Sie Ihr Geld.
3. Aspekt des finanziellen IQs: Budgetierung Ihres Geldes.
4. Aspekt des finanziellen IQs: Nutzen Sie die Hebelwirkung.
5. Aspekt des finanziellen IQs: Verbesserte Informationsverarbeitung.

Die Integrität aller fünf Aspekte dieser Intelligenz ist erforderlich, wenn man reich werden, reich bleiben und seinen Reichtum über Generationen weitergeben möchte. Das Fehlen eines oder mehrerer Aspekte wirkt genauso, wie wenn man versucht, ohne Kenntnisse, wie ein Auto zu steuern ist, zu fahren, mit einem Auto ohne Beläge und Benzin im Tank.

Wenn jemand finanziell gesehen zu kämpfen hat, ist einer oder mehrere dieser Aspekte der finanziellen Intelligenz aus dem Gleichgewicht geraten, die finanzielle Integrität ist nicht solide, und der Mensch ist nicht vollständig. Zum Beispiel habe ich eine Freundin, die viel Geld als Managerin eines kleinen Unternehmens verdient. Ihr Problem ist, dass sie keinen Schutz vor Steuern hat, außerdem plant sie ihre Ausgaben nicht gut, gibt impulsiv Geld aus, um Kleidung zu kaufen und Urlaub zu machen. Ihr Hebel ist ein großes Haus, weil sie der Meinung ist, dass Immobilien ausschließlich im Wert steigen. Sie erhält ihren finanziellen Rat von ihrem

Mann und seinem Finanzplaner. Ihr Mann ist ein großartiger Mensch, aber wie für seine Frau sind fünf Aspekte der finanziellen Intelligenz eine Herausforderung.

Sie sind nette Menschen, gebildet, ehrlich, gehen regelmäßig in die Kirche, und sie sind sehr fleißig. Sie genießen das Leben und ziehen großartige Kinder auf. Das Problem ist ein Mangel an finanzieller Integrität. Dieser Mangel an finanzieller Integrität zeigt sich als Sorge hinsichtlich der Aufnahme von Hypotheken auf ihr Haus, um Kreditkartenrechnungen zu bezahlen, eine Hochschulbildung für ihre drei Kinder zu ermöglichen und genug für den Ruhestand zu haben. Dies sind typische Geldprobleme, Symptome einer mangelnden finanziellen Integrität.

Das Problem ist, dass sie gar nicht erkennen, dass sie ein Problem haben. Sie stehen jeden Tag auf, schicken die Kinder zur Schule und gehen zur Arbeit. Sie kommen nach Hause, spielen mit den Kindern, helfen ihnen bei den Hausaufgaben, schauen ein wenig fern und gehen ins Bett. Sie wissen, dass etwas nicht stimmt, aber sie möchten nicht herausfinden, was es ist. Sie hoffen, dass sich etwas ändern wird.

Finanz-Zeugnis

Wie die meisten Menschen haben auch meine Freunde keine persönliche Vermögensaufstellung. Sie wissen nicht einmal, was das ist oder warum das wichtig sein könnte. Wie die meisten Hochschulabsolventen haben meine Freunde die Ausbildung abgeschlossen, ohne den Unterschied zu kennen – zwischen einem Kreditantrag, der Kreditwürdigkeit und einer Vermögensaufstellung. Ohne eine persönliche Vermögensaufstellung wissen sie jedoch nicht, wo sie finanziell stehen, was falsch laufen könnte und wo es ihnen an finanzieller Integrität mangelt. Ohne einen Jahresabschluss und Kenntnisse über die fünf Aspekte der finanziellen Intelligenz kann es schwierig sein festzustellen, was falsch läuft und wo Korrekturen nötig sind.

Meiner Meinung nach beginnt hier der *Mangel an Integrität.* Es fängt in unserem Schulsystem an – mit dem fünften Aspekt des finanziellen IQs: Verbesserung Ihrer finanziellen Informationen. Als die Unternehmen 1974 begannen, die Mitarbeiter zu verpflichten, für ihren Ruhestand zu investieren, hätte das Schulsystem die finanzielle Bildung in den Lehrplan aufnehmen oder den Unterricht in diesem Fach verbessern sollen. Dieser

Mangel an finanzieller Bildung in unseren Schulen stört die finanzielle Integrität in der ganzen Welt erheblich.

Ein Spiegelbild der finanziellen Integrität

Wie mein reicher Vater sagte: »Mein Banker hat mich noch nie nach meinem Zeugnis gefragt.« Die Banker fragen nicht nach einem akademischen Zeugnis, weil sie sich für die finanzielle Intelligenz interessieren, nicht für akademische Intelligenz. Deshalb bitten sie um eine Vermögensaufstellung. Eine Vermögensaufstellung ist ein Spiegelbild Ihrer finanziellen Integrität. Es ist so etwas wie Ihr finanzielles Zeugnis.

Banker suchen nach Antworten, die in Zusammenhang mit den fünf Aspekten der finanziellen Intelligenz stehen. Offensichtlich möchten sie wissen, wie klug die Menschen darin sind, Geld zu verdienen, ihr Geld zu schützen, ihr Geld zu budgetieren, ihr Geld wirksam einzusetzen, und wie informiert sie sind. Eine Vermögensaufstellung gibt der Bank die gesuchten Informationen.

Fehlende finanzielle Integrität

Wenn jemandem *finanzielle Integrität* fehlt – was sich in Dingen wie übermäßigen Schulden, schlechter Ausgabenplanung, höheren Ausgaben als Einnahmen, Zwangsvollstreckung und Konkurs zeigt –, wird der Banker diesen Menschen wahrscheinlich nicht als Kunden haben wollen. Es geht hier um *professionelle Integrität.*

Im Jahr 2007 wurde mit dem Zusammenbruch der Kreditmärkte klar, dass die Kredit-, Bank- und Investmenthäuser ihre finanzielle Integrität verloren hatten. Gier war an die Stelle von soliden Kreditvergabepraktiken getreten. Die Wirtschaft kann nicht allein auf der Basis von Krediten wachsen. Durch das Versäumnis, viel über Geld zu lehren und die finanzielle Intelligenz in der Schule zu steigern, bildet das System Erwachsene heran, die auf unsere schöne neue Welt nicht vorbereitet sind. Milliarden von Erwachsenen auf der ganzen Welt haben keine persönliche Vermögensaufstellung, können die Vermögensaufstellung eines Unternehmens nicht lesen und kennen die finanzielle Situation ihres Landes nicht. Dies kommt dem Zusammenbruch der Integrität auf dem Bildungssektor gleich.

Innerer Wert

Warren Buffett diversifiziert nicht. Stattdessen sucht er nach einem Unternehmen mit einem *inneren Wert*, ein Unternehmen mit finanzieller Integrität. Er will wissen, ob das Unternehmen die fünf Aspekte der finanziellen Intelligenz aufweist. In extrem stark vereinfachter Form möchte Buffett Antwort auf die folgenden Fragen erhalten:

1. Kann das Unternehmen mehr Geld verdienen?
2. Hat das Unternehmen eine geschützte Nische?
3. Budgetiert das Unternehmen sein Geld und seine Ressourcen gut?
4. Kann das Unternehmen gehebelt werden und expandieren?
5. Wird es von einem Team aus klugen, gut informierten Menschen geleitet?

Noch einfacher ausgedrückt, bedeutet der innere Wert:

1. Nische. Das bedeutet, dass das Unternehmen über eine Kernkompetenz verfügt, die in guten und in schlechten Zeiten Geld verdienen wird. Coca-Cola erfüllt diese Anforderung. Die Menschen trinken immer zuckerhaltiges Wasser, unabhängig davon, dass normales Wasser für sie besser ist. Ein großer Vorteil von Coca-Cola ist die gesetzlich geschützte Marke. Möglicherweise erinnern Sie sich daran, dass der zweite Aspekt der finanziellen Intelligenz Schutz ist. In diesem Fall mag Warren dieses Produkt, weil es sich um ein Produkt handelt, das eine gesetzlich geschützte Marke und nicht nur eine Ware ist. Eine bekannte Marke, die vor Piraten geschützt und verteidigt wird, erhöht den inneren Wert von Coca-Cola.

Rich Dad ist eine Marke, die in jedem Land, in dem wir geschäftlich tätig sind, gesetzlich geschützt ist. Eine Marke zu sein verleiht meinem Unternehmen einen höheren inneren Wert. Viele Autoren schreiben Bücher, aber es gelingt ihnen nicht, eine Marke aufzubauen. Wie Sie wissen, ist Harry Potter eine überdurchschnittlich starke Marke. Donald Trump auch. Wenn Sie keine Marke sind, sind Sie eine Ware. Marken haben einen höheren inneren Wert, und um diesen Wert zu erhalten, muss eine Marke ihrer Botschaft und ihren Kunden treu bleiben.

Vor einigen Jahren wandte sich eine große Investmentfondsgesellschaft an mich und fragte, ob ich ihren Fonds unterstützen würde. Obwohl das Honorar, das sie mir gezahlt hätten, sehr hoch war, habe ich das Angebot abgelehnt. Meiner Meinung nach wäre ich bei der Unterstützung eines

Investmentfonds nicht der Marke Rich Dad treu. Für mich hätte es einen Mangel an Integrität gezeigt, der den inneren Wert der Marke beeinträchtigen würde. Außerdem konnte ich es nicht tun, ohne dabei mein Gesicht zu verlieren.

2. Hebelwirkung. In diesem Punkt unterscheiden sich die Kleinunternehmer von den Großunternehmern. Wenn ich zum Beispiel Arzt bin, kann ich meinen Wert nur schwer nutzen, wenn immer nur meine Patienten zu mir kommen. Wenn derselbe Arzt jedoch ein neues Heilmittel oder eine neue Art von Medizin entwickelt hat, dann kann die medizinische Intelligenz dieses Arztes über ein Produkt wirksam eingesetzt werden.

Die Welt ist voll mit Kleinunternehmern und Fachleuten, die nicht in der Lage sind, sich die Hebelwirkung zunutze zu machen, weil sie selbst das Produkt sind. Die meisten Mitarbeiter fallen in diese Kategorie. Sie wissen nicht, wie sie ihre Dienstleistungen hebeln können, und tauschen nur Zeit gegen Dollar ein.

Die meisten von uns kennen Musiker, die hart arbeiten, aber nicht viel Geld verdienen, nur weil sie es nicht schaffen, ihre Talente wirksam einzusetzen. Die Welt ist voll von Musikern, die eine CD produzieren, was eine Form der Hebelwirkung darstellt, sie sind aber nicht in der Lage, den Hebel beim Vertrieb und Verkauf ihrer CD einzusetzen. Deshalb sind Amateurprogramme wie *American Idol* so beliebt. Menschen, die denken, dass sie singen können, wollen die Hebelwirkung des nationalen Fernsehens nutzen, auch wenn die Jury – allen voran Simon – sie kritisiert.

3. Skalierbarkeit. Sobald ein Produkt oder ein Unternehmen wirksam gehebelt werden kann, stellt sich Warren die nächste Frage: »Wie weit kann die Hebelwirkung skaliert werden?« Warren liebt Coca-Cola, weil seine Hebelwirkung auf die ganze Welt skaliert werden kann. Warren sagt: »Jedes Mal, wenn jemand auf der Welt eine Cola trinkt, verdiene ich etwas Geld.«

Als ich *Rich Dad Poor Dad* schrieb, war das Buch meine Hebelwirkung. Anstelle meines persönlichen Unterrichts konnten nun mein Buch und meine Spiele den Unterricht übernehmen. Die nächste Aufgabe bestand darin, das Produkt in verschiedene Länder zu expandieren, indem die Bücher und Spiele in verschiedenen Sprachen gedruckt wurden. Dies geschah durch die *Lizenzierung* der Rechte zur Herstellung von Rich-Dad-Produkten an Unternehmen in verschiedenen Teilen der Welt. Anstatt dass mein Unternehmen meine Produkte druckt, lagert und vertreibt, gibt es heute

Verlage in 109 Ländern, die das für mich tun. Dies ist mein Beispiel für *Hebelwirkung* und dann *Skalierbarkeit.*

4. **Vorhersagbarkeit.** Warren Buffett möchte wissen, wie vorhersehbar die Einnahmen sind. Er will keine Spitzen und Täler beim Einkommen. Er will wissen, dass das Geld stetig und pünktlich wie ein Uhrwerk hereinfließt, was auch immer geschehen mag.

Ich liebe meine Apartmenthäuser auch, weil das Geld reinkommt, egal, was auch immer passiert. Ich mache mir keine Sorgen um das Steigen und Fallen der Immobilienpreise. Ich will, dass mein Geld rund um die Uhr von überall auf der ganzen Welt und von meinen Apartmenthäusern reinkommt.

Deshalb *diversifiziert* Warren Buffett nicht. Stattdessen konzentriert er sich auf den *inneren Wert* eines Unternehmens. Das Erkennen des inneren Werts erfordert die fünf Aspekte der finanziellen Intelligenz. Wenn ein Unternehmen einen inneren Wert hat, hat es Integrität. Wenn ein Unternehmen Integrität besitzt, hat es eine bessere Chance zu wachsen und profitabel zu bleiben, unabhängig von den sich verändernden wirtschaftlichen Bedingungen.

Bevor er in ein Unternehmen investiert, begutachtet ein professioneller Investor die Vermögensaufstellung des Unternehmens. Der professionelle Investor ist auf der Suche nach geschäftlicher Integrität. Das Gleiche gilt, wenn ein Immobilieninvestor ein Apartmenthaus kauft. Das Wissen über die interne Rendite (IRR) ist die Anwendung des Konzepts vom inneren Wert auf Immobilien.

Aufgrund mangelnder finanzieller Bildung in der Schule und der Tatsache, dass sie keine Vermögensaufstellung lesen können, haben die meisten Menschen das Problem, dass sie nicht wissen, ob das Unternehmen oder die Immobilie, in die sie investieren, finanzielle Integrität und innere Werte hat.

Die Sprache der Geschäftswelt

Warren Buffett sagt: »Buchhaltung ist die Sprache des Geschäftslebens.« Wenn Sie die Sprache nicht beherrschen, ist es schwer zu sagen, ob das Unternehmen integer ist. Der Grund, weshalb die Rich Dad Company unsere CASHFLOW-Spiele für Erwachsene und Kinder produziert, liegt darin, dass wir fest davon überzeugt sind, dass finanzielle Intelligenz und die

Fähigkeit, die Sprache der Geschäftswelt zu sprechen, in einer Welt voller Gier und fragwürdiger Integrität von entscheidender Bedeutung sind.

Finanzielle Integrität des Staates

Eine Regierung benötigt ebenfalls die fünf Aspekte der finanziellen Intelligenz. Regierungen müssen Geld verdienen, ihr Geld schützen, ihr Geld budgetieren, ihr Geld einsetzen und die besten finanziellen Informationen suchen. Wenn eine Regierung integer arbeitet, gedeihen die Regierung und ihr Volk. Wenn eine Regierung keine Integrität hat, haben die Regierung und ihr Volk finanziell zu kämpfen und werden ärmer. Höhere Steuern und übermäßige Verschuldung sind Anzeichen dafür, dass die US-Regierung mit finanzieller Integrität zu kämpfen hat.

1971, als Nixon die Bindung der USA an den Goldstandard aufhob und die Welt dazu brachte, unsere Währung weltweit als Reservewährung zu akzeptieren, ließen die USA die finanzielle Integrität hinter sich. Heute sind wir nicht mehr das reichste Land der Welt, sondern die größte Schuldnernation der Welt. Während viele Menschen durch diese Änderung der Geldregeln sehr reich geworden sind, mich eingeschlossen, sind Millionen von ihnen finanziell auf der Strecke geblieben. Die finanzielle Kluft wird immer größer und zunehmend gefährlicher.

Für Amerika begann das Problem beim dritten Aspekt der finanziellen Intelligenz: Die Budgetierung Ihres Geldes. Als Amerika anfing, mehr zu importieren als zu exportieren, änderten wir die Regeln des Geldes und begannen, Billionen von Dollar Schulden anzuhäufen, anstatt das Problem zu lösen, was intelligent gewesen wäre.

Betrachtet man sich den vierten Aspekt der finanziellen Intelligenz, wird deutlich, dass die US-Regierung Geld nicht wirksam einsetzt ... stattdessen setzt sie Schulden wirksam ein. Heute sind die reichsten Menschen der Welt bei den ärmsten Menschen der Welt verschuldet. Sie sind meilenweit von finanzieller Integrität entfernt.

Die USA hatten die finanzielle Integrität aufgegeben, als sie die Welt aufforderten, einen Dollar zu akzeptieren, der »durch den vollen Glauben und die Kreditwürdigkeit« der US-Regierung gestützt wurde. Niemand investiert gern in den USA und sieht den Wert des Dollars sinken. Wenn die Welt das Geld zurückfordert, wird es der zweite Aspekt der finanziellen Intelligenz sein, der Schutz vor Finanzhaien, der getestet wird. Ich glaube, dass die USA zu einem riesigen Finanzhai werden, der möglicherweise einige seiner Kredite und seine Versprechen an ältere Menschen für Gesundheitsversorgung und soziale Sicherheit nicht erfüllt. Sie wird es der Inflation ermöglichen, das Einkommen der Arbeitnehmer zu zerstören und die Steuern für die jungen Menschen zu erhöhen. Für mich ist das keine Integrität.

Der aktuelle Weg für die US-Regierung, den ersten Aspekt der finanziellen Intelligenz zu steigern: Mehr Geld zu verdienen, ist, indem sie Steuern erhöht, mehr Geld druckt, mehr Geld leiht, einen neuen Krieg führt und einige Rechnungen nicht bezahlt. Offensichtlich wird dies zu viel größeren finanziellen Problemen führen, die hätten vermieden werden können, wenn die früheren Probleme gelöst worden wären.

Das Zeitalter der Integrität

Die Geschichte wiederholt sich. Unsere Führungskräfte und Lehrkräfte waren sich bewusst, was passiert, wenn Regierungen die Integrität des Geldes verletzen. Das ist schon mal passiert. Kopernikus schrieb 1517, dass die Inflation eine der »Plagen ist, die die Königreiche schwächen«. 1776 sagte Adam Smith, dass die Inflation »die schädlichste Zersetzung des Vermögens von Privatpersonen« verursacht. Smiths Warnung erfüllte sich erst kürzlich in Deutschland, als Hitler an die Macht kam, nachdem die Weimarer Regierung die Integrität ihrer Währung untergraben hatte.

Der einzige Grund, warum die US-Amerikaner und die Weltöffentlichkeit nichts über den Unterschied zwischen Geld und Währung herausfinden, ist, dass unsere Schulsysteme keine Integrität der Bildung besitzen und keine finanziell gebildeten Bürger in die Gesellschaft entlassen.

Ich persönlich glaube, dass wir als Volk, Nation und Welt alle auf dem Weg zu einem gewaltigen Unwetter sind. Nachdem schon so lange Integrität fehlt, glaube ich, dass die finanziellen, politischen, ökologischen und spirituellen Kräfte zwangsweise das Pendel in die andere Richtung schwingen lassen werden. Was genau passieren wird, weiß ich nicht. Es kann sein, dass es bereits begonnen hat.

Leider werden die Superreichen, die am meisten vom gegenwärtigen System profitieren, am wenigsten von den kommenden finanziellen Verwerfungen betroffen sein. Der Rest von uns wird die Kräfte der Natur spüren und sein Bestes geben, um den Sturm zu bekämpfen, und die Armen werden am meisten darunter leiden.

Die gute Nachricht ist, dass die vor uns liegenden Probleme uns klüger machen, wenn wir sie mutig angehen und ihnen nicht aus dem Weg gehen. In jedem Problem steckt ein Juwel der Weisheit, ein Juwel, das uns klüger, stärker und fähig macht, unabhängig von den wirtschaftlichen Bedingungen besser zu werden.

Eine weitere gute Nachricht ist, dass einige nationale Regierungen beginnen, Kurse zu finanzieller Bildung in ihr Bildungssystem einzuführen. Ich gehe davon aus, dass das Land mit der besten finanziellen Bildung die Welt in eine neue Ära des wirtschaftlichen Wohlstands führen wird. Schließlich ist dies das Informationszeitalter.

Steigern Sie Ihren inneren Wert

In der Zwischenzeit ist es für jeden von uns wichtig, sich auf den potenziellen Sturm vorzubereiten.

Meine Empfehlungen sind:

1. Bringen Sie Ihr Haus in Ordnung. Genau wie ein Matrose, der sein Schiff auf einen Sturm vorbereitet, fangen Sie an, Ihr finanzielles Schiff seetüchtiger zu machen. Werfen Sie einen Blick auf die fünf Aspekte der finanziellen Intelligenz und fragen Sie sich, an welchem Aspekt Sie jetzt arbeiten müssen. Welcher braucht die meiste Arbeit? Welcher bereitet Ihnen das größte Problem? Konzentrieren Sie sich darauf und nehmen Sie es jetzt in Angriff. Versuchen Sie nicht, es mit allen fünf Aspekten auf einmal aufzunehmen. Das wäre zu viel. Ich glaube, Sie werden feststellen, dass alle fünf miteinander verbunden sind, indem Sie sich auf einen konzentrieren, werden Sie letztendlich alle fünf Aspekte der finanziellen Intelligenz steigern. Dann nehmen Sie sich die Zeit und lernen jeden Tag ein wenig hinzu. Denken Sie immer daran, dass kein Golfspieler in einem Tag Profi wurde. Noch nicht einmal Tiger Woods.

Durch die Steigerung der fünf Aspekte Ihrer finanziellen Intelligenz erhöhen Sie Ihre finanzielle Integrität und Ihren eigenen inneren Wert. Wenn Sie sich nicht sicher sind, was zu tun ist, haben Sie bitte keine Angst oder Scham, um Hilfe zu bitten. Im nächsten Kapitel, in welchem es um die Entdeckung Ihres Finanzgenies geht, schreibe ich darüber, wie sehr ich auf Hilfe von intelligenten Menschen angewiesen bin. Niemand ist so gut, dass er keine Hilfe braucht.

2. Investieren Sie in Vermögenswerte mit einem inneren Wert. Werfen Sie einen weiteren Blick auf einige der Kriterien, die Warren Buffett verwendet, um den inneren Wert eines Unternehmens zu ermitteln. Dann sollten Sie sich zur Übung fragen, welche Unternehmen um Sie herum die Anforderungen erfüllen. Selbst wenn Sie nicht investieren, ist dies eine großartige Übung zur Steigerung Ihres finanziellen IQs.

Der innere Wert von Immobilien

Ich mag Immobilien unter anderem auch, weil ich in der Lage bin, einen Großteil des inneren Werts der Immobilie zu sehen, zu berühren und zu kontrollieren. Aber denken Sie immer daran, dass die meisten Immobilien keine gute Investition sind. Eine großartige Übung, unabhängig davon, ob Sie Geld haben, ist es, sich eine Reihe von Immobilien anzusehen und ihren inneren Wert zu analysieren.

Eine der Schönheiten von Immobilien ist die Kreativität. Zum Beispiel kann ich mit kreativer Finanzierung, kreativen Verbesserungen oder kreativen Methoden den Wert der Immobilie steigern. Kreativität ist nicht so sehr ein Vorteil bei der Auswahl einer Aktie oder beim Kauf von Investmentfonds. In der Immobilienbranche allerdings können Kreativität und Integrität Sie sehr reich machen.

3. Machen Sie die Luken dicht. Wie sie uns an der US-Handelsflotten-Akademie lehrten, ist es an der Zeit, *die Luken dicht zu machen*, wenn sich ein Sturm nähert. Das bedeutet, die Integrität des Schiffs zu schützen. In meinen wenigen Jahren auf See hatte ich die Gelegenheit, vier Taifune auf dem Pazifik zu erleben. Noch heute sehe ich die monströsen Wellen, den Wasserberg, der über das ganze Schiff stürzt. Ich kann sehen, fühlen und hören, wie das Schiff knarrt und sich ausdehnt, sein Bestes gibt, um die strukturelle Integrität aufrechtzuerhalten und unter der Welle aufzutauchen. Ich bin froh, dass die Ingenieure ein großartiges Schiff konstruiert hatten und dass die Schiffsbesatzung ausgebildet und bereit war, es mit den Stürmen aufzunehmen.

Das Chaos wird zunehmen, wenn das Industriezeitalter endet und das Informationszeitalter die Kontrolle übernimmt. Da der Ölpreis steigt, fällt der Dollar, China und Indien beginnen, Autos und Flugzeuge zu produzieren, Fertigungsjobs verschwinden, Unternehmen ziehen ins Ausland,

Babyboomer erwarten, dass sie von der Regierung betreut werden, Terrorismus nimmt zu, Kriege, die wir uns nicht leisten können, werden gekämpft, und die Schulden, die zurückgezahlt werden müssen, sind angestiegen, Probleme, die zuvor unter den Teppich gefegt wurden, werden entlarvt. Im Informationszeitalter werden Informationen wie die fünf Aspekte der finanziellen Intelligenz Ihre größten Vermögenswerte sein.

Ich glaube, dass die finanzielle Integrität der Welt wie nie zuvor in der Geschichte infrage gestellt werden wird. Ich glaube dies, weil es zu viel Gier, Fehlinformation und Korruption in unseren Unternehmen, Regierungen und Schulen gegeben hat. Im August 2007, als die Kreditmärkte zusammenbrachen, haben wir – meiner Meinung nach – den Rand des aufziehenden Sturms erreicht. Das Auge des Sturms ist noch einige Jahre entfernt. Nehmen Sie sich die Zeit, um sich auf die Achterbahnfahrt Ihres Lebens vorzubereiten. Seien Sie tapfer und handeln Sie klug, denn es wird aufregend werden. Es wird eine großartige Zeit sein, um noch reicher und intelligenter zu werden. Aber Sie müssen mutig sein und Ihr finanzielles Talent entwickeln.

Kapitel 9
Die Entwicklung Ihres finanziellen Talents

Ich wusste nicht, dass ich nicht klug war, bis ich in die Schule kam. Die siebzehn Jahre waren ein ständiger Kampf für mich. Das ging schon im Kindergarten los und endete erst mit dem Abschluss des Colleges. Ich wurde immer als *durchschnittlicher* Schüler bezeichnet. Egal, in welcher Klasse ich war, es gab immer Kinder, die klüger oder begabter waren und schneller lernten als ich. Für die klugen Kinder schien die Schule einfach zu sein. Ich tat mich mit dem Lernen schwer. Die einzige Eins, die ich je bekam, war im Werken, weil ich gern mit meinen Händen arbeitete. Ich hatte als Kursprojekt ein Boot gebaut, während meine Klassenkameraden Salatschüsseln für ihre Mütter schnitzten.

Ich wusste auch nicht, dass ich *arm* war, bis ich zur Schule ging. Als ich neun Jahre alt war, zog meine Familie in einen privilegierten Stadtteil, wo ich auf eine Schule für reiche Kinder ging. Interessanterweise gab es zwei Grundschulen, die sich an der Straße direkt gegenüberlagen. Auf einer Seite der Straße befand sich die Union School. Auf der anderen Seite war die Riverside School. Beide waren öffentliche Schulen, eine für die Reichen und die andere für die Arbeiterklasse.

Ursprünglich war die Union (engl.: Gewerkschaft) School für die Kinder der Gewerkschaft der Zuckerplantagenarbeiter gedacht, daher der Name der Schule. Riverside war die Schule für die Kinder der Eigentümer und Manager von Zuckerplantagen. Ich besuchte die Riverside School, weil das Haus, in dem unsere Familie lebte, sich zufällig auf der Straßenseite am Fluss befand.

Obwohl ich erst neun Jahre alt war, wurde mir bewusst, dass meine Klassenkameraden an der Riverside School einen höheren Lebensstandard hatten als meine Familie. Viele meiner reichen Klassenkameraden lebten in einem abgeschnittenen Stadtteil, der durch eine Brücke über den Fluss mit der Stadt verbunden war. Jedes Mal, wenn ich diese Brücke überquerte, um mit meinen Freunden zu spielen, wusste ich, dass ich eine andere Welt betrat.

Auf ihrer Seite der Brücke lebten meine Klassenkameraden in prunkvollen Herrenhäusern. Auf meiner Seite der Brücke waren die Häuser viel weniger imposant. Das Haus, in dem wir lebten, war ein Haus, das für Plantagenarbeiter gebaut wurde. Die Eltern meiner Klassenkameraden besaßen ihre Häuser. Wir wohnten zur Miete. Einige meiner Klassenkameraden hatten sogar mehr als ein Haus, viele hatten Strandhäuser. Wenn wir zum Strand wollten, gingen wir in einen öffentlichen Strandpark. Meine Klassenkameraden *spielten* im Jacht-Club oder im Country-Club. Ich *arbeitete* im Country-Club.

Obwohl meine Klassenkameraden und ihre Familien reich waren, waren sie keine Snobs. Es waren freundliche Menschen, die sich in der Gemeinde engagierten. Ich verbrachte viel Zeit in den Strandhäusern meiner Freunde, auf ihren Booten und in ihren Flugzeugen. Sie haben ihren Reichtum nicht zur Schau gestellt. Sie teilten ihn. Reich zu sein erschien ihnen natürlich und nichts Besonderes. Es war ein Lebensstil und ein Lebensstandard. Ihr Lebensstil war für sie keine so große Sache. Ich war derjenige, der dachte, dass ihr Lebensstil großartig war; manchmal fühlte ich mich unwohl und manchmal fehl am Platz. Mir war immer bewusst, dass wir uns durch unseren jeweiligen Lebensstandard unterschieden. Im Alter von zwölf Jahren gingen meine reichen Freunde auf Privatschulen, und ich ging mit den Kindern, die die Union School besucht hatten, auf die öffentliche Highschool.

Ich wusste auch nicht, dass ich ein Streber war, bis ich zur Schule ging. In der Highschool wollte keines der Mädchen, mit denen ich ausgehen wollte, etwas mit mir zu tun haben. Ich war nicht cool. Die beliebten Mädchen interessierten sich für die bösen Jungs, die älter waren, zu einer Bande gehörten und ein Auto besaßen. Obwohl ich in der Startelf im Footballteam und ein Surfer war, hielten sie mich nicht für cool: Ich war kein böser Junge und besaß kein Auto. Ich war schüchtern, dick und fuhr im beigefarbenen Kombi unserer Familie herum. Definitiv nicht cool.

1974, als ich im Alter von 27 Jahren die Marineinfanterie verließ, wusste ich, dass ich reich sein, schnelle Autos fahren und mit schönen Frauen ausgehen wollte. Obwohl ich erwachsen geworden war, meinen Babyspeck verloren und größer und kräftiger geworden war, hielt ich mich immer noch für den schüchternen, beleibten Kerl, der nicht viel Geld hatte. Ich wusste, was ich wollte. Ich wusste nur nicht, wie ich es erreichen sollte.

Ich wusste, dass ich Unternehmer werden und in Immobilien investieren wollte, aber ich hatte kein Geld und wusste nicht, wie das geht. Je mehr ich darüber nachdachte und mein ideales Leben mit dem verglich, was ich hatte, desto mehr wurde mir klar, dass meine Lehrer recht gehabt hatten. Ich war durchschnittlich. Ich hatte keine großartigen Fähigkeiten oder Talente. Ich war nicht klug. Wenn ich reich sein wollte, musste ich einen Weg finden, um in jeder Hinsicht zumindest meine Mittel zu übertreffen.

Leben Sie nicht im Rahmen Ihrer finanziellen Mittel

Finanzexperten raten den Menschen, *im Rahmen ihrer finanziellen Mittel zu leben und zu diversifizieren.* Für viele Menschen klingt das nach einem intelligenten Ratschlag. Das Problem bei diesem Rat ist, dass Sie damit wieder nur *Durchschnitt* sind, weil es ein *durchschnittlicher* Rat ist. Es ist kein schlechter Rat, aber es ist eben nur eine durchschnittliche Finanzberatung. Und wer will schon unter seinen Verhältnissen leben?

In der Highschool beginnen die Schüler, sich auf ihre akademischen Stärken zu konzentrieren und Kurse zu belegen, die für die Zukunft eine hochbezahlte Karriere versprechen. Kinder werden ständig dazu gedrängt, schlau zu sein, fleißig zu lernen und gute Noten zu schreiben. Nach dem Schulabschluss gehen viele an die Universität oder Hochschule, um Anwalt, Arzt, Wirtschaftsprüfer oder MBA zu werden. Nach langen Jahren des Medizinstudiums entscheiden sich viele Ärzte dazu, sich zu Spezialisten wie Chirurgen oder Internisten weiterzubilden. Kunststudenten beginnen, mit Ton, Öl oder Wasserfarben zu arbeiten, oder spezialisieren sich auf Werbegrafik oder Musik. Talentierte junge Sportler bereiten sich auf eine professionelle Karriere im American Football, Tennis, Basketball oder Golf vor. Wenn Sie zu Sportveranstaltungen gehen, sehen Sie, wie viele Eltern ihre Kinder anfeuern, damit sie gut spielen und ihr Team gewinnt. Niemand will in einem durchschnittlichen Team spielen.

Die meisten von uns wissen, wenn wir in der Schule und im Beruf erfolgreich sein wollen, müssen wir uns enorm anstrengen, um zu den Besten zu gehören. Wir müssen uns konzentrieren und lernen. Wir müssen uns spezialisieren. Doch wenn es um Geld geht, wird den Menschen geraten zu *diversifizieren*, anstatt sich zu *spezialisieren*, und *im Rahmen ihrer Möglichkeiten* zu leben, anstatt *einen höheren Lebensstandard* anzustreben.

Als ich aus der Marineinfanterie kam, wollte ich keine durchschnittliche Stelle antreten und nicht im Rahmen meiner Verhältnisse leben. Im Rahmen der Verhältnisse zu leben bedeutet für mich, wie unterdurchschnittliche Menschen zu leben. Ich wollte nicht ein durchschnittliches Auto fahren oder in einer durchschnittlichen Nachbarschaft leben. Ich wusste auch, dass Diversifizierung dazu führen würde, dass meine Kapitalrendite unterdurchschnittlich ausfällt. Ich wusste, dass ich mich fokussieren musste, wenn ich einen höheren Lebensstandard wollte – einen Lebensstandard wie meine Klassenkameraden, die auf der anderen Seite der Brücke wohnten.

Als ich die Welt betrachtete, in die ich im Begriff war, nach vier Jahren Militärschule und fünf Jahren Marine, wieder einzutreten, bemerkte ich, dass die meisten Menschen hart arbeiteten, um überdurchschnittlich hohen beruflichen Erfolg zu haben, aber gleichzeitig mit unterdurchschnittlichen finanziellen Mitteln dastanden.

Ich entschied, dass der beste Weg, die Einser-Schüler zu schlagen, die reichen Kinder, die Lehrer, die mich als durchschnittlich bezeichneten, und die Mädchen, die nicht an mir interessiert waren, war, reich zu werden. Ich war nicht wütend auf sie. Ich hatte es einfach satt, ein Durchschnittsbürger zu sein. Ich erkannte, dass ich reicher werden konnte als die meisten Menschen, denn wenn es um Geld ging, arbeiteten die meisten Menschen mit unterdurchschnittlichen Finanzstrategien und befolgten unterdurchschnittliche Ratschläge.

Warum empfehlen Experten Diversifikation?

Wie Warren Buffett sagt: »Diversifizierung ist ein Schutz vor Unwissenheit. Das macht sehr wenig Sinn für diejenigen, die wissen, was sie tun.« Buffett sagte auch über Vermögensverwalter: »Vollzeitprofis in anderen Bereichen, beispielsweise Zahnärzte, nutzen dem Laien viel. Aber unter dem Strich *erhalten die Menschen von professionellen Vermögensverwaltern nichts für ihr Geld.*«

Ich glaube, viele empfehlen die Diversifizierung einfach als einen Schutz gegen ihre Unwissenheit. Ich vermute, dass Buffett meint, dass es unterdurchschnittliche Finanzberatung von unterdurchschnittlichen Beratern für unterdurchschnittliche Investoren ist.

Warren Buffett hat eine andere Finanzstrategie. Er diversifiziert nicht. Er fokussiert sich. Er sucht nach einem tollen Unternehmen zu einem günstigen Preis. Er kauft nicht viele Unternehmen und betet, dass eines von ihnen funktionieren wird. Er will keine durchschnittlichen Gewinne oder an der Börse spielen. Er kontrolliert gern das Unternehmen, will es aber nicht führen. Wenn Warren über Investitionen spricht, sind seine Schlüsselwörter *innerer Wert*, nicht *Diversifizierung*.

Ein Grund, warum Finanzberater eine Diversifikation empfehlen, ist, dass sie keine tollen Unternehmen finden können. Sie haben keine Kontrolle über die Unternehmen, und die meisten wissen gar nicht, wie man ein Unternehmen führt. Sie sind Angestellte, nicht Unternehmer wie Warren.

Intelligente Menschen versagen

Am 24. August 2007, nach dem Marktcrash, veröffentlichte das *Wall Street Journal* einen Bericht darüber, wie quantitative Fonds (Quants), die angeblich von einigen der klügsten Typen an der Wall Street verwaltet werden, alles Geld verloren hatten (Justin Lahart, *How the ›Quant‹ Playbook Failed*). Mit anderen Worten, Einser-Schüler erhielten eine Sechs. Im Artikel heißt es folgendermaßen:

> Auch wenn sie nicht die gleichen statistischen Modelle nutzen, arbeiten quantitative Fonds mit ähnlichen Ansätzen auf dem Markt. Sie werden in den gleichen statistischen Methoden geschult, verfügen über die gleichen akademischen Arbeiten und verwenden die gleichen historischen Daten. Dadurch können sie leicht zu ähnlichen Schlussfolgerungen über die Art, wie sie investieren, kommen.

Mit anderen Worten, die Wall Street stellt akademische Genies, Einser-Studenten und Absolventen der weltbesten Wirtschaftsfakultäten ein, die mit ausgeklügelten Computermodellen Milliarden von Dollar investieren, und sie kommen alle auf die gleiche Antwort. Wenn ihre Modelle »kaufen« sagen, kaufen sie alle die gleichen Aktien, was zu einem Boom führt, und wenn die Modelle »verkaufen« sagen, verkaufen sie in Massen, und der Markt stürzt ab. Das ist keine finanzielle Intelligenz.

Sie sind nicht diversifiziert, aber denken, dass sie diversifiziert sind

Ich habe zwei sehr kluge ehemalige Klassenkameraden, die beide an der Stanford University promoviert haben. Beide haben hochbezahlte Jobs, einer bei einer Bank und der andere bei einer Ölgesellschaft. Als die Börse nach dem 11. September zusammenbrach, verloren beide viel Geld, obwohl beide diversifiziert hatten. Im Laufe der Jahre habe ich mit beiden jeweils gesprochen. Ich habe nach ihrer Anlagestrategie gefragt. Beide sagten: »Ich habe in ein gut diversifiziertes Portfolio aus Aktien, Anleihen und Investmentfonds investiert.«

Obwohl ich es nicht sagte, hätte ich sie gern darauf hingewiesen, dass sie nicht wirklich diversifiziert hatten. *Stattdessen hatten sie zu 100 Prozent in Geldwerte investiert, vor allem an der Börse.* Sie hatten nicht in erstklassige Immobilien, Privatunternehmen oder Rohstoffe, wie zum Beispiel die Ölförderung, investiert. Als der Markt abstürzte, stürzte alles ab. Sie waren nicht diversifiziert, aber sie dachten, sie wären es. Sie hatten überdurchschnittliche akademische IQs, aber unterdurchschnittliche finanzielle IQs.

Entdecken Sie Ihr Talent

Ich habe in der Zeit von 1974 bis 1984 mehrere Unternehmen gegründet und wieder aufgebaut. Ich war entschlossen, Unternehmer zu werden. Genau wie ein Baby, das ein paar Mal aufsteht und hinfällt, bevor es gehen lernt, bin ich ein paar Mal aufgestanden und hingefallen, bevor ich als Unternehmer gehen lernte. Ich tat dies, weil ich lernen wollte, ein Eingeweihter zu sein, kein Außenstehender.

Von 1984 bis 1994 war ich Unternehmer auf dem Bildungssektor, weil ich mich dafür interessierte, wie Menschen lernen. Obwohl mir die Schule keinen Spaß machte, genoss ich das Lernen. Außerdem wollte ich wissen, warum ich mich im Unterricht immer fehl am Platz gefühlt hatte. Während dieser zehn Jahre bauten Kim und ich ein Bildungsunternehmen auf, das von unseren Büros in Australien, Kanada, Neuseeland, Singapur und den USA aus Unternehmertum und Investieren lehrte.

Während dieser Zeit habe ich die Dinge anders gemacht, fast das Gegenteil von der Art und Weise, wie traditionelle Schulen unterrichten. Anstatt eine Umgebung zu schaffen, in der nur ein oder zwei Schüler klug waren, schuf ich eine Umgebung, in der sich jeder klug fühlen und lernen konnte. Anstatt zu konkurrieren, arbeiteten die Kursteilnehmer zusammen. Anstatt dass die Teilnehmer mir beim Vortrag zuhörten, entwickelte ich verschiedene Spiele, um bestimmte Themen zu unterrichten. Anstatt sich zu langweilen, wurden erwachsene Schüler aktiv herausgefordert und beteiligten sich am Unterricht.

Aus dem, was ich als Unternehmer in der Bildungsbranche gelernt habe, entwickelte ich mein Brettspiel CASHFLOW®. Das erste Spiel, das sowohl Buchhaltung als auch gleichzeitig das Investieren lehrt. Wie Sie vielleicht wissen, kann Buchhaltung das langweiligste Thema auf der Welt sein und Investieren das beängstigendste. Durch die Kombination der beiden Fächer zu einem Spiel wird das Lernen interessant und macht Spaß. Man könnte das Spiel tausend Mal spielen und würde trotzdem immer wieder etwas Neues über Buchhaltung, Investieren und sich selbst entdecken. Das Spiel wurde 1996 offiziell auf den Markt gebracht.

Je mehr ich über den menschlichen Geist erfuhr und darüber, wie wir lernen, desto mehr beunruhigende Dinge über unser Schulsystem fand ich heraus. Ich entdeckte, dass unser gegenwärtiges Lehrsystem tatsächlich das Gehirn eines Kindes schädigt. Mit anderen Worten, selbst ein Einser-Schüler kann durch das Bildungssystem im Denken gebremst werden. Je mehr ich die verschiedenen Unterrichtstechniken studierte und in meinen Kursen einsetzte, desto mehr der gesuchten Antworten tauchten auf: Ich fand heraus, warum ich immer als dumm oder bestenfalls durchschnittlich bezeichnet wurde.

Multiple Intelligenzen

Durch meine Recherchen entdeckte ich das Buch *Intelligenzen: Die Vielfalt des menschlichen Geistes* von Howard Gardner. Seine Arbeit war bewusstseinserweiternd und bestätigte mich. Er lehrt, dass es sieben Intelligenzen gibt:

1. sprachlich-linguistische,
2. logisch-mathematische,
3. musikalisch-rhythmische,
4. körperlich-kinästhetische,
5. räumliche
6. interpersonale,
7. intrapersonelle.

Sein Buch bestätigte, was ich eigentlich bereits wusste. Ich verfügte einfach nicht über die Intelligenzen, die vom Schulsystem anerkannt werden. Dies sind überwiegend die sprachlich-linguistische und die logisch-mathematische

Intelligenz. Das erklärt auch, warum ich in der Highschool zweimal in Englisch durchgefallen bin. Ich konnte nicht richtig schreiben, buchstabieren oder Satzzeichen setzen. Ich bin weder linguistisch noch logisch-mathematisch begabt.

In meinem ersten Jahr an der Akademie der Handelsmarine wurde Englisch zu meinem Lieblingsfach, weil ich einen großartigen Lehrer hatte. Wenn dieser Mann nicht gewesen wäre, wäre ich inzwischen vielleicht nicht Autor geworden. Mein Englischlehrer an der Akademie hatte großartige interpersonale Fähigkeiten, weshalb er sich in mich hineinversetzen konnte. Ich hatte Respekt vor ihm. Anstatt herablassend zu sein, inspirierte er mich. Wir konnten von Mensch zu Mensch sprechen anstatt von Lehrer zu Schüler. In seinem Unterricht wollte ich klug sein, und ich wollte lernen. Anstelle einer weiteren Sechs in Englisch erhielt ich eine Zwei.

Ich brauche Sicherheit

In meiner Zeit als Marineinfanterist in Vietnam hat mich meine intrapersonelle Intelligenz am Leben erhalten. Intrapersonelle Intelligenz ist die Fähigkeit, Emotionen zu kontrollieren und Arbeit zu erledigen, auch wenn diese lebensbedrohlich ist. Viele Menschen sind finanziell nicht erfolgreich, weil ihre intrapersonelle Intelligenz schwach entwickelt ist. Menschen mit einer begrenzten intrapersonellen Intelligenz sagen oft »Ich brauche Arbeitsplatzsicherheit« oder »Das klingt riskant«. Dies sind Beispiele dafür, wie Emotionen das Denken beeinflussen, nicht die intrapersonelle Intelligenz.

Je mehr ich Gardner und seine Theorie der multiplen Intelligenzen studierte, desto klarer wurde mir, dass die Einser-Schüler diejenigen waren, die hohe sprachlich-linguistische und logisch-mathematische Intelligenzen hatten. Lesen, Schreiben und Rechnen war für sie einfach, aber für mich sehr schwierig. Ich las und schrieb langsam, und ich mochte Mathematik nur, wenn ich so etwas wie mein Boot oder mein Geld damit messen konnte. Meine Intelligenzstärken waren räumlich, körperlich-kinästhetisch und intrapersonell, weshalb ich im Unterricht kritzelte, ein Boot baute und mich nicht bedroht oder motiviert fühlte, wenn mir die Lehrer sagten, dass ich keine gute Stelle bekommen würde, wenn ich keine guten Noten schrieb.

Zu diesem Zeitpunkt fragen Sie sich vielleicht: In welchen der sieben Intelligenzen sind Sie am stärksten? Sie können sie in einer Reihenfolge auflisten, wobei eins der höchste und sieben der niedrigste Wert ist. Ich möchte Sie ermutigen, Dr. Gardners Buch zu lesen.

Drei Teile des Gehirns

Albert Einstein soll gesagt haben: »Fantasie ist wichtiger als Wissen.«

Als Unternehmer in der Bildungsbranche habe ich viel über die verschiedenen Teile des Gehirns geforscht. Wenn wir das Ganze mit stark vereinfachten Begriffen darstellen wollen, können wir unser Gehirn in drei grundlegende Teile unterteilen, wie unten dargestellt.

1. **Die linke Gehirnhälfte.** Im Allgemeinen wird dieser Teil des Gehirns zum Lesen, Schreiben, Sprechen und zur Logik verwendet. Kinder, die in der Schule gut abschneiden, haben eine gut entwickelte linke Gehirnhälfte.

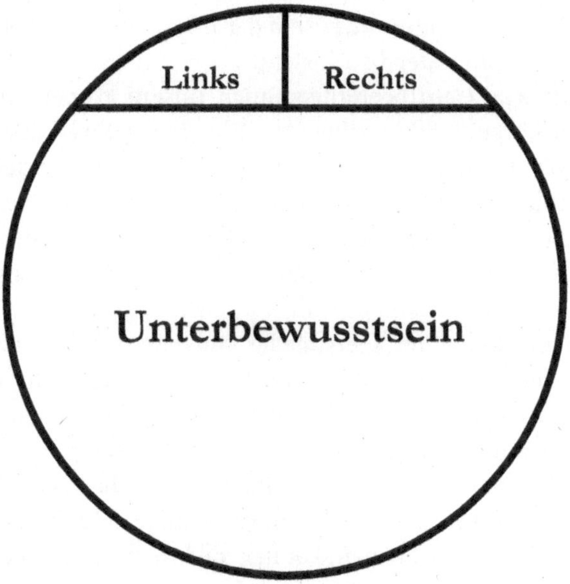

Aus Gardners Arbeit über multiple Intelligenzen geht hervor, dass die linke Gehirnhälfte am engsten mit den sprachlich-linguistischen, logisch-mathematischen und zwischenmenschlichen Intelligenzen in Beziehung steht. Schriftsteller, Wissenschaftler, Anwalt, Buchhalter und Lehrer sind besonders geeignete Berufe für solche Menschen.

2. Die rechte Gehirnhälfte. Dieser Teil des Gehirns wird oft mit Bildern, Kunst, Musik und anderen eher nichtlinearen Beziehungen in Verbindung gebracht – mit Kreativität und Fantasie. Laut der Arbeit von Gardner wären musikalische und räumliche Intelligenzen am ehesten mit der rechten Gehirnhälfte verbunden. Designer, Architekt und Musiker sind Berufe für Menschen, bei denen diese Intelligenzen dominieren.

3. Das Unterbewusstsein. Dies ist der mächtigste der drei Teile des Gehirns, denn es beinhaltet das »alte Gehirn«, das oft als primitives Gehirn bezeichnet wird. Es ist das primitive Gehirn, das dem Gehirn eines Tiers am ähnlichsten ist. Es denkt nicht, sondern verursacht Reaktionen: Kampf, Flucht oder Erstarren. Betrachten wir die von Gardener postulierten Intelligenzen, so bezieht sich die *intrapersonelle* Intelligenz am ehesten auf das Unterbewusstsein. Meiner Meinung nach ist es die intrapersonelle Intelligenz eines Menschen, die letztendlich bestimmt, ob jemand im Leben, der Liebe, auf dem Gebiet der Gesundheit und des Geldes erfolgreich ist oder nicht. Dies liegt daran, dass das Unterbewusstsein der mächtigste Teil des Gehirns ist, besonders wenn man unter Druck steht.

Das Unterbewusstsein beeinflusst auch unsere körperlichen Reaktionen durch die körperlich-kinästhetische Intelligenz. So kann zum Beispiel Druck im Golfspiel dazu führen, dass der Golfspieler versagt und einen einfachen Schlag verfehlt. Ein Mensch kann unterbewusst erstarren und nichts unternehmen, aus Angst, einen Fehler zu machen, oder seine Stelle nur wegen der Sicherheit nicht kündigen und nicht, weil er seine Arbeit liebt.

Menschen mit hoher intrapersoneller Intelligenz haben die Fähigkeit, den Wunsch des Unterbewusstseins nach Kampf, Flucht oder Erstarren zu kontrollieren. Anstatt zu fliehen, können sie entscheiden, dass es am besten ist zu erstarren. Wenn sie erstarrt sind, können sie sich entscheiden zu kämpfen. Der Punkt ist, dass sie die Intelligenz haben, die passende unterbewusste Antwort zu wählen. Wenn sie wütend sind, können sie ruhig sprechen. Wenn sie Angst haben, können sie ihre Angst überwinden.

Menschen denken anders, wenn ihr Unterbewusstsein von Angst beherrscht wird. Wenn die Menschen ängstlich sind, können sie sagen: »Das kann ich nicht tun. Was, wenn ich scheitere?« Oder: »Das ist riskant.« Vergleichen Sie das mit einer Person, die sich unbewusst in einem Kampfzustand befindet, die sagen könnte: »Ich werde es ihnen zeigen. Ich werde diesen Deal bekommen, nur um zu beweisen, dass ich es kann.«

Es ist sehr wichtig zu lernen, sich für eine unbewusste Gefühlslage zu entscheiden, *bevor* man denkt und Entscheidungen trifft. Als ich in Vietnam war, entschied ich mich unbewusst dafür zu kämpfen, wodurch ich mich besser fühlte, besser flog und insgesamt selbstbewusster war. Wenn ich in einem Flucht- oder Angstzustand war, waren meine Gedanken ängstlich. Entscheiden Sie sich also für eine Gefühlslage, bevor Sie Ihre linke und rechte Gehirnhälfte einsetzen.

Berufe, die eine enorme Kontrolle unter Stress erfordern, sind am besten für Menschen mit starker intrapersoneller Intelligenz geeignet. So benötigen beispielsweise Polizisten, Krankenschwestern und Ärzte in der Notaufnahme, Feuerwehrleute und Soldaten eine hohe intrapersonale Intelligenz. Meiner Meinung nach benötigen auch Unternehmer ein hohes Maß an dieser Intelligenz.

Welches Gehirn kontrolliert Ihr Geld?

Ich wurde neugierig auf das Gehirn und wie es funktioniert, weil ich mich fragte, warum so viele Menschen etwas sagen und dann etwas anderes tun. Wenn ich zum Beispiel jemanden frage »Möchten Sie reich werden?«, antworten mir die meisten Menschen aus ihrer logischen linken Gehirnhälfte: »Ja. Ich will wirklich reich werden.« Das Problem liegt nicht in der logischen linken Gehirnhälfte. Das Problem ist allerdings, dass das Unterbewusstsein flüstert »Du nicht. Du wirst nie reich sein« oder »Wie kannst du reich sein, du hast kein Geld«.

In den meisten Fällen ist es die unbewusste *Angst vor dem Versagen*, die die Menschen zurückhält. Es ist diese Angst vor dem Scheitern, die Lehrer nutzen, um Kinder und Jugendliche in der Schule zu motivieren. Ich erinnere mich, dass meine Lehrer zu mir sagten: »Wenn du keine guten Noten bekommst, wirst du keine gute Stelle bekommen.« Wenn die Einser-Schüler, die die guten Stellen haben, später im Leben eine Veränderung in ihrer Karriere anstreben, hält ihre Angst sie gefangen.

Zum Beispiel habe ich einen Freund, der Anwalt ist, ein Einser-Student aus Harvard, der sich verändern will, aber nicht kann. Aus Angst davor zu scheitern und nicht genug Geld zu verdienen wagt er es nicht, etwas Neues zu tun. Er sagt zu mir: »Ich bin schon so lange Anwalt, dass ich nicht weiß, was ich sonst tun sollte. Wer sonst bezahlt mir, was ich verdiene?« Er hat eine brillante linke Gehirnhälfte, eine unterentwickelte rechte Gehirnhälfte, und sein Unterbewusstsein ist außer Kontrolle.

Auch hier ist das Unterbewusstsein das mächtigste der drei Gehirne. Das Unterbewusstsein ist so mächtig, dass es unsere Abhängigkeiten kontrolliert. Zum Beispiel wollen die meisten Raucher mit dem Rauchen aufhören. Sie können ihrer linken Gehirnhälfte alle schädlichen Auswirkungen des Rauchens logisch erklären und ihrer rechten Gehirnhälfte erschreckende Bilder von Lungenkrebs zeigen. Aber wenn das Unterbewusstsein rauchen will, greift der Mensch zum Tabak. In vielerlei Hinsicht kontrolliert das Unterbewusstsein Ihr Leben, egal, ob Sie ein Einser- oder ein Sechser-Schüler sind. In den meisten Menschen geht ein *Kampf der Gehirne* vor sich, wenn es um Geld geht. Dieser Konflikt bringt viele Menschen dazu, im Rahmen ihrer finanziellen Möglichkeiten zu leben, während sie in Wirklichkeit ihren Lebensstandard verbessern und reich sein wollen.

Als Lehrer für Unternehmertum und Finanzen finde ich viele Menschen, auch gut ausgebildete, die abhängig von Armut sind. Etwas in ihrem Gehirn hält sie arm. Anstatt alles, was sie berühren, in Gold zu verwandeln, verwandelt sich alles, was sie berühren, in Blei.

Kampf der Gehirne

Als Lehrer machte mich dieser Kampf der Gehirne neugierig. Der Konflikt zwischen dem logischen und dem unlogischen Verstand des Menschen erstaunte mich. Ich erkannte, dass es bei echter Bildung nicht nur darum geht, Schülern das Lesen, Schreiben und Auswendiglernen beizubringen. Ich erkannte, dass echte Bildung alle drei Teile des Gehirns aufeinander abstimmen muss, um zu funktionieren. Anstatt dass die drei Teile des Gehirns gegeneinander arbeiten, sollten sie zusammenarbeiten. Könnte der Mensch alle drei Teile koordinieren und entfalten, hätte er eine größere Chance auf Erfolg in der realen Welt.

Das Problem bei der traditionellen Bildung ist, dass sie sich nur auf einen Teil des Gehirns konzentriert, die linke Gehirnhälfte. Mit anderen Worten: Sie könnten ein Linkshirn-Talent und im Bezug auf das Unterbewusstsein ein Idiot sein. Sie könnten in Ihrer linken Gehirnhälfte wissen, was zu tun ist, und in Ihrem Unterbewusstsein Angst davor haben, es tatsächlich zu tun. Am schlimmsten ist, dass viele Menschen die Schule verlassen, vollständig in der Lage sind zu lesen, zu schreiben und zu rechnen, aber furchtbare Angst haben zu versagen und Sicherheit statt Chancen in der realen Welt suchen. Ihnen wird beigebracht, Wissen stärker als Fantasie zu bewerten – und stärker als die Fähigkeit, alle drei Teile des Gehirns mit einzubeziehen. Nach Jahren des Strebens, die Besten zu sein, werden diese Menschen von Finanzexperten aufgefordert zu diversifizieren und im Rahmen ihrer Möglichkeiten zu leben. Für ein ängstliches Unterbewusstsein klingt dieser Rat intelligent und logisch. Über Jahre hinweg überwiesen diese Leute dann jeden Monat einen Teil ihres Gehalts an ihre Finanzexperten in der Hoffnung, dass diese wissen, was sie tun. Trotzdem sagt der reichste Investor der Welt, Warren Buffett: »Diversifizierung ist ein Schutz gegen Unwissenheit.« Und das ist es auch.

Die Welt unter der Herrschaft der linken Hemisphäre

Die Welt wird von Menschen gesteuert, die hauptsächlich von ihrer linken Gehirnhälfte Gebrauch machen. Problematisch ist, dass Menschen, die hauptsächlich ihre linke Gehirnhälfte einsetzen, denken, dass es nur eine Gehirnhälfte und nur eine Intelligenz gibt. Viele sind sich der anderen Teile des Gehirns und der Möglichkeit anderer Arten von Intelligenzen nicht bewusst. Wenn Sie eine hochgebildete Person, die hauptsächlich ihre linke Gehirnhälfte benutzt, nach der Definition von Intelligenz fragen, antwortet sie: »Wenn Sie derselben Meinung sind wie ich, sind Sie intelligent. Wenn nicht, sind Sie ein Idiot.«

In der Welt der Finanzen glauben diese Art von Menschen, dass Geldverdienen mit einer Formel nach Schema F funktioniert, einer mathematischen Gleichung. Aus diesem Grund brachen im Crash viele Fonds gleichzeitig zusammen. Die Fonds werden von akademischen Genies verwaltet, die alle nach der gleichen Formel arbeiten. Im Folgenden ein weiteres Zitat aus dem Artikel des *Wall Street Journal* vom 24. August 2007 über quantitative Fonds (Justin Lahart, *How the ›Quant‹ Playbook Failed*):

> Eine Reihe von quantitativen Fonds, die statistische Modelle verwenden, um erfolgreiche Trading-Strategien zu finden, meldeten in diesem Monat hohe Verluste. In vielen Fällen zeigten die Manager mit den Fingern auf andere quantitative Hedgefonds und sagten im Wesentlichen, dass sie alle viele der gleichen Aktien besaßen und ihre Modelle ihnen sagen würden, sie sollten zur gleichen Zeit verkaufen, was die Aktienkurse nach unten trieb und allen dabei schadete.

Mit anderen Worten, die Einser-Schüler nutzten ihre sprachliche und logisch-mathematische linke Gehirnhälfte, um an der Börse zu investieren, und kamen alle auf die gleichen Antworten, genau wie in der Schule. Und wer bezahlt den Preis für die Verluste? Nicht die Einser-Schüler. Sie haben ein regelmäßiges Gehalt. Sie sind Angestellte, keine Investoren.

Gewinnen lernen unter Verwendung des ganzen Gehirns

Warren Buffett sagte einmal: »Man muss selbst denken. Es erstaunt mich immer wieder, wie Leute mit hohem IQ gedankenlos andere imitieren.«

Als Unternehmer in der Bildungsbranche begann ich, meinen Teilnehmern beizubringen, über den Tellerrand hinauszuschauen und kreativ zu sein, anstatt andere zu imitieren. Ich war überrascht, wie beängstigend dieser Lernprozess für viele meiner Teilnehmer war. Die meisten hatten Arbeitsplatzsicherheit, eine Zauberformel für Investitionen und vermieden Fehler, sodass der schwierigste Teil meiner Aufgabe war, ihre Fesseln dieser Angst zu sprengen. Das waren kluge, erfolgreiche, gut ausgebildete Menschen, die Veränderungen vornehmen wollten. Sie waren nicht arm, erfolglos und ungebildet.

Meine Aufgabe als Lehrer war es, ihnen zu zeigen, wie sie ihre primären Intelligenzen und alle drei Teile des Gehirns nutzen können, um finanziell zu gewinnen. Ich nannte meine Geschäftsprogramme oft »Gewinnen lernen durch Verwendung Ihres ganzen Gehirns«. Um die Aufmerksamkeit der Leute auf mich zu ziehen, sagte ich oft: »Einser-Schüler arbeiten für die Dreier-Schüler, und Zweier-Schüler arbeiten für die Regierung.« Natürlich waren die Einser-Schüler darüber nicht glücklich, aber sie konnten es annehmen, nachdem ich die Logik hinter meinen Ergebnissen erklärt hatte.

Dialekte von Armen und Mittelklasse

Neurowissenschaftler haben kürzlich entdeckt, dass das Gehirn über Spiegelneuronen verfügt. Viele von ihnen glauben, dass diese Entdeckung wichtiger ist als die Entdeckung der DNA. Ein Spiegelneuron funktioniert vereinfacht gesagt wie die Redewendungen »Der Affe macht alles nach« oder »Gleich und Gleich gesellt sich gern«. Das heißt, unser Gehirn ist so programmiert, dass wir nachahmen, was wir andere tun sehen. Das erklärt, warum die Manager der quantitativen Fonds in die gleichen Aktien investieren, warum arme Menschen arm bleiben, obwohl sie viel Geld verdienen, und warum ein in England aufgewachsenes Kind einen anderen Dialekt des Englischen mit einem anderen Akzent spricht als ein in den USA oder Australien geborenes Kind.

Die Spiegelneuronen von Dialekt und Akzent begrenzen das Ausmaß unserer Welt und mit wem wir zusammenarbeiten. Viele Kinder haben es schwer, Hawaii zu verlassen, weil ihr englischer Dialekt Pidgin-Englisch ist. Kinder aus Hawaii, die Pidgin sprechen, gehen oft auf Festlandsschulen mit großen hawaiianischen Clubs, damit sie sich wohlfühlen können. Viele der Kinder an der Union School sprachen Pidgin. Den Kindern von der River-Side-Schule war es verboten, Pidgin zu sprechen. Ich glaube, dass dies einen enormen Unterschied in meinem Leben gemacht hat und ein Grund dafür ist, warum ich in New York aufs College ging und nicht auf Hawaii.

In der Geschäftswelt und der Welt des Investierens sprechen arme Menschen den Dialekt einer armen Person. Anstatt die Sprache der Geschäftswelt und des Investierens zu benutzen, sagen sie Dinge wie »Regierungsprogramme, Wohlfahrt und Unterstützung«. Die Mittelschicht hat einen anderen Dialekt. Sie sagen: »Diversifizieren und unter den finanziellen Möglichkeiten leben.« Buffett, der reichste Investor der Welt, sagt: »Es ist nicht so, dass ich Geld besitzen will. Es macht Spaß, Geld zu verdienen und meinen Reichtum wachsen zu sehen.« Auch dies ist ein Beispiel für einen anderen englischen Dialekt, der ein Gehirn mit anderen Spiegelneuronen widerspiegelt.

Jede Gruppe spricht einen anderen Dialekt. Zum Beispiel wenn Golfer zusammenkommen, sprechen sie eine ganz andere Form von Englisch. Wenn sie über einen *Birdie* sprechen, sprechen sie nicht über das Schießen von Wildvögeln auf dem Golfplatz. Wohin Sie auch immer in der Welt gehen, wenn ein Golfer zu einem anderen Golfer sagt »Ich habe einen Birdie geschossen«, weiß jeder Golfer, dass diese Person einen Schlag unter Par erreicht hat, was bedeutet, dass es ein überdurchschnittliches Spiel war.

Einfach ausgedrückt, sprechen reiche Menschen auf die gleiche Weise – einen anderen Dialekt. Es geht um verschiedene Teile des Gehirns und verschiedene Spiegelneuronen. Deshalb veränderte das Überqueren der Brücke im Alter von neun Jahren mein Leben, und deshalb lebe ich nicht im Rahmen meiner finanziellen Mittel oder diversifiziere. Deshalb fuhr ich, selbst als ich pleite war, keine billigen Autos, trug keine billige Kleidung oder lebte in einer billigen Gegend. Es ist eine Sache der Spiegelneuronen und des Lebensstandards.

Heute glauben Neurowissenschaftler, dass Spiegelneuronen die stärksten lernenden Teile unseres Gehirns sind. In der Schule erklärt es, warum einige Schüler die Lieblinge des Lehrers sind. Da die meisten Klassenlehrer hauptsächlich ihre linke Gehirnhälfte benutzen, neigen sie dazu, die Kinder mit den gleichen Intelligenzen zu bevorzugen. Auf der anderen Seite neigen diese Lehrer dazu, genau die Kinder nicht zu mögen, die künstlerische, musikalische, kreative oder kinästhetisch Lernende sind oder nicht leicht eingeschüchtert werden können. Im College dann sind die meisten Kinder, die nicht sprachlich und logisch-mathematisch begabt sind, weg vom Fenster. Sie wurden abgestempelt und aussortiert. Leider verlassen diese aussortierten Kinder oft die Schule und fühlen sich dumm. Stellen Sie sich vor, wenn Ihnen das in jungen Jahren passiert. Wie wirkt sich dieses Abstempeln auf den Rest Ihres Lebens aus?

In einem Experiment, das 1966 von den Harvard-Professoren Robert Rosenthal und Lenore Jacobson durchgeführt wurde, wurde den Lehrern gesagt, dass bestimmte Kinder in ihren Klassen Genies seien, obwohl sie es nicht waren. In fast allen Fällen erhielten diese Kinder außergewöhnlich gute Noten. Mit anderen Worten, die Forscher fanden heraus, dass es die Wahrnehmung der Intelligenz des Kindes durch den Lehrer war, die den größten Einfluss auf das Lernen eines Kindes hatte. In der Welt der Investitionen wird dies als *Einseitigkeit* bezeichnet, im Zusammenhang mit der Rassenzugehörigkeit ist das als *Vorurteil* bekannt. Dies ist ein Beispiel für die Auswirkungen von Spiegelneuronen.

Einfach ausgedrückt, bedeuten Spiegelneuronen, dass unser Gehirn wie ein Fernsehsender und -empfänger ist. Auch wenn wir nicht körperlich miteinander sprechen, kommunizieren unsere Gehirne auf sehr tiefen Ebenen. Wenn wir zum Beispiel in einen Raum gehen, können die meisten von uns sofort spüren, wer uns wohlgesinnt ist und wer nicht, obwohl nichts gesagt wird. Das ist sehr schlimm. Ich fand heraus, dass wenn ich über mich selbst kein gutes Gefühl hatte, auch die Menschen um mich herum bei mir kein gutes Gefühl hatten. In vielen Fällen sendet ein anderer nur das zurück, was ich ausstrahle. Mit anderen Worten, wenn ich denke, dass ich ein Verlierer bin, werden andere Leute mich als Verlierer ansehen.

Die gute Nachricht ist, dass Sie und ich die Wahrnehmung anderer von uns ändern können, indem wir unsere Wahrnehmung von uns selbst ändern. Dies kann durch die Anpassung unserer Spiegelneuronen erreicht werden. Es ist nicht einfach, aber es ist machbar. Zum Beispiel wenn ich meine Wahrnehmung von mir selbst nicht geändert hätte, hätte ich nie eine schöne Frau wie Kim getroffen und geheiratet, jemand wie Donald Trump wäre nicht mein Freund, und ich wäre heute nicht finanziell abgesichert. Wenn ich meine Wahrnehmung nicht bewusst verändert hätte, wäre ich wahrscheinlich immer noch ein schüchternes, dickes, armes Kerlchen, das Pidgin-Englisch spricht.

Obwohl ich eine sehr gute Schule besucht habe, verließ ich diese mit dem Gefühl, nicht intelligent zu sein. Ich verließ die Schule mit dem Gefühl, dass es Menschen gab, denen ich intellektuell nie das Wasser reichen würde. Ich war immer durchschnittlich. Als ich mich auf eine Stelle bewarb, lauteten die ersten Fragen, welche Universität ich besucht hatte und ob ich einen Masterabschluss hätte. Wenn ich einen Masterabschluss gehabt hätte, hätte ich bessere Chancen gehabt, eingestellt zu werden. Auch hier wieder: Obwohl ich in der Geschäftswelt war, stand ich immer noch in einem Klassenzimmer, in einer Welt, die von der linken Gehirnhälfte dominiert wird. Während ich 1974 bei Xerox arbeitete und der Firma versprochen hatte, dass ich meinen MBA machen würde, begann ich, das Gehirn und verschiedene Arten des Lernens und Lehrens zu erforschen. Ich suchte nach einem Weg, um zu meinen Bedingungen zu gewinnen, nicht zu ihren.

Ich wuchs in einer Familie mit Lehrern auf. Daher war mir klar, dass ihr Maß für Erfolg die Schule war, die jemand besuchte, und wie viele höhere Abschlüsse er oder sie hatte. In der Welt der Konzerne war es so ziemlich dasselbe. In den meisten großen Unternehmen wollen Arbeitgeber den Prestige-Stammbaum sehen, der mit fortgeschrittenen Abschlüssen von anerkannten Schulen einhergeht. Mit anderen Worten, Absolventen von Elite-Schulen sind besser als Absolventen staatlicher Universitäten, die besser sind als Absolventen von Community Colleges. In der Welt der großen Konzerne kann Ihnen die Schule, die Sie besucht haben, eine bessere Stelle, einen besseren Titel und ein besseres Gehalt ermöglichen. Das ist der gängige Maßstab für Erfolg.

Durch den Einfluss meines reichen Vaters wurde mir klar, dass sein Maßstab für Erfolg war, wie viel Geld er verdiente, mit welchen Menschen er Zeit verbrachte, die Freiheit zu arbeiten oder auch nicht und wie viele Arbeitsplätze er zur Verfügung stellte. Ich erkannte, dass ich mich entscheiden musste, auf welchem Maßstab des Erfolgs ich mein Leben aufbauen wollte. Da ich nicht dachte, dass ich beim Schul- und Unternehmensspiel nach der Auffassung meines armen Vaters gewinnen könnte, entschied ich mich, dass ich eine bessere Chance hatte, beim Spiel meines reichen Vaters zu gewinnen. Zu diesem Zeitpunkt begann meine eigentliche Ausbildung.

Ich beschloss, in die Fußstapfen meines reichen Vaters zu treten, als Unternehmer und Immobilieninvestor. Ich wusste, dass ich in diesen Bereichen eine bessere Chance hatte, weil die meisten Einser-Schüler Angestellte sind, die nach hochbezahlten Stellen suchen und in Wertpapiere wie Aktien, Anleihen und Investmentfonds investieren. Da ich ein Dreier-Schüler war, war mir klar, dass ich alle drei Gehirne benutzen musste, nicht nur meine linke Gehirnhälfte, wenn ich lernen wollte zu gewinnen.

Hier habe ich ein paar Fragen an Sie:

- Was ist Ihr Maßstab für Erfolg?
- Wo haben Sie die besten Chancen zu gewinnen?
- Wird Ihr Gehirn darauf trainiert zu gewinnen?
- Arbeiten die Teile Ihres Gehirns zusammen oder arbeiten sie gegen Sie?

Zwei Nachteile

Im Laufe der Jahre entdeckte ich, dass die Menschen zwei Nachteile hatten, wenn es um Geld ging. Diese sind:

Unsere Schulen lehren nicht viel über Geld. Selbst ein Einser-Schüler weiß nur sehr wenig darüber, wenn er die Schule verlässt. Darüber hinaus lernen die meisten von uns, gemäß der kürzlich entdeckten Wissenschaft der Spiegelneuronen, von Menschen etwas über Geld, die ebenfalls in finanziellen Dingen nicht intelligent sind. Deshalb haben so viele Menschen die Ambitionen eines Angehörigen des Mittelstands, das heißt im Rahmen ihrer finanziellen Möglichkeiten zu leben, Geld zu sparen und sich von Schulden fernzuhalten.

Unsere Schulen stärken das Unterbewusstsein nicht. Schulen sind genau genommen eher auf Angst statt auf Bildung angewiesen, um zu motivieren; eher darauf, Schüler zu bedrohen, als ihnen etwas beizubringen; etwas nachzumachen, anstatt etwas Neues zu entwickeln, Fehler zu bestrafen, statt zu ermutigen, auf Nummer sicher zu gehen, anstatt größer zu denken, und zu sagen, was jemand hören will, und nicht, was er zu hören kriegen müsste.

Aufgrund dieser beiden Faktoren kaufen viele Menschen, wenn sie verkaufen sollten, sparen, wenn sie Geld ausgeben sollten, geben Geld aus, wenn sie sparen sollten, sind ängstlich, wenn sie mutig sein sollten, und sind mutig, wenn sie ängstlich sein sollten.

Beispiele für solch unkontrolliertes, irrationales, finanziell unkluges, unbewusstes Verhalten unseres Gehirns sind:

1. Alle quantitativen Fonds verkauften gleichzeitig und verursachten einen Einbruch der Preise auf dem Markt, weil sie alle in die gleichen Aktien investiert hatten. Sie verkauften, als sie hätten kaufen sollen. Panik kommt aus dem Unterbewusstsein. Das Kopieren oder Nachahmen wird von der Angst gespeist, anders zu sein. Also tun sie dasselbe, anstatt kreativ zu sein und es zu riskieren, anders zu denken.
2. Wenn Menschen eine Gehaltserhöhung erhalten oder zu etwas Geld kommen, geben sie es oft aus, weil sie sich gut fühlen, anstatt schlechte Schulden zurückzuzahlen. Ich kenne einen Herrn, der fast 1 Million Dollar von seinen Eltern geerbt hat. Sofort kaufte er ein großes Haus und zwei neue Autos auf Kredit. Anstatt aus schlechten Schulden herauszukommen, trieb ihn seine Euphorie in noch größere Schulden. Heute ist er pleite und versucht, sein Haus zu retten.
3. Wenn die Wirtschaft schwächelt, übernimmt in vielen Unternehmen die »Verkaufs-Vermeidungs-Abteilung« die Kontrolle. Wenn der Umsatz sinkt, reduzieren die meisten Unternehmen die Werbungskosten, das Budget für Verkaufsförderung und die Anzahl ihrer Mitarbeiter im Verkauf. Anstatt zu sparen, muss ein Unternehmen in solchen Zeiten Geld ausgeben. Bei einer schlechten Wirtschaftslage muss das Unternehmen mehr für Werbung und Verkaufsförderung ausgeben, mehr Verkäufer einstellen, mehr Verkaufsanreize bieten und kreativer sein. Mit anderen Worten, häufiger die rechte Gehirnhälfte benutzen und mehr kommunizieren. Anstatt dass die Abteilung für Verkauf und Kundenakquise die Leitung übernimmt, übernimmt die Verkaufs-Vermeidungs-Abteilung die Leitung. In der Verkaufs-Vermeidungs-Abteilung der meisten Unternehmen arbeiten hauptsächlich die linke Gehirnhälfte benutzende Menschen wie Buchhalter, Anwälte und Angestellte. Das sind im Allgemeinen Menschen mit stark ausgeprägter linker Gehirnhälfte, aber verängstigtem Unterbewusstsein. Wenn die Verkaufs-Vermeidungs-Abteilung das Ruder übernimmt, verlieren viele Mitarbeiter ihren Arbeitsplatz. Meiner Meinung nach sollte in schwierigen Zeiten eher die Verkaufs-Vermeidungs-Abteilung ein paar Mitarbeiter entlassen.

Das Unterbewusstsein denkt, dass es intelligent ist. Das Problem mit dem Unterbewusstsein ist, dass es Ihr größter Freund oder Ihr schlimmster

Feind sein kann. Es braucht einen Menschen mit höherer Intelligenz, um zurückzutreten und objektiv zu bestimmen, welches Gehirn gerade spricht – der Freund oder der Feind. Wenn es um hochemotionale Themen wie Geld, Sex, Religion und Politik geht, braucht es einen hoch entwickelten Intellekt, um loszulassen, die Sichtweise auszudehnen, objektiv zuzuhören und dann sowohl mit dem linken als auch mit dem rechten Gehirn klar denken zu können. Das Problem mit dem Unterbewusstsein ist, dass es reaktiv, nicht intelligent und nicht in der Lage ist, Vor- und Nachteile abzuwägen.

Mit einem Idioten streiten

Es ist unmöglich, bei einem Gespräch mit einer Person, die aus ihrem Unterbewusstsein heraus spricht, auf Logik zu bauen, weil das Unterbewusstsein nicht logisch funktioniert. Das Unterbewusstsein kann nicht denken. Es kann nur reagieren. Problematisch ist, dass wenn Menschen aus ihrem Unterbewusstsein sprechen, sie immer noch denken, dass sie logisch und intelligent sind. Zum Beispiel wenn ich vorschlage, dass ein Geschäftsmann Geld investiert, anstatt während einer Rezession zu sparen, übernimmt in den meisten Fällen das Unterbewusstsein das Ruder und beginnt, dem Geschäftsmann die logischen Gründe zu geben, warum er oder sie zurückrudern sollte, Mitarbeiter entlassen und in einen Geldsparmodus gehen muss. Für die meisten Geschäftsleute ist das logisch und intelligent. Sie wollen nicht noch mehr lernen. Ihre Entscheidung ist gefallen. Das Gehirn ist neuen Ideen gegenüber verschlossen.

Wenn Sie hartnäckig am Problem bleiben, wird der Verstand defensiv. Die Mauern gehen hoch, und anstatt zu fliehen, wollen sie kämpfen. Sie wollen ihre Entscheidung verteidigen und recht haben. Anstatt zu lernen, werden sie zu Idioten. Das Problem beim Streiten mit einem Idioten ist, dass es bald zwei Idioten gibt: Sie und die Person, mit der Sie sich streiten.

Einer der Gründe, warum arme Menschen arm bleiben, ist, dass sie das Unterbewusstsein eines armen Menschen haben. Wenn ich mit Menschen spreche, die finanziell zu kämpfen haben, werden viele ihr Recht verteidigen, arm zu sein. Sie sagen Dinge wie »Ich bin lieber glücklich als reich« oder »Man muss ein Gauner sein, um reich zu werden«. Wenn man mit ihnen diskutiert, um ihren Geist für neue Ideen zu öffnen, wird ihr Unterbewusstsein oft verschlossener und selbstgerechter. Bald gibt es zwei Idioten, die sich freundlich streiten.

Ein ähnliches Ereignis tritt bei vielen Mitarbeitern und hochbezahlten Führungskräften auf, die ihre Stelle mögen, aber etwas anderes tun wollen. Anstatt zu tun, was sie wollen, kommt ihr Unterbewusstsein mit logischen und vernünftigen Gründen daher, warum sie es nicht können. Wenn man ihnen sagt, wie hoch die Steuern sind, die sie als hochbezahlte Angestellte zahlen, antworten sie vielleicht: »Na ja, Steuern muss man halt zahlen.« Wenn sie über bessere Investitionen, höhere Renditen und weniger Steuern informiert werden, antworten sie vielleicht: »Das klingt riskant.« Aus Angst verschließen sie ihren Verstand vor neuen Möglichkeiten. Wenn Sie sich mit einem solchen Menschen streiten, gibt es bald wieder zwei Idioten.

Ändern Sie Ihre Umgebung, um Ihr Leben zu verändern

In meiner Forschung über Bildung und wie wir lernen wurde sehr deutlich, dass die Umwelt der mächtigste Lehrer von allen ist. Deshalb ist die neueste Erkenntnis von Neurowissenschaftlern, die Spiegelneuronen im Gehirn untersuchen, so wichtig. Die Wissenschaft findet endlich heraus, was viele von uns bereits wussten: Ändern Sie zuerst Ihre Herangehensweise und Grundhaltung, um Ihr Leben zu verändern.

Die meisten von uns wissen, wenn wir Gewicht verlieren wollen, haben wir eine bessere Chance auf Erfolg, wenn wir in ein Fitnessstudio gehen anstatt ins Restaurant. Wenn wir lernen wollen, könnte es besser sein, in der Stille einer Bibliothek zu arbeiten, als zu versuchen, beim Autofahren zu lesen (ich habe Menschen gesehen, die es tun). Wenn wir uns entspannen wollen, verlassen wir die Arbeit und gehen an den Strand oder besteigen einen Berg. Und wenn Sie reich werden wollen, müssen Sie eine Umgebung finden, die es Ihnen ermöglicht, reicher zu werden, eine Umgebung, die alle drei Gehirne stärkt. Ironischerweise sind Arbeit und Schule für die meisten Menschen nicht das richtige Umfeld dafür.

Die Macht des Umfelds

Wenn Sie reicher und erfolgreicher werden wollen, ist es wichtig, dass Sie ein Umfeld finden, das es allen drei Gehirnen ermöglicht zu wachsen und ihnen die Zeit gibt, sich zu entwickeln.

1974 erkannte ich, dass ich niemals bei einem Einser-Schüler eingestellt werden würde. Zum Beispiel würde mich ein Arzt oder Anwalt nie einstellen, weil Ärzte und Anwälte akademisch und beruflich kluge Menschen um sie herum brauchen. Weder will ein Arzt eine ungeschickte Krankenschwester noch möchte ein Anwalt eine inkompetente Anwaltsassistentin.

Da ich ein Dreier-Schüler war, musste ich einen Weg finden, um Einser-Schüler dazu zu bringen, für mich zu arbeiten. Das ist der Zeitpunkt, an dem ich mich entschied, wie mein reicher Vater zu sein und ein Unternehmer und Immobilieninvestor zu werden und nicht wie mein armer Vater, der ein Einser-Schüler und Lehrer war. Ich entschied mich, Unternehmer und Immobilieninvestor zu werden, weil ich ein langsamer Lerner bin und wusste, dass ich Zeit für meine Entwicklung brauche. Ich hatte nicht vor, schnell reich zu werden. Ich suchte eine Umgebung, die zu mir passte, in der ich viel Zeit damit verbringen konnte, langsam zu lernen.

Ein weiterer wichtiger Grund für mich, Unternehmer zu werden, war, dass ich mich mit intelligenten Menschen umgeben konnte. Ich weiß, dass ich weder sprachlich noch mathematisch begabt bin, also brauche ich diese Leute als Teil meines Teams. Ich bin immer noch ein durchschnittlicher Schriftsteller, durchschnittlich in Mathe und schrecklich, wenn es um Details geht. Wenn es um Sport ging, wusste ich, dass ich besser in Mannschaftssportarten wie Fußball, Rugby und Rudern bin. Ich bin nicht gut in Einzelsportarten wie Golf oder Tennis. Da ich das über mich selbst wusste, erschien es mir logischer, mich mit intelligenten Leuten zu umgeben, die auch gern in einem Team arbeiteten.

Ich habe auf die harte Tour herausgefunden, dass viele kluge Köpfe nicht gut in Teams sind, weshalb sie sich in der Schule hervortaten und die Tests alleine geschafft haben. In meiner Welt der Unternehmen werde ich jeden Tag geprüft, aber nicht als Einzelperson. In meiner Unternehmerwelt mache ich meine Tests und löse meine Probleme mit einem Team von klugen Köpfen. Mit anderen Worten, mein Genie kommt in einem Team zum Vorschein. Für andere, wie Tiger Woods, kommt das Genie als Individuum zum Vorschein. Die Frage ist hier, ob es Ihnen als Einzelperson oder im Team besser geht?

Machen Sie es auf Ihre Weise

Ich meine nicht, dass Sie Unternehmer oder Immobilieninvestor sein müssen. Ich sage Ihnen nicht, dass Sie tun sollen, was ich tue. Was ich meine, ist, dass Sie vielleicht eine Lernumgebung in Betracht ziehen sollten, die

Ihre Gewinnchancen im Spiel der Finanzen verbessert. Finden Sie Ihr eigenes Umfeld und Ihren eigenen Weg zum finanziellen Erfolg. Wenn Sie zum Beispiel denken, dass Sie ein Profigolfer werden können, müssen Sie logischerweise viel mehr Zeit in einem Golfclub verbringen, um mit den besten Golfspielern zu spielen, die Sie finden können, und so Ihre Spiegelneuronen in Ihrem Gehirn zu aktivieren.

Die Entdeckung von Spiegelneuronen im Gehirn ist für mich von Bedeutung, weil ich seit 1974 die meiste Zeit mit Unternehmern und Immobilieninvestoren verbracht habe. Ich bin ständig auf der Suche nach Möglichkeiten, Geschäfte mit großen Unternehmern und Immobilieninvestoren zu tätigen. Deshalb war es mir so wichtig, 2006 ein Buch mit Donald Trump zu schreiben. Es ging dabei um mehr als nur das Buch. Es war für mich eine großartige Gelegenheit, meine Spiegelneuronen zu aktivieren, indem ich Zeit mit einem großen Mann verbringe. Die Zeit mit ihm brachte meine Sichtweise auf die Geschäftswelt, das Leben und den Lebensstandard auf eine ganz neue Ebene. Es ist vergleichbar mit der Erfahrung, die ich mit neun Jahren gemacht habe, als ich die Brücke zu den Häusern meiner reichen Freunde überquerte.

Finden Sie Ihre Umgebung

Heute bitten mich viele Business Schools, in ihren Kursen für Unternehmer Vorträge zu halten. Eine häufige Frage, die sich die Studenten im Zusammenhang mit dem ersten Aspekt der finanziellen Intelligenz stellen, mehr Geld verdienen, ist: »Wie finde ich Investoren?« Oder: »Wie schaffe ich Kapital?« Ich verstehe die Frage, denn es war eine Frage, die mich beschäftigte, als ich die sichere Anstellung bei Xerox verließ und Unternehmer wurde. Ich hatte kein Geld, und niemand wollte in mein Unternehmen investieren. Die großen Risikokapitalgesellschaften klopften nicht an meine Tür.

Meine Antwort an die Studenten der Business Schools lautet: »Sie machen es einfach. Sie machen es, weil Sie es tun müssen. Wenn Sie es nicht tun, sind Sie aus dem Geschäft draußen. Obwohl ich heute genug Geld habe, ist alles, was ich tue, Kapital einzuwerben. Mein Freund Donald Trump tut auch genau das. Seine Aufgabe ist es, Kapital zu beschaffen. Das ist die Aufgabe Nummer eins eines Unternehmers. Als Unternehmer beschaffen wir Kapital von drei Personengruppen. Das sind Ihre Kunden, Investoren und Mitarbeiter. Ihre Aufgabe als Unternehmer ist es, Ihre Kunden dazu zu bringen, Ihre Produkte zu kaufen. Wenn Sie Kunden dazu bringen können, Ihnen durch den Kauf Ihrer Produkte Geld zu geben, werden Ihre Investoren Ihnen Geld geben. Wenn Sie Mitarbeiter haben, ist es Ihre Aufgabe, diese dazu zu bringen, mindestens zehnmal mehr Geld zu generieren und zu verdienen, als Sie ihnen zahlen. Wenn Sie Ihre Mitarbeiter nicht dazu bringen können, mindestens zehnmal mehr zu produzieren, als Sie ihnen zahlen, sind Sie aus dem Geschäft ausgeschieden, und wenn Sie aus dem Geschäft ausgeschieden sind, müssen Sie kein weiteres mehr Geld beschaffen.«

Das ist natürlich keine Antwort, wie sie die meisten MBA-Studenten hören möchten. Die meisten suchen nach der Zauberformel, dem Geheimrezept, dem schnellen Businessplan zum Reichtum. Viele Business-School-Lehrer winden sich dabei, weil die meisten von ihnen Unternehmertum lehren, aber selbst keine Unternehmer sind. Die meisten brauchen noch eine feste Stelle, ein Gehalt, und hoffen auf eine Anstellung auf Lebenszeit. Auch dies ist ein Effekt der Spiegelneuronen in unserem Gehirn: Sie können nicht mit den entgegengesetzten Gedanken übereinstimmen, die sie dazu bringen, sich zu winden. Viele Business Schools würden lieber CEOs für Vorträge engagieren, die eher Mitarbeiter als Unternehmer sind.

Die Augen sagen die Wahrheit

Während ich über meine Ansichten spreche, was es braucht, um Kapital zu beschaffen, beobachte ich die Augen der Studenten. Bei 70 bis 90 Prozent von ihnen sehe ich Angst. Ihre Augen werden glasig und ihre Atmung flach. Blut ist aus dem linken und rechten Gehirn in das primitive Gehirn, den ältesten Teil des Unterbewusstseins, geflossen. Umgekehrt schmunzeln und lächeln etwa 10 Prozent der Teilnehmer. Sie mögen meine Antwort. Ihre Augen werden heller, und sie werden aufgeregt. Sie wissen, dass sie gewinnen können. Sie wissen, dass sie ihre Studienkollegen übertreffen können. Sie wissen, dass sie Unternehmer sein können. Trotz einer Umgebung, die von der Angst vor dem Scheitern lebt, feuern die Synapsen aller drei Areale des Gehirns unisono.

Die drei Teile des Gehirns entwickeln

Diejenigen unter Ihnen, die mein CASHFLOW-Spiel schon einmal gespielt haben, erinnern sich vielleicht daran, dass ein hohes Maß an finanziellem IQ sowohl das Wissen der linken Gehirnhälfte als auch die Kreativität der rechten Gehirnhälfte erfordert, um das Spiel zu gewinnen. Da es sich nur um ein Spiel handelt, das mit Spielgeld gespielt wird, ist die Angst vor dem Scheitern oder Verlust von Geld stark reduziert, sodass das Unterbewusstsein mehr oder weniger neutral bleibt. Sobald man das Spiel versteht, breiten sich im Unterbewusstsein statt Angst Aufregung und Freude am Gewinnen aus. Das Lernen macht Spaß und ist spannend. Alle drei Teile des Gehirns werden gefördert und entwickelt. Neue Möglichkeiten eröffnen sich für eine erweiterte Ganzheit des Gehirns.

Der Lernkegel

Im Jahr 2005 führte die Arizona State University eine Studie über den Einsatz meines Spiels im Unterricht für Wirtschaftsstudenten im Bereich Rechnungswesen und Investitionen durch. Ihre Funde waren äußerst positiv. Sie kamen zu dem Schluss, dass die Schüler tatsächlich schneller lernten und das Wissen länger behielten, als wenn sie auf andere Weise lernten.

Die Universität stellte mir auch den Lernkegel vor, der unten dargestellt ist.

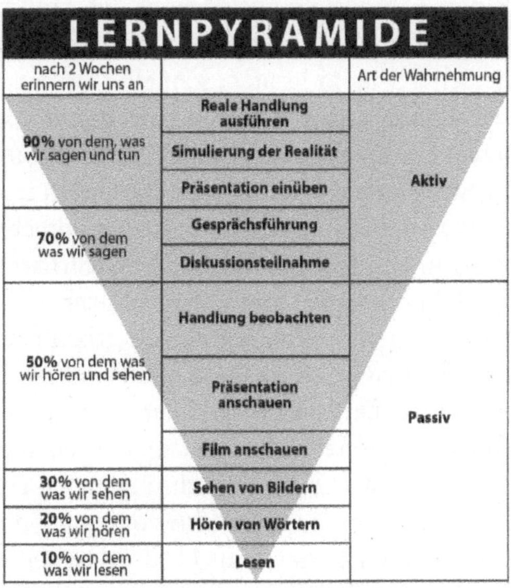

Quelle: Lernpyramide basiert auf »Cone of Learning« von Edgar Dale, *Audio-visuelle Methoden in der Lehre,* 3. Ausgabe, 1969. Nachdruck mit Genehmigung von Wadsworth, einer Abteilung von Thomson Learning: www.thomsonrights.com. Fax 800-730-2215.

Die zweitbeste Art zu lernen

Wie Sie der Abbildung auf Seite 211 entnehmen können, ist Lesen der schlechteste Weg zu lernen, und der zweitschlimmste ist, einen Vortrag zu hören – die beliebtesten Unterrichtsmethoden an traditionellen Schulen. Oben in dem Kegel steht »etwas tatsächlich zu tun«. Als ich den MBA-Studenten sagte, dass sie einfach rausgehen und es tun sollten, erstarrten viele vor Schreck. Offensichtlich gibt es eine Kluft zwischen dem Lesen und Präsentieren und dem Überleben in der realen Welt.

Die Studie der Arizona State University wies darauf hin, dass knapp unter dem realen Erleben Simulationen oder Spiele stehen. Die Studie bestätigte den Lernkegel und dass unser Spiel der zweitbeste Weg ist, um mehr über die linkshändige Logik in Verbindung mit der rechtshändigen Kreativität von Vermögensverwaltung, Rechnungswesen und Investitionen zu lernen. Anstatt unbewusst ängstlich zu sein, machte das Lernen Spaß und motivierte. Die Schüler fühlten sich selbstbewusster, ermächtigter, lernwilliger und besser in der Lage, das Gelernte anzuwenden.

Die Ergebnisse der Universität stimmten mit meinen Erkenntnissen als Unternehmer in der Bildungsbranche überein. Ich fand heraus, dass, indem ich mich auf Howard Gardners vierte Intelligenz, Körper-Kinästhesie, konzentrierte, die Schüler mehr lernten, schneller lernten, mehr Spaß hatten und die Informationen länger behielten. Anstatt nur Vorträge zu halten, spielten wir verschiedene Spiele, um verschiedene Erfahrungen zu machen. Ich motivierte die Studenten dazu, das Spiel zu spielen und Fehler zu machen. Im Anschluss an das Spiel gab es eine Nachbesprechung.

Das Lernen war kraftvoll, weil Spiele alle drei Gehirnareale einbeziehen. Oftmals waren die Teilnehmer verärgert, wütend oder traurig. Sie mochten die Fehler nicht, die sie gemacht hatten. Einige gaben dem Spiel oder anderen Teilnehmern die Schuld. Diese Emotionen sind alle Teil des Lernprozesses, in meinem Unterricht und im wirklichen Leben. Meine Aufgabe als Seminarleiter war es, die Teilnehmer von Schuldzuweisungen und Emotionen wegzulenken und sie stattdessen zu ermutigen, die Lektion zu lernen, die das Spiel lehrte. Nachdem die Teilnehmer ihre persönlichen Lektionen aus dem Spiel gelernt hatten, fingen manche an zu lachen und sagten: »Ich wusste nicht, dass ich das Gleiche im wirklichen Leben tue.« Sobald sie erkennen, dass es eine Beziehung zwischen dem Verhalten im Spiel und dem wirklichen Leben gibt, haben die Teilnehmer die Möglichkeit, Änderungen vorzunehmen, wenn sie bereit dazu sind. In diesem Moment der

Erkenntnis, dem Aha! des Lebens, arbeiten alle drei Teile des Gehirns zusammen. Sobald dies der Fall ist, ist der Teilnehmer oft offen dafür, mehr zu lernen und zu wachsen. Eine großartige Erfolgsgeschichte ereignete sich kürzlich in einem Jugendclub in einem sehr armen Teil von Phoenix. Ein Team aus meinem Unternehmen hatte dort einen CASHFLOW-Club gegründet. Wieder einmal war die Vermittlung von Finanzwissen durch ein Spiel sehr kraftvoll, tief greifend und lebensverändernd. Ein besonderer Teilnehmer war ein Schüler, der vom Schulsystem als lernbehindert eingestuft und in eine Klasse für langsam Lernende eingeteilt worden war. Nachdem er das CASHFLOW-Spiel mehrmals mit seinen Freunden gespielt hatte, begann er langsam, seine Lese- und Mathematikkenntnisse zu verbessern. Heute ist er in einer normalen Klasse. Dies hat die Koordination aller drei Teile des Gehirns in einer kooperativen, gleichrangigen Lernumgebung bewirkt.

Verändern Sie Ihre Umgebung ... verändern Sie Ihr Leben

Als Unternehmer im Bildungssektor wurde mir klar, dass das Umfeld der stärkste Lehrer von allen ist. Ich erkannte, dass ich lehren und informieren konnte, aber wenn der Teilnehmer in die gleiche Umgebung zurückkehrte wie zuvor, war die Wirkung dessen, was ich lehrte, geringer. Mit anderen Worten, wenn die Person zu der Stelle zurückkehrte, bei der Fehler bestraft und Kreativität unterbunden wurden, war das, was ich beigebracht hatte, von geringem Wert. Die alte Umgebung hatte gewonnen.

Es gibt ein altes Sprichwort, das besagt: »Wenn ich wüsste, wo ich sterben werde – würde ich nicht dorthin gehen.« Heute weiß ich, dass es Millionen von Menschen gibt, die sich in einer Umgebung befinden, die nicht die beste für sie ist, um sich persönlich weiterzuentwickeln, zu lernen und Reichtum zu erlangen. Ihre Arbeits- und Lebenswelten bieten keine Gelegenheit, ihre finanzielle Intelligenz zu steigern und ihren Reichtum zu erhöhen. Statt reicher zu werden, werden sie zu Gefangenen ihrer Büros und Häuser. Anstatt Erfolg zu suchen, leben die meisten Menschen in einer Umgebung, die sie belohnt, wenn sie auf Nummer sicher gehen und keine Fehler machen. Aber wie Paul Tudor Jones sagt: »Man lernt aus Fehlern, nicht aus Erfolgen.«

Entdecken Sie Ihr Genie

Damit Menschen ihr Genie entwickeln können, müssen sie das Umfeld finden, das die Entwicklung ihres Genies unterstützt. Zum Beispiel ist der Golfplatz die richtige Umgebung für Tiger Woods. Als Jockey hätte er sich nicht gut gemacht. Donald Trump fand seine Stärke in der harten Welt der New Yorker Immobilien. Dieses Umfeld forderte ihn heraus, lehrte ihn viel und entwickelte seine Fähigkeiten.

Dies ist kein einfacher Prozess. Wie Sie wissen, arbeitet Tiger Woods sehr hart daran, ein Golfgenie zu sein. Donald Trump arbeitet sehr hart daran, ein Genie in der Immobilienentwicklung zu sein. Wenn Sie jemals die Gebäude gesehen haben, die er in Manhattan und auf der ganzen Welt entwickelt hat, erkennen Sie seinen Antrieb schnell. Oprah überlebt und gedeiht im sehr schwierigen Umfeld des Fernsehens.

Einer der Gründe, warum viele Menschen ihr Genie nicht entwickeln, ist einfach, dass sie faul sind. Viele gehen einfach zur Arbeit, um ein Gehalt zu kassieren. Es ist einfacher für sie, durchschnittlich zu sein, als hart daran zu arbeiten, ihr Genie zu entwickeln.

Meine Fragen an Sie sind: »Was glauben Sie, was Ihr Genie ist und welches Umfeld für Sie am besten ist, um es zu entwickeln?« Eine weitere wichtige Frage ist: »Haben Sie den Mut, Ihr Umfeld zu wechseln?« Stellen Sie sich Ihre Zukunft vor – wie sieht sie aus, wenn Sie Ihre Umgebung verändern?

Für viele Menschen sind die Antworten auf diese Fragen »Ich weiß nicht« oder einfach »Nein«. Für die meisten Menschen ist das Wohlbefinden wichtiger als das Entdecken und Entwickeln ihres Genies. Es ist viel einfacher, durchschnittlich zu bleiben, hart zu arbeiten, ein Gehalt zu bekommen, Geld zu sparen, in Investmentfonds zu investieren und im Rahmen ihrer Mittel zu leben. Wenn es das ist, was Sie wollen, dann machen Sie so weiter wie bisher.

Jeder von uns ist anders. Wir alle haben unterschiedliche Stärken und Schwächen. Deshalb empfehle ich nicht, dass jeder das tut, was ich getan habe. Auch wenn es ziemlich einfach ist, Unternehmer zu werden, weiß ich, dass es nicht einfach ist, ein reicher Unternehmer zu werden. Die Welt ist voller durchschnittlicher Unternehmer. Das Gleiche gilt für Immobilien. Die Welt ist voller Immobilieninvestoren, die nicht viel Geld verdienen.

Was ich hier sagen möchte, ist: Wir alle haben ein einzigartiges Talent oder Genie. Wer reich, vielleicht sogar superreich werden will, muss ein Umfeld finden, das es ihm ermöglicht, sein Genie zu entwickeln und anzuwenden.

Das ist nicht einfach, aber es ist möglich, wenn Sie engagiert sind und den Mut haben zu gewinnen. In der Praxis sind Engagement und Antrieb wertvoller als gute Noten.

Ein Umfeld, das Sie reich macht

Wenn Sie reicher werden wollen, ist es wichtig, Ihr Umfeld kontinuierlich zu verbessern. Deshalb schüttle ich jedes Mal den Kopf, wenn einige Experten empfehlen, dass Sie im Rahmen Ihrer Mittel leben. Wenn Sie im Rahmen Ihrer Mittel leben, leben Sie ständig in einer Umgebung von »weniger«. Jedes Mal, wenn ich als kleiner Junge die Brücke zur Nachbarschaft meiner reichen Freunde überquerte, nahm mein Gehirn auf, wie es ist, auf einem höheren Lebensstandard zu leben – einem Standard, auf dem ich leben wollte. Mein Gehirn suchte nach Wegen, wie ich einen solchen Lebensstandard erreichen konnte.

Dies bedeutet nicht, dass Sie ein großes Haus, protzige Autos, neue Kleider und eine Menge schlechter Schulden anhäufen müssen. Was ich meine, ist, sich selbstbewusst und intelligent herauszufordern und Ihren Lebensstandard zu verbessern, indem Sie Ihre finanzielle Intelligenz erhöhen.

Der beste Weg, Ihre finanzielle Intelligenz zu erhöhen, ist, indem Sie zuerst das Umfeld finden, in dem Ihr Genie wachsen und gedeihen kann. Das kann so einfach sein, wie in eine Bibliothek zu gehen und ein Buch über jemanden zu lesen, der so ist, wie man selbst sein möchte, oder indem man sich Zeitschriften mit Bildern von imposanten Häusern ansieht. Der erste Schritt ist, bewusst damit zu beginnen, Ihre Spiegelneuronen in Richtung des Lebensstandards und der Menschen zu stimulieren, die Sie anstreben.

Zusammenfassung

Finanzschwache Menschen sind Menschen, die dazu neigen, ihre Intelligenz nicht zu entwickeln. Sie suchen nach einem einfachen Umfeld und einfachen Antworten. Das sind Menschen, die herumgeschubst werden, zu viel an Steuern zahlen, hart arbeiten und im Rahmen ihrer Mittel leben. Sie mögen intelligente Menschen und Akademiker sein, aber ohne die Entwicklung aller drei Teile ihres Gehirns im Bereich Finanzen werden sie höchstwahrscheinlich finanziell schwach bleiben.

Erfolg erfordert ein gewisses Maß an geistiger und körperlicher Belastbarkeit. Wenn Sie Ihre linke Gehirnhälfte trainieren können, das Thema zu verstehen, Ihre rechte Gehirnhälfte einschalten, um kreative Lösungen zu entwickeln, Ihr Unterbewusstsein eher aufgeregt als ängstlich halten und dann aktiv werden und gleichzeitig bereit sind, Fehler zu machen und zu lernen, können Sie Magie wirken. Sie können Ihr Genie entwickeln.

Kapitel 10

Entwicklung Ihres finanziellen IQs

Einige praktische Anwendungen

In diesem Buch ging es um die Entwicklung Ihrer finanziellen Intelligenz und die Erhöhung Ihres finanziellen IQs. Wie ich bereits schrieb, muss man Integrität in alle fünf Aspekte der finanziellen Intelligenz bringen, um reich und erfolgreich zu werden. Ich weiß, dass das einfacher gesagt als getan ist. Die Entwicklung der fünf Aspekte der finanziellen Intelligenz ist ein lebenslanger Prozess, der nicht an einem Tag oder gar in einem Jahr abgeschlossen werden kann. Ich arbeite ständig daran, meine Intelligenz weiterzuentwickeln, und ich ermutige Sie, dasselbe zu tun. Dieses Kapitel bietet einige praktische Möglichkeiten, um Ihren finanziellen IQ zu verbessern.

Viele Finanzberater empfehlen, langfristig zu investieren. Die meisten von ihnen beabsichtigen in Wirklichkeit, dass Sie Ihr Geld an sie übergeben, damit sie langfristig Provisionen kassieren können. Das Problem mit diesem Ratschlag ist, dass man nicht viel lernt, wenn überhaupt irgendetwas. Am Ende der langen Zeit sind Sie nicht unbedingt finanziell schlauer, und Sie haben Ihren finanziellen IQ nicht weiterentwickelt. Darüber hinaus investieren die meisten langfristigen Investoren in risikoreiche Anlagen, die niedrige Renditen und sehr wenig Kontrolle bieten.

Anstatt blind dem Rat Ihres Finanzberaters zu folgen, sollten Sie vielleicht in langfristig vorübergehende Umgebungen investieren, die alle drei Teile des Gehirns stärken und Gelegenheiten bieten, Ihren finanziellen IQ zu steigern. Sie sollten nach vorübergehenden Umgebungen suchen, die alle drei Teile Ihres Gehirns und Ihr Talent auf praktische Weise entfalten. Einige Beispiele für vorübergehende Umgebungen sind:

1. Schule, Studium und Ausbildung. Die Schule ist für die meisten Menschen eine vorübergehende Umgebung. Unterricht ist eine gute Möglichkeit, die

Funktionen der linken und rechten Gehirnhälfte zu verbessern. Das Problem bei herkömmlichen Schulen ist, dass sie keine Umgebung für die Entfaltung des Unterbewusstseins sind, den wirksamsten der Teile des Gehirns. Die meisten herkömmlichen Schulen stärken die Spiegelneuronen der Angst vor dem Versagen und der Angst vor Fehlern.

2. Kirche. Ich habe festgestellt, dass es zwei Arten von Kirchen gibt: Kirchen, die die *Liebe* Gottes lehren, und Kirchen, die die *Angst* vor Gott lehren. Ich weiß nicht, wie effektiv die Angst vor Gott sein kann, aber meiner Meinung nach ist die Kirche ein großartiger Ort, um die mentale Kraft zu entdecken, die das Unterbewusstsein stärkt. Hoffentlich ist ein Mensch mit größerer mentaler Kraft besser in der Lage, auf der Basis einer höheren Ebene von Ethik, Moral und Großzügigkeit zu handeln.

3. Das Militär. Die Marineinfanterie war eine großartige Umgebung für mich, um alle drei Teile meines Gehirns zu entwickeln. Als Pilot benötigte man alle Teile des Gehirns und alle sieben Intelligenzen, sogar die musikalische Intelligenz. Oft spielten wir Rock 'n' Roll-Musik, um uns Mut zu machen, wenn wir in den Kampf flogen. Heute glaube ich, dass ich ein besserer Unternehmer bin, besonders wenn ich Geld verliere, weil ich gelernt habe, meine intrapersonelle Intelligenz zu verbessern und meine Ängste unter Kontrolle zu halten.

4. Network-Marketing. Die meisten Network-Marketing-Unternehmen sind unglaubliche Lernumgebungen, weil sie Training, Support, Geschäftsstruktur und Produkte anbieten, sodass Sie sich auf die Entwicklung Ihrer Verkaufsfähigkeiten und den Aufbau Ihres Unternehmens konzentrieren können. Ich empfehle jedem, der Unternehmer werden möchte, sich einem Network-Marketing-Unternehmen anzuschließen, um einige der besten realitätsnahen Business-Ausbildungen voller praktischem Wissen zu absolvieren. Diese Unternehmen konzentrieren sich auf die Entfaltung aller drei Teile des Gehirns, insbesondere auf die Stärkung des Unterbewusstseins.

Ausbildungsprogramme im Network-Marketing sind ideal für die Entwicklung Ihrer zwischenmenschlichen Intelligenz und Ihrer intrapersonellen Intelligenz. Der Ausbau dieser beiden Intelligenzen wird Ihr Leben verändern und Ihren Lebensstandard steigern, denn Sie lernen, die Angst vor anderen Menschen und die Angst vor dem Versagen zu überwinden. Das Beste am Lernen im Network-Marketing-Umfeld ist, dass es sich – anders als bei Schulen und Unternehmen – nicht um eine angstgesteuerte, sondern eine unterstützende Umgebung handelt. Anstatt Sie durchfallen zu lassen oder Ihnen wegen unterdurchschnittlicher Leistung zu kündigen, arbeiten die meisten Network-Marketing-Unternehmen daran, Sie zu stärken, solange Sie bereit sind zu lernen und zu wachsen. Ich kenne eine Reihe von Leuten, die fünf Jahre bei einem Network-Marketing-Unternehmen verbracht haben, bevor sie endlich ihre Zweifel und Ängste überwanden. Als sie das schafften, strömte auch das Geld herein.

5. Unternehmen. Es gibt grundsätzlich zwei Arten von Unternehmen – große und kleine. Große Unternehmen können ein großartiger Ort sein, um alle Teile des Gehirns zu entwickeln, besonders das Unterbewusstsein. Der Druck, mit dem meine Freunde in diesen großen Unternehmen fertigwerden müssen, ist enorm. Wie sie es machen, weiß ich nicht. Die Psychospielchen und die Intrigen bieten großartige Möglichkeiten, Ihre zwischenmenschlichen und intrapersonellen Intelligenzen zu trainieren.

Für Menschen, die Unternehmer werden wollen, kann eine Stelle in einem kleinen Unternehmen eine großartige Lernumgebung sein. Ein Vorteil, den ein kleines Unternehmen gegenüber einem großen bietet, ist, dass Sie über alle verschiedenen Aspekte des Geschäftslebens etwas lernen können. In meinem Buch *Bevor Du deinen Job kündigst* beschreibe ich die acht wesentlichen Komponenten eines Unternehmens. Durch die Arbeit in einem kleinen Unternehmen haben Sie eine bessere Möglichkeit, alle acht kennenzulernen und wichtige Geschäftserfahrungen zu sammeln.

6. Seminare. Herkömmliche Schulen sind wichtig für Menschen, die zugelassene Fachleute wie Ärzte, Anwälte und Architekten werden wollen. Sie sind auch wichtig für Menschen, die in Konzernen oder der Regierung die Karriereleiter erklimmen wollen, wo Abschlüsse von herkömmlichen, akkreditierten Schulen für beruflichen Aufstieg erforderlich sind. Seminare sind jedoch ideal für Menschen, die Unternehmer oder Investoren werden wollen. Heute gibt es Seminare und Tagungen zu allen möglichen Themen. Alles, was Sie tun müssen, ist, diejenigen zu finden, die Ihr Interesse wecken.

Die Rich Dad Company bietet ausgezeichnete Seminare für Menschen, die Immobilienprofis werden oder lernen wollen, mit Aktien zu handeln. Ich bin sehr stolz auf diese Programme, denn sie werden von Lehrern unterrichtet, die praktizieren, was sie lehren. Die fortgeschrittenen Kurse sind praxisnah, und das Lernen erfolgt Schritt für Schritt. Zum Beispiel gehen

Sie in die Nachbarschaft und machen echte Angebote mit echtem Geld. Wenn Sie im Grundstückserschließungskurs sind, arbeiten Sie an konkreten Projekten zur Grundstückserschließung. Am wichtigsten ist, dass unsere Kurse darauf ausgerichtet sind, alle drei Teile des Gehirns auszubilden und zu stärken und sie im Einklang miteinander arbeiten zu lassen. Durch die Fokussierung aller drei Teile des Gehirns erhöhen sich Ihre Gewinne und Erfolgsaussichten.

Wenn Sie weitere Informationen zu unseren Programmen wünschen, besuchen Sie einfach Richdad.com und nehmen Sie sich ein paar Minuten Zeit, um die notwendigen Informationen herauszufinden.

7. **Coaching.** Donald Trump und ich hatten das Glück, reiche Väter zu haben, die unsere Trainer waren. Jeder, der jemals eine Mannschaftssportart betrieben hat, weiß, wie wichtig ein Coach für den Erfolg eines Teams sein kann.

Die Rich Dad Company hat auch eine Coaching-Abteilung. Dort stehen professionelle Coaches zur Verfügung, die nicht nur großartige Trainer sind, sondern auch das praktizieren, was sie trainieren. Rich-Dad-Coaching ist für Menschen gedacht, die eine persönliche Betreuung wünschen. Wenn Sie weitere Informationen zu unserem Coaching-Programm wünschen, besuchen Sie bitte Richdad.com. Wie bei allen Rich-Dad-Programmen liegt der Schwerpunkt auf der Ausbildung aller drei Teile des Gehirns.

Wenn Sie sich allerdings fragen »Wie kann ich mir einen Coach leisten? Ich habe kein Geld« oder »Warum brauche ich einen Coach? Ich bin schon perfekt«, denken Sie doch einmal über das Folgende nach: Wenn jemand sagt »Ich kann es mir nicht leisten« oder »Ich brauche keine Hilfe«, wenn er eigentlich Hilfe braucht, spricht das Unterbewusstsein. Genau deshalb braucht dieser Mensch einen Coach.

Ein Coach ist unerlässlich für jeden, der bereit ist, von Punkt A nach Punkt B zu wechseln, von einer Umgebung in die nächste. Wenn mein reicher Vater mich nicht fast 30 Jahre lang trainiert hätte, wäre ich nicht dort, wo ich heute stehe. Auch heute noch habe ich eine Reihe von Coaches, weil auch heute noch mein Unterbewusstsein nicht ganz mit meinem Geist konform geht.

8. **CASHFLOW-Clubs.** Heute gibt es Tausende von CASHFLOW-Clubs auf der ganzen Welt. Diese Clubleiter sind Freiwillige, die gern ein Rich-Dad-Lernumgebung schaffen. Einige Clubs bieten meinen offiziellen

Rich-Dad-10-Stufen-Lehrplan für diejenigen an, die ihre finanzielle Intelligenz erhöhen wollen. Viele Clubs arbeiten kostenlos; einige wenige erheben eine Schutzgebühr, um die Kosten zu decken. Weitere Informationen finden Sie auf Richdad.com, und suchen Sie dort nach einem CASHFLOW-Club in Ihrer Nähe. Der Beitritt zu einem Club ist eine gute Möglichkeit, Gleichgesinnte zu treffen, und aktiviert die Spiegelneuronen in Ihrem Gehirn. Sie können auch Ihren eigenen CASHFLOW-Club in Ihrer Umgebung, Ihrem Geschäft oder Ihrer Kirchengemeinde gründen.

9. Ein Download für Sie. Am 6. September 2007 führte ich ein Videointerview mit Dr. med. Michael Carlton, einem Experten für das Gehirn und Sucht. Der Titel des Gesprächs lautete: »Können Menschen süchtig danach werden, arm zu sein?« Es war eines der besten Interviews, an denen ich je das Vergnügen hatte teilzunehmen. In seinem Vortrag ging Dr. Carlton ausführlicher darauf ein, wie das Gehirn funktioniert und warum einige Menschen reich und andere arm sind. Es geht dabei um Sucht. Sie können seinen Vortrag auf Richdad.com herunterladen. Ich glaube, Sie werden seinen Vortrag lustig und äußerst informativ finden. Dies ist unsere Art, Ihnen für die Lektüre dieses Buchs zu danken.

Dies sind Beispiele für mögliche vorübergehende Umgebungen. Für mich waren die Marineinfanterie, Xerox, meine eigenen Unternehmen und Immobilieninvestitionen die Umgebungen, in denen ich lernte, meine Talente zu entwickeln. Welches Umfeld ist das Beste für Sie, um Ihr Talent zu entwickeln?

Was braucht man, um Unternehmer zu werden?

Die meisten von uns wissen, dass Unternehmer die reichsten Menschen der Welt sind. Einige der bekanntesten Unternehmer sind heute Sir Richard Branson, Donald Trump, Oprah Winfrey, Steve Jobs und Rupert Murdoch.

Es gibt eine laufende Debatte zu der Frage: »Ist man als Unternehmer geboren oder kann man sich zum Unternehmer entwickeln?« Die Frage stellt sich, weil einige Menschen denken, dass man besondere Eigenschaften oder eine bestimmte Magie braucht, um Unternehmer zu werden. Meiner Ansicht nach ist es keine so große Sache, Unternehmer zu sein. Zum Beispiel gibt es in meiner Nachbarschaft eine Mittelschülerin, die ein florierendes Babysitter-Geschäft betreibt und Klassenkameraden einstellt, die für sie arbeiten. Sie ist Unternehmerin. Ein anderer kleiner Junge führt nach der Schule ein Handwerkergeschäft. Er ist Unternehmer. Die meisten Kinder haben keine Angst. Die meisten Erwachsenen haben zu viel Angst.

Zwei Eigenschaften von Unternehmern

Heute gibt es Millionen von Menschen, die davon träumen, ihre Stelle an den Nagel zu hängen, Unternehmer zu werden und ein eigenes Unternehmen zu führen. Das Problem ist, dass für die meisten Menschen ihr Traum ein Traum bleibt. Er wird nie Realität. Also stellt sich die Frage, warum schaffen es so wenige, ihren Traum zu verwirklichen, Unternehmer zu werden?

Die beste Antwort auf diese uralte Frage kommt von einem Freund von mir. Er sagt: »Unternehmer haben zwei Eigenschaften: *Unwissenheit* und *Mut*.«

Dieses einfache Urteil ist tief greifend. Es erklärt so viel mehr als nur Unternehmertum. Es erklärt, warum einige Menschen reich sind und die meisten nicht. Zum Beispiel ist einer der Gründe, warum so viele Einser-Schüler nicht reich sind, dass sie klug sind, aber es fehlt ihnen an Mut. Es gibt viele Menschen, denen es sowohl an Wissen als auch Mut fehlt.

Eine Geschichte von zwei Friseuren

Ich habe einen Freund, der ein brillanter Friseur ist. Wenn es darum geht, Frauen schön aussehen zu lassen, ist er ein Magier. Seit Jahren redet er davon, einen eigenen Salon zu eröffnen. Er hat große Pläne, aber leider bleibt er immer noch klein und betreut einen einzigen Stuhl in einem großen Salon und streitet sich permanent mit dem Besitzer.

Ein anderer Freund hat eine Frau, die keinen Spaß mehr an ihrer Arbeit als Flugbegleiterin hatte. Vor zwei Jahren kündigte sie ihre Stelle und machte eine Ausbildung zur Friseuse. Vor einem Monat hatte sie eine große Eröffnungsfeier für ihren Salon. Er bietet eine spektakuläre Umgebung, und sie hat einige der besten Haarstylisten angestellt, die dort arbeiten wollen.

Als mein älterer Freund von ihrem Salon hörte, sagte er: »Wie kann sie einen Salon eröffnen? Sie hat kein Talent. Sie ist nicht begabt. Sie wurde nicht in New York ausgebildet wie ich. Und außerdem hat sie keine Erfahrung. Ich gebe ihr ein Jahr, und sie wird scheitern.«

Sie könnte scheitern. Statistiken zeigen, dass 90 Prozent aller Unternehmen in den ersten fünf Jahren scheitern. Aber der Sinn der Geschichte ist die Bedeutung von Naivität und Mut für unser Leben. In diesem Beispiel haben wir einen talentierten Friseur, dem es an Mut mangelt, und eine Friseuse, der es an Erfahrung mangelt, die aber Mut hat. Meiner Meinung nach ist es diese Beziehung zwischen Naivität und Mut, die das Wesen des Lebens selbst ausmacht.

Im Jahr 1974 hatte ich weder eine Stelle noch Geld oder viel Berufserfahrung. Ich konnte nicht im Rahmen meiner Mittel leben, weil ich keine Mittel hatte, die mir einen Rahmen vorgegeben hätten. Ich konnte nicht diversifizieren, weil ich nichts zu diversifizieren hatte. Alles, was ich hatte, war Mut. In der realen Welt ist Mut wichtiger als gute Noten. *Es braucht Mut, um Ihr Talent zu entdecken, zu entwickeln und mit der Welt zu teilen.*

Denken Sie immer daran, dass Ihr Verstand grenzenlos ist und Ihre Zweifel Sie einschränken. Ayn Rand, die Autorin von *Der Streik*, sagte: »Reichtum ist das Ergebnis der Fähigkeit des Menschen zu denken.« Wenn Sie also bereit sind, Ihr Leben zu verändern, müssen Sie die Umgebung finden, die es allen drei Teilen Ihres Gehirns ermöglicht zu denken und sie reicher zu machen. Und wer weiß, vielleicht finden Sie Ihre Genialität.

Ihre Feedbackschleife: Kein Mensch ist eine Insel

Wir leben in einer Welt des Feedbacks. Wenn wir auf eine Badezimmerwaage steigen, gibt uns unser Gewicht Feedback. Wenn die Waage sagt, dass wir zehn Kilo zugenommen haben, mögen wir das Feedback vielleicht nicht, besonders wenn wir bereits 20 Kilo Übergewicht haben. Wenn Ihr Arzt Ihren Blutdruck misst und Ihre Blutprobe an ein Labor sendet, braucht Ihr Arzt ein Feedback.

Feedback ist wichtig. Es kann eine sehr wichtige Informationsquelle über uns und unsere Umwelt sein. Wenn wir die Rückmeldung nicht mögen, kann es jedoch sein, dass unser Unterbewusstsein die Bedeutung der Informationen aus der Rückmeldung blockiert, verzerrt, abschwächt oder verneint.

Eine der aufschlussreichsten Lektionen, die ich bei der Marineinfanterie lernte, war die Bedeutung von Feedback. Wenn ich Dinge vermasselte, war das Feedback ziemlich intensiv und definitiv nicht angenehm. Als ich mit meinem reichen Vater arbeitete, gab es das gleiche Ausmaß an Feedback. Als wir zusammen unser Buch schrieben, erhielt ich sehr schnell und sehr deutliches Feedback von Donald Trump. Ohne meine militärische Ausbildung und die Arbeit mit meinem reichen Vater hätte ich sicher nie mit Donald zusammenarbeiten können. Sein Feedback war schnell, auf den Punkt und direkt. Ich weiß, dass ich heute nicht mit Donald zusammenarbeiten würde, wenn ich Einwände gehabt, widersprochen oder nicht auf sein Feedback gehört hätte – und ich hätte auch nicht so viel gelernt.

Ich erwähne dies, weil viele von uns heute in Umgebungen arbeiten, in denen Feedback nicht erlaubt, nicht direkt und nicht ehrlich ist. Viele Schulen und Unternehmen haben Angst, Ihnen zu sagen, was Sie hören müssen, aus Angst, verklagt zu werden. Viele Freunde und Mitarbeiter sprechen hinter Ihrem Rücken über Sie, weil ihnen der Mut fehlt, Ihnen diese Dinge ins Gesicht zu sagen. Das ist keine gesunde Umgebung. Das funktioniert nicht.

Eine gesunde Umgebung bietet Feedback. Das Leben gibt Ihnen ständig unschätzbare Informationen, wenn Sie bereit sind, sie anzunehmen, und meistens ist das Feedback kostenlos. Jedes Mal, wenn Sie Ihre Gehaltsabrechnung öffnen und sehen, wie viel an Steuern abgezogen wird, ist das Feedback. Wenn Ihre Gläubiger anrufen und Zahlung verlangen, ist das Feedback. Wenn Sie härter arbeiten und nicht genug verdienen, ist das Feedback. Wenn Sie mehr Zeit bei der Arbeit und weniger Zeit zu Hause verbringen, ist das Feedback. Wenn Ihre Kinder Drogen nehmen und mit dem Gesetz in Konflikt geraten, ist das Feedback. Wenn Ihre Freunde alle Verlierer sind, und gern Verlierer sind, ist das Feedback. Es sind großartige Informationen. Die reale Welt versucht, Ihnen etwas mitzuteilen.

Ihr Lebensstandard ist eine gute Quelle für Feedback. Wenn Sie in einem Haus leben, in dem Sie sich arm fühlen, ist das Feedback. Wenn Sie ein billiges Auto fahren, obwohl Sie lieber einen Lamborghini fahren würden, ist das Feedback. Der Lebensstandard ist einfach der Standard, mit dem Sie sich am wohlsten fühlen. Das bedeutet nicht, bequem, billig oder beschämend zu sein. Lebensstandard bedeutet, dass Sie Ihr Zuhause, Ihre Freunde und Ihren Besitz lieben und stolz darauf sind, anstatt neidisch auf den Lebensstandard eines anderen zu sein. Aber das bedeutet nicht, Ihren Standard zu verbessern, indem Sie sich verschulden. Ich spreche von der Verbesserung Ihres Lebensstandards, indem Sie zuerst eine großartige Umgebung finden, um zu lernen, intelligenter und dann reicher zu werden.

Sie müssen nicht auf eine angesagte Universität gehen, eine bedeutende Stelle haben oder großartige Bücher lesen, um einige der besten Informationen der Welt zu erhalten. Sie müssen nichts weiter tun, als die Welt um Sie herum zu beobachten und das Feedback anzunehmen.

Es gibt drei wichtige Dinge, die man über Feedback wissen sollte:

1. Haben Sie den Mut, offen für Feedback zu sein. Wenn Sie sich verbessern wollen, erbitten Sie öfter Feedback. Deshalb sind Coaches und Mentoren wichtig, um Menschen erfolgreich zu machen. Erfolgreiche Menschen erbitten öfter Feedback.

2. Geben Sie nur dann Feedback oder Ratschläge, wenn Sie darum gebeten werden. Nichts ärgert die Menschen mehr als Feedback, um das sie nicht gebeten haben, auch wenn sie wissen, dass sie dieses Feedback brauchen. Wie eine alte Weisheit sagt: »Versuche nicht, Schweinen das Singen beizubringen. Du verschwendest deine Zeit damit und verärgerst nur das Schwein.«

3. Betrüger werden Ihnen sagen, was Sie hören wollen, anstatt Ihnen zu sagen, was Ihnen gesagt werden muss. Betrüger ziehen die geistig Unwissenden und emotional Schwachen über den Tisch. Sie packen Sie genau dort, wo Sie schwach sind, und erstellen dann eine Marketingbotschaft, die diese Schwäche anspricht. In der Welt des Geldes haben Betrüger die Massen dazu gebracht zu glauben, dass Diversifizierung und ein Leben unter ihren Möglichkeiten klug ist, auch wenn die klügsten Investoren wie Warren Buffett nicht diversifizieren und nicht empfehlen, unter ihren Möglichkeiten zu leben.

Buffett lebt nach *seinem* Lebensstandard, der sich stark von Donald Trumps Lebensstandard unterscheidet. Warren Buffett lebt in Omaha, Nebraska, und Donald Trump lebt in New York City. Beide haben die Mittel, überall auf der Welt und in jedem Lebensstandard zu leben, in dem sie leben wollen. Sie sind glücklich, wo sie sind.

Es ist wichtiger, sich Folgendes zu fragen:

- Leben Sie dort, wo Sie leben wollen, und in dem Lebensstandard, in dem Sie leben wollen?
- Diversifizieren Sie und leben Sie unter Ihren Möglichkeiten, damit Betrüger über ihren Möglichkeiten leben können?
- Haben Sie Kontakt zu Freunden und den Menschen, mit denen Sie verbunden sein wollen?

Wenn Sie gesünder, intelligenter, reicher und glücklicher werden wollen, achten Sie stärker auf Ihr eigenes Feedback. Es bietet Ihnen die wichtigsten

Informationen der Welt. Unabhängig davon, ob Ihnen Ihr Feedback gefällt oder nicht, werden Sie Erfolg haben, wenn Sie den Mut haben, es anzunehmen und daraus zu lernen. Vielen Dank, dass Sie dieses Buch gelesen haben.

Über den Autor

Robert T. Kiyosaki hat sich als Autor von *Rich Dad Poor Dad*, das erfolgreichste Buch aller Zeiten zum Thema persönliche Finanzen, einen Namen gemacht. Robert T. Kiyosaki stellte infrage und änderte die Art und Weise, wie Millionen von Menschen auf der ganzen Welt über Geld denken. Er ist Unternehmer, Trainer und Investor, und glaubt, die Welt braucht mehr Unternehmer, die Arbeitsplätze schaffen.

Durch seine Sichtweise auf Geld und Investitionen, die oft im Widerspruch zur konventionellen Weisheit steht, hat Robert T. Kiyosaki sich einen internationalen Ruf für Tacheles-Reden, Respektlosigkeit und Mut erworben und ist ein leidenschaftlicher und unverblümter Verfechter der finanziellen Bildung geworden.

Robert T. und Kim Kiyosaki gründeten das Rich Dad Unternehmen, ein Bildungsunternehmen für Finanzwissen und sind die Erfinder der CASHFLOW-Spiele. Im Jahr 2014 nutzte das Unternehmen den weltweiten Erfolg der Rich Dad-Spiele zur Einführung eines neuen und bahnbrechenden Spielangebots im Bereich Mobil- und Online Gaming.

Robert wird als Visionär begrüßt, der eine Gabe zur Vereinfachung komplexer Konzepte hat – Ideen rund um Geld, Investitionen, Finanzierung und Wirtschaft – und hat seine persönliche Reise zur finanziellen Freiheit auf eine Art und Weise mitgeteilt, die bei Publikum aller Altersgruppen und jedweden Werdegangs Widerhall findet. Seine grundlegenden Prinzipien und Botschaften wie »Ihr Haus ist kein Vermögenswert«, »für Cashflow investieren« und »Sparer sind Verlierer« – entfachten eine Flut an Kritik und Spott. In den letzten zwei Jahrzehnten haben seine Lehren und Philosophien sich auf der Weltwirtschaftsbühne auf eine Weise manifestiert, die sowohl als beunruhigend als auch prophetisch zu bezeichnen sind.

Sein Standpunkt ist, dass *alte* Ratschläge – aufs College gehen, eine gute Stelle finden, Geld sparen, Schulden abbauen, langfristig investieren und diversifizieren – in der heutigen schnelllebigen Zeit des Informationszeitalters obsolet geworden sind. Die Philosophie und Botschaften seines reichen Vaters stellen den Status quo infrage. Seine Lehren ermutigen die

Menschen, sich in finanziellen Angelegenheiten weiterzubilden und eine aktive Rolle bei der Investition in ihre Zukunft zu übernehmen.

Als Autor von 25 Büchern, darunter der internationale Bestseller *Rich Dad Poor Dad*, ist Robert ein gefragter Gast bei den Medien auf der ganzen Welt – von *CNN, BBC, Fox* und anderen Nachrichtensendern, über Al Jazeera, GBTV und PBS, bis hin zu Talkshows wie Larry King Live, Oprah, oder Zeitungen und Magazinen wie *People, Investors Business Daily, Sydney Morning Herald, The Doctors, Straits Times, Bloomberg, NPR, USA TODAY* und Hunderte von anderen – und seine Bücher stehen seit zwei Jahrzehnten ganz oben auf den internationalen Bestsellerlisten. Er unterrichtet und inspiriert auch weiterhin das Publikum auf der ganzen Welt.

Um mehr zu erfahren, besuchen Sie die Webseite *RichDad.com.*

Rich Dad Official CASHFLOW®-CLUBS

Ihr „spielerischer“ Weg aus der finanziellen Tretmühle

Die Vorteile Mitglied eines CASHFLOW®-Clubs zu werden:

Investieren Sie Zeit, bevor Sie Geld investieren

Die Philosophie der Rich Dad Company sagt, dass Sie nur *zwei* Dinge investieren können:
Zeit und Geld. Wir empfehlen Ihnen sich etwas Zeit zum Lernen und für Weiterbildung zu nehmen, bevor Sie Ihr Geld investieren. Die CASHFLOW®-Spiele bieten Ihnen die Möglichkeit, sich finanziell weiterzubilden und zu lernen, wie man richtig investiert – mit Spielgeld und nicht mit Ihrem „richtigen“ Geld.

Treffen Sie Gleichgesinnte weltweit

Sie werden Gleichgesinnte treffen und neue Freundschaften auf der ganzen Welt schließen, wenn Sie einen CASHFLOW®-Club besuchen, Mitglied werden oder die CASHFLOW®-

Spiele gemeinsam spielen. Die Welt ist voll von Menschen, die eine ablehnende Haltung haben, Besserwisser sind oder eine Verlierer-Haltung haben. Die Art Mensch, die sich für einen CASHFLOW®-Club interessieren, sind aufgeschlossene, lernwillige Menschen, die ihr Leistungsvermögen erweitern möchten.

Haben Sie Spaß am Lernen

Lernen soll Spaß machen! Sehr oft ist das Thema finanzielle Bildung stumpf, langweilig oder sogar mit Angst besetzt. Viele Finanzexperten möchten Ihnen weismachen, wie riskant Investieren ist und dass Sie deren Beratung und Wissen trauen können. Das spiegelt die Rich Dad Philosophie nicht wider. Wir glauben, dass Lernen Spaß macht, Sie fördert und weiterbringt – Sie sollen mit Geld schlauer umgehen und zwischen guter und schlechter finanzieller Beratung unterscheiden können.

Kernphilosophie der CASHFLOW®-Clubs ist die Vermittlung von finanzieller Bildung zur Erhöhung des Wohlstands der Menschheit.

Es werden Ihnen keine Investment- oder Finanzprodukte angeboten.

Finden Sie über unsere Website einen CASHFLOW®-Club in Ihrer Nähe: www.cashflowclubs.de/clubs

CASHFLOW® 101

Mit Spaß zu mehr finanziellem Erfolg

in Deutsch verfügbar

Durch das Lesen von Büchern lernt man nicht alles. Fahrradfahren zum Beispiel kann man nicht durch das Lesen eines Buches lernen.
Robert T. Kiyosakis Vater brachte ihm vieles durch Wiederholung bei. Aus diesem Grund hat er das Bildungsspiel CASHFLOW® 101 und die Fortgeschrittenenversion 202 entworfen.
Wenn Sie bereit sind, zu lernen, wie man passives Einkommen erzielt, kann CASHFLOW® ein wichtiger erster Schritt dabei sein.

Bestellen Sie einfach und bequem im Internet über www.cashflowclubs.de/shop

Das Business im 21. Jahrhundert

Robert T. Kiyosaki

Die zentrale These von Robert T. Kiyosaki lautet: Die Rechnung, zur Schule zu gehen, einen guten Abschluss zu erzielen, um später einen sicheren Arbeitsplatz zu erhalten und somit finanziell abgesichert zu sein, geht heute nicht mehr auf. Die einzige Möglichkeit, finanzielle Freiheit zu erlangen, besteht darin, sein eigenes Geschäft aufzubauen.

Anschaulich und eindrücklich betont der Bestsellerautor, dass wirtschaftlich turbulente Zeiten keinen Hinderungsgrund darstellen. Ganz im Gegenteil: Gerade eine schwierige Wirtschaftslage ist der beste Zeitpunkt, um ein eigenes Unternehmen zu gründen. Warum? Ganz einfach: In Zeiten wirtschaftlicher Unsicherheit werden Menschen kreativ. Sie brechen aus ihrer Komfortzone aus und ergreifen die Initiative. Das ist Unternehmergeist in Höchstform – und genau den möchte Robert T. Kiysosaki in Ihnen wecken.

176 Seiten | Broschur | 14,99 € (D) | 15,50 € (A) | ISBN 978-3-95972-203-2

Rich Kid Smart Kid

Robert T. Kiyosaki

Finanzielle Bildung ist heute wichtiger als jemals zuvor. Früher war ein erfolgreicher Schulabschluss ein Garant für einen guten Arbeitsplatz, der mit finanzieller Absicherung bis ins hohe Alter verbunden war. Heute hingegen müssen wir uns kontinuierlich weiterbilden, um den Anforderungen des Arbeitsmarktes gerecht zu werden. Da sich die Situation in Zukunft noch weiter zuspitzen wird, ist es wichtig, bereits Kindern und Jugendlichen einen sinnvollen Umgang mit Geld beizubringen.

Robert T. Kiyosaki appelliert daher in diesem Buch erstmals direkt an Sie als Eltern, sich frühzeitig um die finanzielle Zukunft Ihres Kindes zu kümmern. Er erklärt, wie Sie Ihrem Kind die Grundprinzipien der Rich Dad Poor Dad-Philosophie beibringen und genau da ansetzen können, wo das Schulsystem versagt: bei der finanziellen Bildung.

304 Seiten | Hardcover | 19,99 € (D) | 20,60 € (A) | ISBN 978-3-95972-121-9

Wichtiger als Geld

Robert T. Kiyosaki | Kim Kiyosaki | Ken McElroy
Blair Singer | Garrett Sutton

Viele Menschen haben Millionen-Dollar-Ideen. Sie sind davon überzeugt, dass ihr neues Produkt oder ihre revolutionäre Dienstleistung sie reich machen wird. Das Problem dabei ist nur: Die meisten Menschen haben de facto keine Ahnung, wie sie ihre Millionen-Dollar-Idee tatsächlich in Millionen umwandeln können.

Ein Faktor, der mehr als alles andere darüber entscheidet, ob eine Geschäftsidee funktioniert, ist das soziale und berufliche Netzwerk, also Menschen, mit denen wir regelmäßig zu tun haben und die wir um Rat fragen. In *Wichtiger als Geld* zeigt Robert T. Kiyosaki zusammen mit den Rich Dad Advisors, wie Gründer und Entrepreneure das perfekte Team für ihre Millionen-Dollar-Idee aufbauen können. Zusätzlich verraten die Advisors ihre besten Tricks in ihrem jeweiligen Fachgebiet wie Immobilien, Steuern, Verkauf und Kapitalbeschaffung.

432 Seiten | Softcover | 24,99 € (D) | 25,70 € (A) | ISBN 978-3-95972-092-2

Warum die Reichen immer reicher werden

Robert T. Kiyosaki I Tom Wheelwright

Zur Schule gehen, hart arbeiten, sparen, ein Haus kaufen, Schulden begleichen und langfristig investieren – das ist für viele der schlechteste Weg, um reich zu werden! Dass so viele Menschen den Schritt hin zur finanziellen Freiheit nicht schaffen, liegt daran, dass die Reichen über die Art finanzielle Bildung verfügen, die es ihnen ermöglicht, erfolgreich zu sein. Und die Armen? Sie lernen in der Schule vieles – nur nicht, wie man mit Geld umgeht. Die traditionelle Schul- und Universitätsbildung ist dafür verantwortlich, dass selbst hochgebildete Menschen ein Leben weit unter ihren Möglichkeiten leben.

Was Bildung in Sachen Finanzen wirklich ist, wie Sie diese erlangen und für sich nutzen können, zeigt Kiyosaki in seinem neuen Bestseller.

320 Seiten | Softcover | 16,99 € (D) | 17,50 € (A) | ISBN 978-3-95972-075-5

Warum wir wollen, dass Sie reich werden

Robert T. Kiyosaki I Donald J. Trump

Zwei der erfolgreichsten FinanzBuch-Verlags-Autoren haben sich zusammengetan: Robert T. Kiyosaki, Autor des Millionen-Sellers *Rich Dad Poor Dad*, und Donald J. Trump, Immobilienmilliardär und Präsident der Vereinigten Staaten von Amerika. Die Titanen unter Amerikas Millionären sind davon überzeugt, dass die Reichen immer reicher werden, während die Mittelschicht langsam verschwindet und die Armen arm bleiben. Bald werden alle entweder arm oder reich sein. Doch Donald J. Trump und Robert T. Kiyosaki wollen, dass möglichst viele Menschen zu den Reichen gehören.

Trump und Kiyosaki, beide erfolgreiche Geschäftsmänner, wissen, dass (finanzielle) Bildung und das richtige Mindset der Schlüssel für finanzielle Freiheit sind.

368 Seiten | Hardcover | 19,99 € (D) | 20,60 € (A) | ISBN 978-3-95972-074-8

Rich Dad Poor Dad-Klassiker Edition

Robert T. Kiyosaki

Zum 20-jährigen Jubiläum erscheint der Bestseller *Rich Dad Poor Dad* von Robert T. Kiyosaki in einer edlen Jubiläumsedition im hochwertigen Schuber, zusammen mit den Top-3-Bestsellern *Cashflow-Quadrant* und *Rich Dad's Investmentguide* – alle als exklusive Klappenbroschuren.

Die *Rich Dad Poor Dad – Klassiker-Edition* umfasst damit die wichtigsten Bücher von Robert T. Kiyosaki, die jeder lesen muss, der noch nicht reich ist, es aber werden möchte. Denn: Warum bleiben die Reichen reich und die Armen arm? Einfache Lektionen leiten den Leser auf seinen Weg zur renditestarken Geldanlage und dem richtigen Mindset zum Reichwerden. Ein absolutes Muss sowohl für Fans der Reihe als auch für Einsteiger, mit einem Preisvorteil von fast 30 Prozent gegenüber dem Einzelkauf.

1072 Seiten | Paket | 59,99 € (D) | 61,70 € (A) | ISBN 978-3-89879-993-5

Rich Dad Poor Dad – Hörbücher

Robert T. Kiyosaki

501 Minuten | Hörbuch | 19,99 € (D)
ISBN 978-3-89879-969-0

Warum bleiben die Reichen reich und die Armen arm? Weil die Reichen ihren Kindern beibringen, wie sie mit Geld umgehen müssen, und die anderen nicht! Die meisten Angestellten verbringen im Laufe ihrer Ausbildung lieber Jahr um Jahr in Schule und Universität, wo sie nichts über Geld lernen, statt selbst erfolgreich zu werden.

650 Minuten | Hörbuch | 24,99 € (D)
ISBN 978-3-95972-098-4

CASHFLOW® Quadrant, der zweite Teil des Bestsellers Rich Dad Poor Dad von Robert T. Kiyosaki, deckt auf, warum manche Menschen weniger arbeiten, mehr Geld verdienen, weniger Steuern zahlen und sich finanziell sicherer fühlen als andere. Statt, wie die meisten Angestellten, nur von einem Job zum nächsten zu wechseln, rät Robert T. Kiyosaki, die finanzielle Unabhängigkeit zu suchen und Geld für sich arbeiten zu lassen – als Investor.

750 Minuten | Hörbuch | 24,99 € (D)
ISBN 978-3-95972-170-7

Wie kann ich investieren, wenn ich gar kein Geld übrig habe? Ist Investieren zu riskant? Soll ich Immobilien oder besser Aktien kaufen? Robert T. Kiyosaki hat nahezu alle Fragen schon einmal gehört, wenn es darum geht, wie Sie Ihr Geld am besten investieren sollten. In Rich Dad's Investmentguide hat er erstmals alle Praxis-Tipps zusammengestellt.